# 곤륜 최창대 문학세계에 대한 접근의 일단

희망은 잠자고 있지 않는 인간의 꿈이다.
인간의 꿈이 있는 한 이 세상은 도전해볼 만하다.

Hope is a dream of a man who is not sleeping.
As long as there is a human dream, this world is worth a challenge.

기획연구총서 3
텍스트연구소
한국고전문학

# 곤륜 최창대 문학세계에 대한 접근의 일단

윤재환 외 8인 지음

한국고전문학텍스트연구소

학자원

이 책은 단국대학교 부설 한국고전문학텍스트연구소의 기획연구 결과물로 간행된 도서임.

# 기획연구총서 간행사

한국 고전문학 텍스트 연구소는 창조와 혁신이라는 인문학의 정신을 바탕으로 대중들의 관심에서 버려져 있는 우리 고전의 가치를 새롭게 밝혀, 현대를 살아가는 사람들에게 삶의 지표와 미래의 희망을 제시하기 위해 설립되었습니다.

현대 사회를 인문학의 종말기라고 할 만큼 우리 주변에서 고전에 대한 관심은 찾아보기 어렵고, 인문학에 대한 흥미는 점점 옅어져 가고 있습니다. 그러나 현대 사회에 팽배한 인문학에 대한 폄하나 고전에 대한 그릇된 인식은 그 연원이 오래되었습니다. 인류의 역사를 되돌아보면 고전이 그 자체로 가치와 의미를 인정받았던 시기를 찾기 어렵고, 인문학이 위기가 아니었던 시대가 없었습니다. 하지만, 만약 그와 같은 인식이 진실한 것이라면 우리 사회에서 고전과 인문학은 이미 자취를 감추었어야 하지만 사회가 첨예해지고 기술 문명이 발달할수록 고전과 인문학에 대한 대중들의 갈망은 커지기만 합니다. 이와 같은 모습은 고전과 인문학이 우리 사회에서 결코 소외될 수 없는 본질적이고 중차대한 것임을 보여주는 것입니다.

한국 고전문학 텍스트 연구소는 고전에 대한 왜곡된 인식과 인문학에 대한 그릇된 편견을 교정하는 마중물이 되고자 설립된 연구소입니다. 본 연구소에서는 인문학 고전을 다양한 사회의 변화에 부응할 수 있도록 새롭게 가공하여 현대인들에게 고전과 인문학의 가치를 일깨우고 흥미를 부여하고자 합니다. 이를 위해 본 연구소에서는 번역 가공과 개인 학술 연구, 연구소 기획 연구라는 세 방향에서 우리 고전과 인문학에 접근하고자 합니다.

이번에 간행하는 기획연구총서 제3권은 이와 같은 본 연구소의 운영 방침에 따라 발간되는 책입니다. 1권과 2권에서 다루었던 남구만과 최석정의 뒤를 이어 발간되는 책으로 최창대를 대상으로 1년에 걸친 공동 연구와 기획 발표를 진행한 뒤 그 결과를 묶은 것입니다. 남구만이나 최석정과 같이 최창대도 당시의 위상이나 역할과 달리 그다지 알려져 있지 않아, 이 책을 통해 학계와 대중에게 최창대를 알리고 그에 대한 관심을 이끌고자 한 것입니다.

다양한 가치에 대한 고려를 바탕으로 한 연구 대상의 선정과 집단 연구를 통해 이루어지는 엄밀하고 정치한 연구 진행 과정은 개인 학술연구와는 또 다른 의미를 지닐 것입니다. 그런 만큼 이와 같은 방법에 따라 산출된 연구 결과물로 이루어지는 기획연구총서는 인문학 관련 전문 연구자뿐만 아니라 일반 대중들에게도 우리 고전과 인문학의 가치와 의미를 알려 고전에 대한 왜곡된 인식과 인문학에 대한 그릇된 편견을 교정하는 일에 적지 않은 도움이 될 것이라 생각합니다.

이후로도 이와 같은 기획 연구 활동이 충실하게 이루어지기를 기대하며, 기획연구총서의 간행에 물심양면으로 도움을 주신 도서출판 학자원의 김병환 사장님께 다시 한 번 깊은 감사의 마음을 전합니다.

2021년 10월

단국대학교 부설 한국 고전문학 텍스트 연구소장

## 책을 펴내면서

곤륜昆侖 최창대崔昌大(1669~1720, 현종 10~숙종 46)는 조선 후기의 소론 계열의 대표적인 문신이다. 그의 자는 효백孝伯, 호는 곤륜昆侖 또는 창괴蒼槐이며 본관은 전주全州로, 병자호란 당시 이조판서로 주화론主和論을 주장했던 최명길崔鳴吉(1586~1647)의 증손이고 최후량崔後亮(1616~1693)의 손자이다. 부친은 영의정을 역임한 최석정崔錫鼎(1646~1715)이고, 숙부는 좌의정을 역임한 최석항崔錫恒(1654~1724)으로, 그의 가계는 조선 후기 소론 계열의 명문가였다.

많은 수라고 보기는 어렵지만 현재까지 최창대에 관한 연구는 여러 방면에서 다양하게 시도되고 있는데, 이 책은 그 중에서도 그의 문학에 대한 한국 고전문학 텍스트 연구소 구성원들의 공동 기획 연구의 결과물을 수록한 것이다. 『조선왕조실록朝鮮王朝實錄』에 실린 최창대의 졸기에서 "그는 일찍이 문장으로 이름이 나서 박세당, 김창협과 경쟁할 정도였다."고 하였고, 이덕수李德壽의 묘지명에서 "김창협이 곤륜을 일컬어 시의 오묘한 이치를 깨달았다."고 하였다는 기록이 있을 정도로 최창대는 뛰어난 문학적 역량을 가지고 있었지만, 아직까지 그의 문학세계가 온전하게 밝혀졌다고 보기 어렵다.

한국 고전문학 텍스트 연구소의 기획 연구는 이와 같은 상황을 기반으로 수행된 것이다. 하지만 한국 고전문학 텍스트 연구소 기획 연구의 세 번째 대상으로 최창대를 선정한 것은 최창대라는 한 인물의 가치만을 밝히기 위한 것이 아니라 조선 후기 소론 계열이라는 하나의 집단이 지닌 문학적 특성을 확인하기 위해서이다. 물론 앞서 언급한 것처럼 아직까지 최창대에 대한 문학 방면의 종합적인 연구가 이루어지지 않았고, 최창대의 문학 연구가 지닌 연구의 확장성 역시 중요한 이유이지만, 이와 같은 개별 연구의 가치보다 한국 고전문학 텍스트 연구소의 기획 연구가 그 자체로 명확한 의미를 가지고 또 학계에 일정한 기여를 하기 위해서는 단편 연구보다 하나의 주제에 대한 지속적인 공동 연구가 이루어져야 한다는 생각이 한국 고전문학 텍스트 연구소의 세 번째 대상으로 최창대를 선정하게 된 중심 이유가 될 것이다.

한국 고전문학 텍스트 연구소에서는 기획 연구를 통해 그간 학계의 중심에서 한 발 빗겨나 있었던 대상에 대한 집단 공동 연구를 진행해 보고자 하였다. 2015년 9월 문을 연 이후, 연구소의 활동이 우리 학계에 조금이라도 실질적인 기여를 하기 위해서는 연구소 나름의 체계적인 연속 연구가 이루어져야 하고, 연구의 대상은 다양한 이유에 의해 학계의 중심에서 빗겨난 인물이나 집단이 되어야 한다고 의견을 모았다. 이에 따라 선정한 집단이 조선 후기 소론 계열 문인 집단이고, 그 세 번째 인물이 최창대이다.

최창대에 대한 접근으로는 처음 이루어진 기획 연구이자 집단 연구인 이 연구는 남구만과 최석정의 뒤를 이어 진행된 것으로, 1년여의 연구 기간 동안 다양한 논쟁을 통해 수많은 시선의 교정을 이끌었다. 세 번째 기획 연구였기에 어느 정도의 연구 경험이 갖추어졌지만 소략한 선행 연구와 부족한 지원은 연구를 진행하는데 적지 않은 장애가 되었다.

특히 연구소의 지원이라고는 하나도 없는 상황에서 매달 이어진 소규모 발표회와 분기별로 진행된 연구 발표회, 그리고 학술 대회는 연구소 구성원들의 일방적인 희생 아래 이루어진 것이다. 하지만 이런 상황에서도 연구소 구성원들의 치열한 비판과 토론은 우리 스스로의 학문에 대한 열정을 확인하게 하는 계기가 되었으며, 개별 연구를 넘어선 집단 기획 연구의 필요성과 존재 이유를 다시 한 번 선명하게 각인시키는 것이었다. 하나의 대상에 대한 공동의 문제의식은 토론과 비판의 날을 예리하게 세우는 숫돌이 되었고, 지속적인 발표는 논지와 서술을 가다듬는 호흡이 되었다.

세 번째 이루어진 집단 기획연구의 결과물로 간행하는 책이지만, 이 책에는 여전히 많은 아쉬움이 있다. 그동안 들였던 노력을 오롯이 수렴하지 못하고 있다는 점뿐만 아니라 그간 있어 왔던 문제가 아직까지 반복되고 있기 때문이다. 하지만 최창대에 대한 기획 연구는 이전과 달리 애초 기획연구총서의 간행을 염두에 둔 것이라는 점에서 이전까지 간행된 두 권의 책과는 시작부터 다른 점이 있다. 물론 여전히 기획 연구에 대한 인식이 완전하지 못하고, 방법론 역시 부족한 부분이 적지 않지만 이런 부분들은 앞으로 점점 더 개선되어 가리라 생각된다.

이 책은 최창대라는 인물을 대상으로 한 최초의 기획 공동 연구의 결과물이자, 지난 2018년 한 해 동안 우리 연구소의 구성원들이 들인 노력과 흘린 땀을 담고 있다. 그런 점에서 소략하고 부족하지만 이 책은 여러 면에서 적지 않은 의미를 지닌다.

이 책을 출간하면서 기획연구총서 4권 겸재謙齋 조태억趙泰億과 5권 손와損窩 최석항崔錫恒에 관한 책의 출간을 준비하고 있다. 기획연구총서로 이어 나오는 만큼 앞으로 간행되는 책은 지금보다 조금씩 더 나은 책이 될 것이다. 그리고 그렇게 조금씩 또 하나씩 계속하다 보면 언젠가는 우리 스스로가 만족할 수 있는 책을 간행할 수 있지 않을까 생각한다. 다시 한 번 이 책을 출간하기까지 연구소 구성원들이 바쳤던 노력을 되돌아보면서, 이 책을 접하는 모든 분들에게 이 책이 소소하더라도 값있는 책이 되기를 기대한다. 이 책이 출간되기까지 최선을 다해준 연구소 구성원들과 학자원 출판사의 김병환 사장님께 감사의 마음을 전한다.

2021년 10월

죽전 연구실에서

저자들을 대표하여 쓰다

윤재환

차례

## 제3부

### 곤륜昆侖 최창대崔昌大 시세계詩世界의 검토檢討

# 제1부

## 곤륜昆侖 최창대崔昌大 논의論議의 전제前提



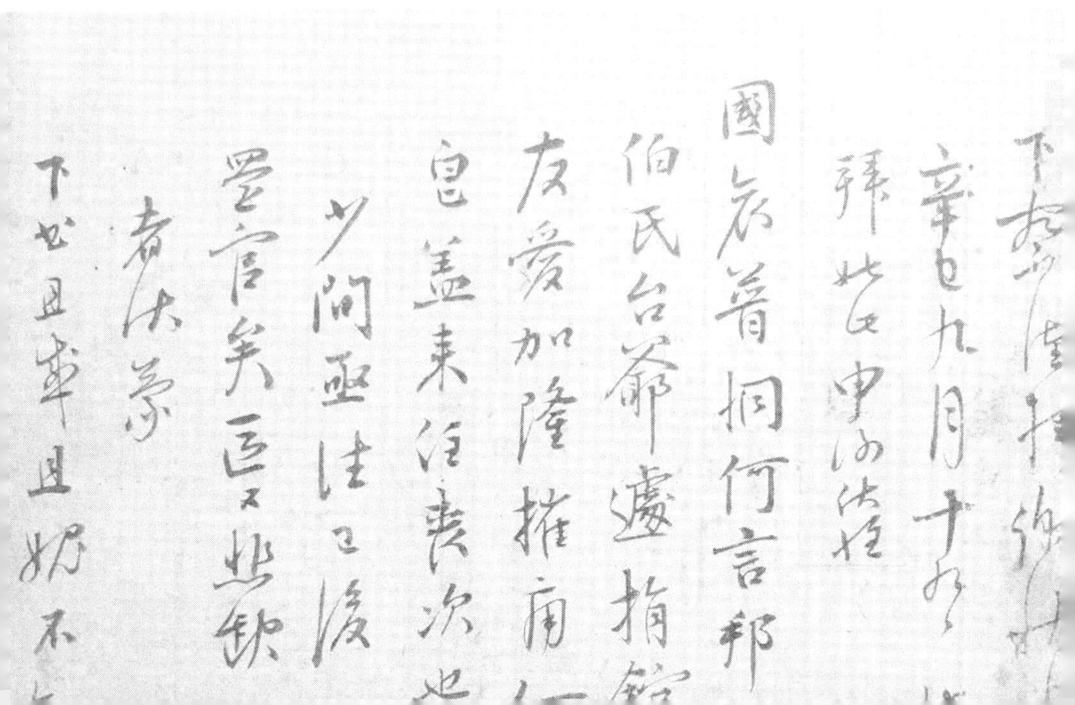

# Ⅰ. 곤륜 최창대의 삶

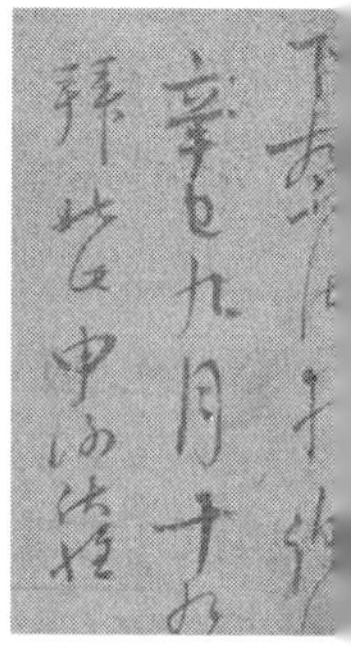

박난아

최창대崔昌大는 1669년(현종 10)에 태어나 1720년(숙종 46)에 운명한 조선 후기의 소론 계열의 대표적인 문신이다. 최창대의 자는 효백孝伯, 호는 곤륜昆侖 또는 창괴蒼槐이며 본관은 전주全州이다. 최창대는 병자호란 당시 이조판서로 주화론主和論을 주장했던 최명길崔鳴吉(1586~1647)의 증손이고 최후량崔後亮(1616~1693)의 손자이다. 최창대의 부친은 영의정을 역임한 최석정崔錫鼎(1646~1715)이고 숙부는 좌의정을 역임한 최석항崔錫恒(1654~1724)이다. 최창대의 가계는 소론 계열의 명문가였다.

최창대의 졸기를 살펴보았을 때 그가 가학家學을 통해 학문을 익혔다는 사실만 알려져 있고[1] 따로 스승을 찾아 수학했다는 사실은 알려지지 않았다. 가학을 통해 최창대는 일찍이 문장文章으로 이름이 났으며, 문장의 체재體裁가 균정均停하고 사리辭理가 구도俱到하여 박세

1 『肅宗實錄補闕正誤』 권65, 숙종 46년 4월 22일 1번째 기사, "承家學, 深究經傳, 百家."

당朴世堂·김창협金昌協 등 몇 사람과 경쟁할 수 있었다는 평가를 받았다.[2]

서당西堂 이덕수李德壽(1673~1744)는 최창대의 묘지명墓誌銘에서 다음과 같이 말하였다.

> 문장을 몹시 좋아하였고 손에서 책을 놓은 적이 없어 저술한 것이 『日知錄』과 시문 20권이다. …… 내가 예전에 農巖 金昌協이 "詩는 오묘한 이치를 깨닫는 것이 어려운데 근세에 오직 최 아무개만이 오묘한 이치를 깨달았다."라고 한 말을 들었다. 그의 아우 三淵 金昌翕 같은 경우는 또 말하기를 "최 아무개의 글 가운데 「洪有人哀辭」와 같은 것은 韓愈의 「歐陽生哀辭」 이후에 비로소 볼 수 있는 작품이다."라고 하였다. 안목을 갖춘 이들의 칭찬이 이와 같았다.[3]

이 말을 통해 최창대가 활발히 저술 활동을 했었고 김창협金昌協과 김창흡金昌翕 같은 노론 계열 문인들에게도 시문을 인정받았음을 알 수 있다.

최창대는 어린 나이에 가족과의 이별을 경험했는데, 10살에 부친 최석정이 송시열宋時烈, 김수항金壽恒을 신구伸救하다 관직이 삭탈되어 문외 출송되는 일로 부친과 떨어져 있었고 12세일 때 조부 최후상崔後尙의 상을 당했다.

---

2 『肅宗實錄補闕正誤』 권65, 숙종 46년 4월 22일 1번째 기사, "昌大早以文章名, 體裁均停, 辭理俱到, 可與朴世堂金昌協數人竝駕云."

3 李德壽, 「弘文館副提學崔公墓誌」, 『西堂私載』 권10, "篤好文章, 手不釋卷, 所著有日知錄及詩文二十卷. 余於昔年嘗聞金農巖昌協之言以爲詩難於妙悟, 而近世惟崔某能悟妙理. 及其弟三淵昌翕, 則又言崔某文如洪有人哀辭, 歐陽生哀辭後始見者, 具眼之獎許如此."

현재 알려진 최창대의 삶을 살펴보았을 때 그는 어릴 때부터 곧은 성격을 가지고 삶을 살았음을 알 수 있다. 최창대는 1689년(숙종 15) 12세에 우계牛溪와 율곡栗谷이 철향輟享될 때에 상소하여 쟁론하였고 이 일로 벌을 받고 과업科業을 포기하는 일이 있었다. 자신의 과업을 포기하면서까지 잘못을 바로잡고자 했던 최창대의 강직한 성격을 엿볼 수 있는 기록이다.

최창대의 졸기에서도 그의 곧은 성격을 발견할 수 있는데, 다음 부분을 통해서 살펴볼 수 있다.

> 신령한 마음과 지혜로운 식견은 거의 昭曠의 근원을 보았으므로, 비록 橫逆과 怨憾에 처하였으나 의론이 항상 공정하여 털끝만큼도 분노한 기색이 없었다. 經幄에 출입하면서 規切한 바가 많았고, 임금의 비위를 거스르는 일을 피하지 않았다. 이로 인해 항상 어긋나 방랑하였기 때문에 조정에 나가서 벼슬한 기간이 얼마 되지 않았다.[4]

위 글을 통해 최창대가 올곧은 말을 하는 데 거침이 없었다는 것을 알 수 있다. 이 때문에 비록 조정에서 오래 벼슬살이를 하지 못하고 자주 방랑하기도 하였지만, 공정했던 그의 성격은 긍정적으로 평가되었음을 알 수 있다.

어릴 때부터 기개가 남달랐던 최창대는 26세이던 1694년(숙종 20), 생원시生員試와 진사시進士試에 합격하였고 28세에 검열로 관직 생활을 시작했다.

4 『肅宗實錄補闕正誤』 권65, 숙종 46년 4월 22일 1번째 기사, "靈心慧識, 殆見昭曠之源. 雖處橫逆怨憾, 而議論常公, 無一毫忿懥氣. 出入經幄, 多所規切, 不避觸忤. 以此常齟齬留落, 立朝無幾時."

최창대는 관직에 들어온 28세부터 50세까지 설서說書 · 수찬修撰 · 교리校理 · 시독관侍讀官 · 부제학副提學등의 직임을 맡았다. 비록 그는 높은 관직까지 오르지는 못했지만 학문과 관련된 관직을 맡으면서 자신의 능력을 발휘하였다.

최창대가 조정에서 활발히 활동하던 시기는 갑술환국이 일어났을 때였다. 나라의 중전이 뒤바뀌는 정세가 혼란스러운 상황 속에서 최창대는 직접적으로 환국에 개입하지는 않았지만, 올곧은 처세로 대응해나갔다. 1701년, 7년간의 갑술환국이 종결되고, 최창대는 계속하여 관직 생활을 이어나갔다.

최창대의 삶 중에 유독 많이 보이는 것은 그가 유람을 자주 하였다는 사실이다. 1689년(숙종 15) 백부 최석진과 숙부 최석항을 따라 북한산 유람을 하였고, 1690년에는 양천 현령으로 부임하는 최석항을 따라 유람을 하였다. 1691년(숙종 17)에는 외숙 이인엽李寅燁과 함께 금강산金剛山을 유람하였으며, 1697년(숙종 23)에는 이하곤李夏坤 등과 송도松都를 유람하였다. 그는 이렇게 가족 혹은 자신과 교유했던 문인들과 적극적으로 유람을 하였으며 그들과 자연풍광을 공유했다는 것을 통해 유람과 교유에 있어 능동적인 태도를 취했음을 알 수 있다.

1701년(숙종 27) 이후로 최창대는 크고 작은 일들을 겪었다. 그의 나이 33세에 부친 최석정이 진천鎭川으로 유배되는 일을 겪기도 하였으며, 1704년(숙종 30) 11월 단종실록端宗實錄 찬집청撰輯廳 낭청郎廳으로 실록을 찬집, 인출하는 일에 참여하기도 하였다. 1712년(숙종 38) 2월, 최창대는 성균관의 폐단 및 개선안에 관해 아뢰었으며[5], 정

5 『肅宗實錄』 권51, 숙종 38년 2월 7일 4번째 기사, "大司成崔昌大上疏, 論泮

시庭試 시관試官에 낙점을 받고도 패초에 응하지 않아 파직되었지만 곧 복직되어 공조 참의가 되기도 하였다. 다시 얼마 되지 않아 8월에 최창대는 부제학에 제수되었고, 그달에 바로 모친상을 당하기도 하였다. 1715년(숙종 41) 모친상을 치른 후에 최창대는 병조 참의로 부임하였으나 11월에 부친상을 당하는 안타까운 일이 연이어 일어났다. 부친상을 지낸 뒤 1718년(숙종 44)에 판결사判決事가 되었고, 5월에는 특지特旨로 개성開城 유수留守가 되었으나 병으로 사직하고 부임하지 않았다.

1720년(숙종 46) 최창대는 병이 든 와중에도 부친의 시문을 34권으로 편정編定하는 등 자식의 도리를 다하고자 하였으나, 결국 문집이 간행되는 것을 보지 못한 채 4월 22일 사직동社稷洞 우사寓舍에서 운명하였다.

최창대는 52년의 수를 누렸다. 그는 생애 절반을 관직에 있으면서 조선 후기 소론 계열의 문인으로서 입지를 다져나갔다. 최창대는 공명정대한 처세로 조정에서 자신의 신념을 지킨 조선 후기 소론 계열의 대표 문인이라고 말할 수 있을 것이다. 또한 소론 계열의 영수였던 최석정의 아들로서 문집을 편정하는 등 가문의 명맥을 잇기 위해 노력을 기울인 인물이라고도 말할 수 있다.

최창대는 『곤륜집』이라는 문집에 시문을 남겨 자신의 생각을 드러냈는데, 그의 문집에 대해서는 다음 항목에서 살펴보겠다.

---

中事變通者若干條曰. …… 乞下廟堂, 財量分付."

## 2. 곤륜 최창대의 『곤륜집昆侖集』[6]

최창대의 시문은 아들 최수신崔守身이 수습하여 이하곤李夏坤과 이태좌李台佐, 이광좌李光佐 등의 도움을 받아 편정한 것으로 보인다. 최창대가 운명하고 1년 후인 1721년(경종 원년)에 그의 부친 최석정의 문집인 『명곡집』의 판각이 끝났는데, 이때 이태좌가 최창대를 위해 지은 제문을 살펴보면 문집의 간행 과정을 살펴볼 수 있다. 이태좌는 이 제문에서, 『곤륜집』을 최창대의 아들 최수신이 수습·편집하여 간행하고자 하니 이광좌가 함께 도모하였다고 말하고 있다. 그리고 2년 후인 1723년(경종 3), 이하곤이 지은 최창대의 제문祭文을 통해 『곤륜집』 간행에 대한 추가적인 내용을 살펴볼 수 있다. 여기서 이하곤은 자신이 최창대의 유문遺文을 편정하고 간행하는 일에 최선을 다하겠다는 의지를 보이고 있다. 이렇듯 위에서 언급한 두 글을 통해 문집 간행 중 참여 인원들과 진행 과정을 파악할 수 있다.

본 문집 총목 마지막 부분에 기록되어 있는 간기刊記를 통해 초고草藁가 대부분 산실 되고 겨우 부賦 4수, 시詩 1500여 수, 문文 400여 수만 남아있다는 것을 알 수 있다. 그 중 부 2수, 시 712수, 문 227수를 선정選定[7]하여 모두 735판板을 만들고 1725년(영조 1) 여름에 철활자鐵活字로 인행印行에 들어가 90여 일 만에 400여 본本을 간행한 사실을 밝히고 있다.

---

6 최창대의 문집에 대한 자세한 사항은 한국고전번역원의 『곤륜집 해제』를 참고하여 서술하였음을 미리 밝힌다.

7 崔昌大, 「刊記」, 『昆侖集』, "草藁多少亡失, 而詩律之尤多. 存自僅賦四首, 詩一千五百餘首, 文四百餘首. 選者賦二首, 詩七百十二首, 文二百二十七首."

초간본인 규장각 장본의 간기에는 또 경연주대經筵奏對, 경서기의經書記疑, 시화詩話, 잡기雜記 등은 별집別集을 엮겠다는 내용이 담겨 있다. 또한 이덕수李德壽가 최창대의 손자 최홍간崔弘簡의 부탁을 받고 지은 최창대의 묘지명墓誌銘에는 '저자의 저술로는 『일지록日知錄』과 시문詩文 20권이 있다.' 하였으니, 상당량의 별저別著가 정리되어 있었음을 알 수 있다. 그러나 별집은 현존하지 않아 간행 여부는 알 수 없다.

비슷한 시기에 남구만의 문집 『약천집藥泉集』과 오도일吳道一의 문집 『서파집西坡集』 등이 활자본活字本으로 간행되었는데, 자형字形과 판형板形이 본 문집과 유사한 점으로 볼 때 소론 일파의 문집이 이 시기에 문인과 후손들에 의해 연이어서 간행되었다고 유추해볼 수 있다.

『곤륜집』은 현재 규장각, 장서각, 국립중앙도서관 등에 소장되어 있다. 『곤륜집』은 20권 10책으로 구성되고, 권두에 시문의 편수篇數를 기록한 총 목록이 있으며, 각 권마다 권별 목록이 있다.

[표 1] 『곤륜집』 소재 유형별 작품 분류

| 권차 | 유형 | 작품수 | 비고 |
|---|---|---|---|
| 1~5 | 賦 | 2편 | 〈關王廟賦〉, 〈翫雪月賦〉만 수록 |
| | 詩 | 712수 | 시체 구분 없이<br>저작 시대순으로 편차 |
| 6 | 序 | 9편 | |
| | 記 | 5편 | 건물기 3편, 遊記 1편, 畫像記 1편 수록 |
| 7~9 | 疏箚 | 16편 | |
| 10 | 上書 | 6편 | |
| | 書啓 | 1편 | |
| | 玉堂故事 | 1편 | |
| 11~13 | 書 | 83편 | 인물별, 연도별로 편차 |

| | | | |
|---|---|---|---|
| 14 | 雜著 | 19편 | |
| | 教書 | 3편 | |
| | 批答 | 1편 | |
| | 箴 | 4편 | |
| | 頌 | 2편 | |
| | 贊 | 1편 | |
| 15~16 | 祭文 | 45편 | |
| | 哀辭 | 5편 | |
| 17~19 | 碑文 | 2편 | |
| | 墓誌 | 8편 | |
| | 墓碣 | 5편 | |
| | 墓表 | 5편 | |
| | 行狀 | 3편 | |
| 20 | 遺事 | 3편 | |

권1~5는 부賦 2편과 시詩 712수로 구성되어있다. 시는 1683년(숙종 9)에 지은 〈동우冬雨〉를 포함하여 부친의 안동安東 임소任所 · 연안延安 임소任所에 따라갔을 때에 지은 시, 계부季父 석항錫恒을 따라 양천陽川에 갔을 때에 지은 시, 부친을 모시고 홍세태洪世泰 등과 함께 산천山川을 유람하며 지은 시, 1691년(숙종 17)에 계구 이인엽과 함께 금강산을 유람하며 지은 시, 1697년(숙종 23)에 이하곤 등과 함께 송도 박연을 유람하며 지은 시, 1698년(숙종 24)에 암행어사로 호남을 순찰할 때에 지은 시, 1700년(숙종 26)에 육진을 다녀오면서 지은 시 등이 수록되어있다.

1688년(숙종 14)에 경흥으로 귀양 가는 약천 남구만, 1689년(숙종 15)에 가림嘉林으로 귀양가는 심제현沈齊賢, 1691년(숙종 17)에 고성高城 군수郡守로 나가는 윤평尹坪, 고향으로 돌아가는 권희학權喜學, 충주忠州로 떠나는 서종조庶從祖 최후장崔後章, 1694년(숙종 20)에 태인

泰仁으로 돌아가는 송명연宋明淵, 1695년(숙종 21)에 연경燕京에 가는 홍수주洪受疇, 1697년(숙종 23)에 연경燕京에 가는 최규서崔奎瑞, 1701년(숙종 27)에 적성赤城 현감縣監으로 나가는 홍만회洪萬恢, 1706년(숙종 32)에 상주尙州 목사牧使로 나가는 원성유元聖兪 등에 대한 송시[8], 임영林泳, 서종태徐宗泰, 이인엽, 이하영 등의 시에 대한 차운시[9], 홍중성洪重聖, 이광좌, 심제현 등에게 부친 시, 장렬왕후莊烈王后, 박태보朴泰輔, 나양좌羅良佐의 모친母親, 임영林泳, 윤진尹搢, 이세귀李世龜, 유실柳實, 인현왕후仁顯王后, 오도일吳道一, 남구만 등에 대한 만시挽詩[10] 등이 실려 있다.

권6은 서序 9편, 기記 5편으로 구성되어 있다. 서에는 1699년(숙종 25)에 안악安岳 군수로 부임하는 중구仲舅 이인병李寅炳, 1700년(숙종 26)에 박쇄暴曬를 위해 적상산赤裳山 사고史庫로 떠나는 윤지화尹志和, 동남東南 지방의 산수山水를 유람하러 떠나는 이진원李眞源, 1711년(숙종 37)에 일본日本에 사신가는 조태억, 1715년(숙종 41)에 강도江都 유수로 부임하는 이태좌李台佐, 1719년(숙종 45)에 일본으로 사신가는 홍치중洪致中과 이명언李明彦 등을 전송하는 송서送序, 1696년(숙종 22)에 황해도 관찰사로 부임하는 이덕성李德成, 스승 윤증尹拯을 신구

8 곤륜의 송시는 〈送藥泉南相國謫慶興〉·〈送沈思仲謫嘉林〉·〈送黃生遇石之孔巖〉·〈送權生喜學還鄕〉·〈送尙輔歸驪江〉·〈送思仲還加林〉·〈送江界李使君〉·〈送李書狀君平〉·〈送李評事國彦〉·〈送宋子和赴北幕〉 등이 있다.

9 곤륜의 차운시는 〈次邵子天意〉·〈次邵子觀物〉·〈次鄭生〉·〈次尹生商來韻〉·〈次挹翠軒韻〉·〈次士揆〉·〈次唐律韻〉·〈次晦窩下示韻〉·〈次益之天柱寺韻〉·〈次道長韻〉 등이 있다.

10 곤륜의 만시는 〈莊烈王后輓詞〉·〈悲朴定齋泰輔〉·〈金原城必振輓〉·〈德浦尹副學搢輓〉·〈西坡吳判書道一輓〉·〈沈秀才鏷輓〉·〈藥泉南相國輓〉·〈李新溪齊說輓〉·〈鄭僉樞寅賓輓〉·〈洪正萬選輓〉 외 53제 91수가 있다.

伸救하다가 고금도古今島에 귀양가 있는 이세덕李世德에게 주는 증서贈序 등이 수록되어있다.

최창대의 기 5편 중 유기遊記인 「북정기北征記」는 1700년 32세로 북평사北評事가 되어 육진六鎭을 다녀온 뒤 쓴 것인데, 그가 이 글의 말미에 "옛날 포조鮑照는 동남의 산수를 유람하고 누이에게 보내는 글을 지었다. 지금 내 누이가 병든 지 오래되었는데 내가 힘들까 걱정할 것이라는 생각에 오른쪽과 같이 도중에 본 것을 써서 보인다."[11] 라고 한 것을 보면 「북정기」는 북정北征 도중 기록했던 것을 누이를 위해 정리한 글이라고 할 수 있다. 그래서인지 「북정기」는 기문의 내용 요소 중 사경寫境을 중심으로 하며, 사경 사이에 아주 간략한 감회가 서술되어 있지만 기사記事나 의론議論은 보이지 않는다. 화상기畫像記인 「삼척구천이공 세필 화상기三陟龜川李公 世弼 畫像記」는 1719년 그의 나이 51세 때 지은 것이다. 화상기이지만 화상에 관한 내용 없이 이세필의 덕치德治와 화상의 제작 경위에 대한 간단한 소개와 최창대의 의론만 있어 글 전체가 의론 중심으로 서술되어 있다. 무산부茂山府 관아를 창건할 때의 기문 건물기인 「신설무산부관우창건기新設茂山府館宇刱建記」와 1701년(숙종 27)에 고원高原 군수 박준번朴俊蕃의 여상헌如傷軒에 대해 지은 기문인 「여상헌기如傷軒記」, 양주楊州 송산松山에 있는 부친의 정자亭子 일표정一瓢亭에 대해 지은 기문인 「일표정기一瓢亭記」 중 「신설무산부관우창건기」와 「여상헌기」는 공적 건물의 기문이고, 「일표정기」는 부친의 정자亭子인 일표정에 대한 기문으로 사적 건물의 기문이라는 점에서 성격이나 내용에 조금

11 崔昌大, 「北征記」, 『昆侖集』 권6, "昔鮑明遠, 遊東南山水, 有寄妹書. 今妹寢病時久, 想思我爲勞, 聊述途中所見如右以開之"

차이를 보인다.[12]

권7~9에는 소차疏箚 16편이 담겨있다. 1697년(숙종 23) 최창대가 시강원 설서로 있을 때 이품頤稟 일수日數를 줄여서 서연書筵을 자주 열어야 함을 아뢴 소, 1701년(숙종 27)에 북변北邊에서 돌아와 함경북도의 사천私賤, 회영會寧 개시開市, 육진 수령선발守令選拔, 북병사北兵使 행영류방行營留防 등에 대한 시무책時務策을 아뢴 소, 1703년(숙종 29)에 박세당朴世堂의 『사변록思辨錄』에 대해 변론하는 소, 선위禪位의 명을 거둘 것을 청한 소, 1707년(숙종 33)에 옥당玉堂에 있을 때 8조 시무를 올린 차, 1712년(숙종 38)에 성균관의 폐단 개선책에 대해 올린 소 등이 실려 있으며, 수찬, 이조 좌랑, 성균관 대사성 등에 대한 사직소 등도 수록되어있다.

권10은 상서上書 6편과 서계書啓 1편, 옥당고사玉堂故事 1편으로 이루어져 있다. 상서는 1718년(숙종 44) 판결사判決事에 제수되었을 때에 동궁東宮에게 올린 판결사 사직 상서, 신구 등의 무함을 변론하는 상서, 개성 유수를 사직하는 상서 등이다. 서계는 1698년(숙종 24) 전라좌도 암행어사가 되었을 때 민생의 질고疾苦와 적폐積弊에 대해 아뢴 것으로서 순영巡營에서 진소어眞蘇魚에 대해 수세收稅하는 폐단, 종이를 사들이는 일의 폐단, 근해近海 예읍列邑의 수령을 무신武臣으로 차임하는 폐단, 병수영兵水營이 어장漁場과 염전鹽田을 침탈하는 폐단, 은구어銀口魚 진상進上에 따른 폐단, 신역身役 편중偏重, 둔전屯田 절수折受, 인족隣族 침징侵徵 등의 폐단에 대해 아뢴 내용이다.

권11~13에는 서書 83편이 실려 있는데 권11에서 눈여겨볼 만한

12 윤재환, 「昆侖 崔昌大 記文 연구」, 『동방한문학』 85, 동방한문학회, 2020, 73면.

서는 남구만, 이세필李世弼, 김창협金昌協, 서종태徐宗泰, 남학명南鶴鳴, 윤지인尹趾仁, 이태좌, 박태한朴泰漢, 이광좌, 조태억 등에게 보낸 편지이다. 그중 1698년(숙종 24)에 이세필에게 보낸 편지는 『심경心經』에 대해 조목별로 논한 것이다. 권12에는 이구송李久松, 권구權絿, 고효정高效鼎, 주정朱椗, 박이문朴以文, 이하영李夏英, 이석록李錫祿, 신필하申弼夏, 박광수朴光秀 등에게 보낸 편지가 실려 있다. 권13에는 가족 친지들에게 보낸 편지가 실려 있는데, 부친父親 최석정, 계구季舅 이인엽, 내제內弟 이하곤, 이숭곤李嵩坤, 종질從姪 최수철崔守哲, 종질宗姪 최수일崔守一 등에게 보낸 것들이다.

권14는 잡저雜著 19편, 교서敎書 3편, 비답批答 1편, 잠箴 4편, 송頌 2편, 찬贊 1편으로 구성되어 있다. 잡저에는 1693년(숙종 19)에 지은 「유후론留侯論」, 정락와靜樂窩 중건重建 때의 상량문上樑文, 금강산 유점사楡岾寺 중건 때의 모연문募緣文, 이광좌에게 지어준 「진질설疢疾說」, 아내를 잃은 이광좌의 슬픔을 위로하는 「위이상보도망문慰李尙輔悼亡文」, 책문策問, 임진란壬辰亂 때의 명장名將 정충신鄭忠信을 위전立傳한 「정충신전鄭忠信傳」, 고려高麗 우왕禑王과 창왕昌王의 사실事實을 기록한 글 등이 실려 있다. 교서는 경기 감사 조상우趙相愚, 평안 감사 조태구趙泰耉, 전라 감사 이광좌 등에게 내린 것이며, 비답은 우의정 서종태徐宗泰의 재도再度 정사呈辭에 대한 불윤비답이다. 잠은 1693년(숙종 19)에 숙종의 일신헌日新軒에 대해 지은 「일신헌잠日新軒箴」, 말을 삼갈 것을 경계하는 「구잠口箴」 등이며, 찬은 6첩 병풍에 그려진 미인화美人畫에 대한 것이다.

권15~16에는 제문祭文 45편, 애사哀辭 5편이 수록되어 있다. 제문에는 강도江都 전장戰場, 울산蔚山 전망처戰亡處, 원만춘元萬春, 신여철申汝哲, 이의배李義培, 오도일, 이현석李玄錫, 남구만, 원성유元聖兪에 대한 치제문致祭文, 박태보朴泰輔에 대한 이안문移安文, 임영林泳에 대한 봉안문奉安文, 외조모外祖母 윤씨尹氏, 윤평尹坪, 중구仲舅 이인병李寅炳, 계구季舅 이인엽, 박세당, 홍만적洪萬迪, 남구만에 대한 제문, 기우제문祈雨祭文 등이 실려 있다. 애사는 주정朱椗, 신무구愼無咎, 태의太醫 이욱李郁, 이진원李眞源 등에 대한 것이다.

권17~19는 비문碑文 2편, 묘지墓誌 8편, 묘갈墓碣 5편, 묘표墓表 5편, 행장行狀 3편으로 구성되어 있다. 비문은 임진란 때에 관북關北 지방에서 의병을 일으켜 공을 세운 이붕수李鵬壽, 정문부鄭文孚, 오응태吳應台 등의 공적을 기린 「북관대첩비北關大捷碑」와 흥국사興國寺 중수重修 때의 사적事蹟 비문이다. 묘지는 강세작康世爵, 말서妹婿 이경좌李景佐, 조상우趙相愚의 처妻, 오태주吳泰周, 오두인吳斗寅의 처, 남구만 등에 대한 것이며, 묘갈은 오두흥吳斗興, 이희무李喜茂, 서종헌徐宗憲 등에 대한 것이고, 묘표는 오두인, 최석진崔錫晉 등에 대한 것이다. 행장은 오두인, 부친 최석정, 최석정의 처에 대한 것이다.

권20에는 유사遺事 3편이 실려 있다. 증조부曾祖父 지천遲川 최명길崔鳴吉, 선비先妣 경주慶州 이씨李氏, 박태한朴泰漢에 대한 글이다.

『곤륜집』에는 다양한 종류의 글들이 수록되어 이들을 통해 최창대의 문학 세계를 파악할 수 있다. '1. 곤륜昆侖 최창대崔昌大의 삶과 문집文集 검토檢討'에서는 최창대의 삶을 파악하고 문집을 검토함으로써 최창대 연구를 위한 기반을 다지고자 하였으며 다음 장에서는 '곤륜昆侖 최창대崔昌大 연구硏究의 현황現況과 전망展望'을 살펴보고자 한다.

# II. 곤륜 최창대 연구의 현황과 전망

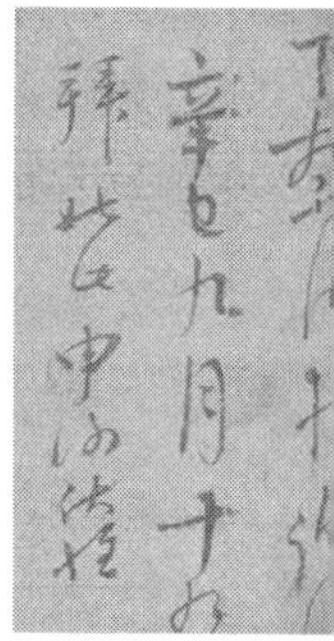

박난아

## 1. 곤륜 최창대 연구 현황

곤륜 최창대에 관한 연구는 양적으로는 많지 않지만 여러 방면으로 다양하게 시도되고 있다. 이 글에서는 그의 문학 연구에 대한 현황을 파악하고 미진한 부분을 찾아 연구의 발전적인 방향을 모색하고자 한다. 최창대의 문학에 관한 연구 중 먼저 이루어진 것은 문학론에 관한 김영주의 「곤륜 최창대의 수사론 연구」[1]이다. 이 연구는 최창대의 문학과 관련된 연구 중에 가장 이른 것으로, 그의 생애 · 사승관계와 학문 사상을 살펴보고 그의 문학 작품 중에 수사론의 실제에 대해서 고찰했다. 이 글에서는 17세기 말~18세기 초의 조선사회의 복고주의적 시문학의 경향에 반대하며 시의 규범과 상투성으로부터의 탈피를 추구한 대표자가 최창대라고 정의 내리고 있다. 최창대

1 김영주, 「곤륜 최창대의 수사론 연구」, 『동방한문학』 24, 동방한문학회, 2003.

의 가문은 양명학陽明學과 깊은 관계가 있어 그의 사상의 기저에는 양명학이 있음을 강조했고 그를 주자주의朱子主意의 성리학性理學과 명분론名分論에 매몰되어 치열한 정쟁이 반복되는 현실을 극복한 인물로 설명하고 있다. 최창대가 그의 시에서 진한秦漢·당송唐宋의 시문을 전범으로 하되 모방模倣은 배격하고 진정眞情의 표출을 추구하여 복고주의를 발전적으로 계승하고자 하였다고 설명했다.

이어서 최창대의 시작품의 수사론적인 부분에 초점을 두어 '문질빈빈文質彬彬의 수사철학修辭哲學 추구', '인력人力의 강조와 진한秦漢·당송문唐宋文 수용의 의미', '정서情緖의 표출과 풍아지도風雅之道의 구현', '질박質朴, 간과簡寡의 심미이상審美理想 추구'라는 4가지의 기준으로 나누어 분석하며 연구를 마무리한다. 최창대의 문학론에 대한 최초 연구라는 점에서 의의를 갖는다. 하지만 파악한 최창대의 문학론과 실제 창작과의 연관성에 대한 규명은 이루어지지 않았다는 점에서 아쉬움을 갖는다.

다음으로 성범중의 「곤륜昆侖 최창대崔昌大의 삶과 시세계」[2]의 연구에서는 최창대의 시문학을 전반적으로 살피고 있다. 이 논문은 최창대 시세계의 형성 배경을 제시한 후 '돈독한 교유와 우정의 확인'이 최창대의 시세계에서 가장 많은 비중을 차지한다고 말하고 있다. 이어서 최창대의 교유관계가 잘 드러나 있는 시들을 '사회적 교유와 우정의 지속', '친인척과의 우애와 충정', '여행 경험과 산하미의 발견', '관료 경험과 애민 정신의 체현', '한거와 자유로운 삶의 추구'라는 주제로 시를 구분하여 살폈다. 이렇게 6개의 주제를 기준으로 분류하여 총체적으로 시세계를 살피고 있다는 것이 성범중 연구의 특징이다.

2 성범중, 「昆侖 崔昌大의 삶과 시세계」, 『한국한시작가연구』 14, 2010.

하지만 이 연구에서는 최창대의 시세계가 대체로 평범하게 서술된 경향이 있으며 다른 문인들의 시작품에 비해 최창대 시가 가지는 변별점을 찾아내지 못했다는 한계를 지닌다.

그렇게 최창대에 대한 연구가 한동안 진행되지 않다가 최근 들어서 다시 최창대의 문학이 주목받기 시작했다. 산문 문학 분야에서는 권진옥의 「곤륜昆侖 최창대崔昌大의 문장론 연구」[3]에서 김영주의 선행 연구와는 다소 다른 시각으로 최창대의 문장론에 대해 고찰하는 것을 목적으로 하였다. 2장에서는 최창대가 주장하는 문장의 효용론을 고찰한 다음, 3장에서는 논의의 범주를 예각화하고자 하였으며 특히 3장에서는 논의를 설정함에 한문 산문사에서 쟁점이 되는 주제를 부각하고자 했다. '실질實質과 소통疏通의 추구'라는 주제를 가지고 문장 효용론을 이끌어 냈으며 다음으로 '사달辭達과 수사修辭', '간과簡寡와 험기險奇'라는 쟁점을 기준으로 최창대의 문장론을 정립했다. 하지만 최창대의 문장론을 연구할 때 반드시 발생할 수 있는 그의 시와 문장의 표절과 모의를 지적한 것에 대한 해명이 이뤄져야 하는 후속 과제를 지니고 있다는 한계를 지닌다.

경서율은 「곤륜昆侖 최창대崔昌大의 기행시紀行詩 연구硏究」[4]에서 최창대의 기행시를 연구했다. 이 글은 최창대 연구 중 유일한 학위논문이다. 그는 최창대의 정치적 이력, 교유관계와 인간상에 대한 고찰을 시작으로 최창대 문학의 배경과 창작의 경향을 제시하고 다음으

3 권진옥, 「昆侖 崔昌大의 문장론 연구」, 『동양고전연구』 74, 동양고전학회, 2018.

4 경서율, 「昆侖 崔昌大의 紀行詩 硏究」, 성균관대학교 일반대학원 석사논문, 2019.

로 최창대의 기행과 그 시적 특징을 '금강산金剛山 기행紀行과 미적美的 형상形象', '호남湖南 기행紀行과 애민愛民의 형상形象', '북관北關 기행紀行과 변경邊境의 형상形象'이라는 3가지 분류기준 아래에서 논의를 전개하였다.

최창대의 삶과 시문학에서 기행이 중요한 의미를 지니고 있으며, 『곤륜집』 속 기행시는 시 그의 시적 특징을 보여주는 징표라고 말했다. 이 논문은 한시사에서 그간 주목하지 않았던 시인 최창대를 발견한 것에 의미가 있다. 하지만 최창대에 대한 첫 학위 논문이고, 그는 기행시 이외에도 적지 않은 한시 작품과 산문이 있는 만큼 그의 기행과 기행시만을 주목하였다는 것이 아쉬운 부분이다.

윤재환은 「곤륜昆侖 최창대崔昌大 기문記文 연구」[5]에서 곤륜의 5편의 기문記文 중 「여상헌기如傷軒記」와 「일표정기一瓢亭記」 2편을 분석의 대상으로 연구를 전개해나갔다. 최창대의 문장론과 기문을 한 장에 걸쳐서 개관하였으며 이를 바탕으로 최창대 기문의 실제를 '우언寓言 가탁假託을 통한 목민상牧民像 제시', '선현先賢의 인용引用을 통한 의론議論의 강화'로 나누어 살폈다 곤륜의 위 두 기문은 공적 건물과 사적 건물의 기문이고 건물기建物記면서도 건물 그 자체에 대한 언급이 상당히 소홀하지만, 내용 대부분을 의론議論으로 구성한 서술방법을 최창대의 기문의 특징적인 모습이라고 설명했다. 더 나아가 이런 모습을 내용과 본질을 중심으로 수식과 외면의 조화를 추구했던 최창대의 문장관에 부합하는 것이면서 그가 작문의 요령과 설득의 방법에 익숙했음을 의미하는 것이라고 밝혔다. 하지만 2편의 기문에 대한 분석만으로 최창대의 문장관을 전부 설명할 수 있을지에 대

5 윤재환, 「昆侖 崔昌大 記文 연구」, 『동방한문학』 85, 동방한문학회, 2020.

한 아쉬움이 남는다. 또한 최창대의 기문에는 건물기 3편, 유기遊記 1편, 화상기畫像記 1편과 같이 몇 개의 기문이 더 있는데 나머지 기문에 대한 분석도 함께 이뤄졌다면 더 정확한 연구가 진행될 수 있었을 것이라는 한계점도 지닌다.

최창대의 시세계에 대해서는 4편의 연구논문이 있다. 김묘정은 「곤륜昆侖 최창대崔昌大의 교유시交遊詩 연구 – 지식인들과의 교유 양상을 중심으로」[6]에서 최창대의 교유시交遊詩에서 나타나는 지식인들과의 교유 양상을 파악하고자 하였다.

최창대의 교유시에서 나타나는 특징을 세 가지로 분류하여 서술하였는데, 첫 번째 특징으로는 '송시送詩・증시贈詩에서 확인되는 진실한 교유 양상'이다. 시적 대상에 대한 충분한 이해를 전제로 최창대가 친밀한 교유관계를 바탕으로 시를 지었다고 말했다. 두 번째로 '모임을 통한 시우詩友와의 시적 소통 양상'이라는 장에서는 최창대가 시적으로 교유 가능한 지식인들과 수창하며 연구시聯句詩를 창작하였으며, 주로 소론계 지식인들과 수창하였다는 특징을 밝혔다. 세 번째로는 동일 공간 유람에서 비롯된 흥취의 공유 양상을 고찰하였다. 최창대는 지식인과 유람을 기약하고 이행하는 적극적 태도를 견지하였으며, 동행하며 산수 지취를 공유한 사실을 파악하였다고 서술했다. 하지만 교유관계가 드러난 연구시, 차운시는 제외하고 송시・증시 작품만 분석한 데서 그친 아쉬움이 있고 더 나아가 만시도 교유시로 범주로 인식할 것인가에 대한 해명이 이뤄지지 않았다는 한계를 지닌다.

6 김묘정, 「昆侖 崔昌大의 交遊詩 연구 – 지식인들과의 교유 양상을 중심으로」, 『人文論叢』 76, 서울대학교 인문학연구원, 2019.

유명석은 「곤륜昆侖 최창대崔昌大의 만시輓詩 연구硏究」[7]에서 최창대가 남긴 총 712수의 시 가운데 91수의 만시를 조망했다. 서론에서 최창대의 생애를 간략히 설명하고 2장에서 최창대의 만시를 개관했다. 3장에서는 구체적인 시작품을 제시하고 '불우不遇한 운명運命에 대한 슬픔의 발현', '역사적 인물을 활용한 망자의 회상', '망자亡者의 부재不在로 인한 우려憂慮와 칭양' 세 부분으로 만시의 형상화 양상을 살폈다.

기존의 연구에서 다루지 않았던 최창대의 만시를 살펴 그의 만시를 개관하고 문학적 형상화 방법을 확인하여 최창대의 문학적 역량을 구체 적으로 확인하는 계기로 삼고자 했다는 점에서는 의미가 있다. 하지만 이 논문에서 언급했듯이 최창대의 시론이나 창작론과 밀접하게 연계가 되지 못했고 소론의 시문학과 최창대의 시문학 간의 거리, 가학의 영향관계 등이 규명되지 않았다는 한계를 지닌다.

이승용은 「곤륜昆侖 최창대崔昌大의 시세계에 관한 일고찰–북관北關을 형상화한 시작詩作을 중심으로」[8]에서 최창대에게 기이한 볼거리와 함께 호기심을 불러일으켰던 새로운 창작 공간인 '북관'에 주목하여 최창대가 북평사 시절 창작했던 한시를 고찰하였다.

이 글에서는 먼저 '북관'이라는 새로운 창작 공간과 최창대가 북평사로 부임하며 경유했던 경유지를 간략하게 살펴보았다. 이어서 시세계를 살펴보는 부분에서는 '낯선 변새 풍광의 포착과 생경한 경험

7 유명석, 「昆侖 崔昌大의 輓詩 硏究」, 『고전과 해석』 31, 고전문학한문학연구학회, 2020.

8 이승용, 「昆侖 崔昌大의 시세계에 관한 일고찰–北關을 형상화 한 詩作을 중심으로」, 『국어문학』 74, 국어문학회, 2020.

의 표출'과 '지역색에 대한 인식의 변화와 사실적 묘사'라는 제목 아래 최창대가 북방의 새로운 창작 공간에서 마주한 정경을 어떠한 방식으로 형상화했고 그의 작품에서 드러나는 특징적인 양상이 무엇인가를 살펴보았다. 조선 후기 어느 작가도 북방의 대규모 군사 훈련을 한시에 담아낸 예가 없으며, 더구나 장편 고시를 활용한 경우는 없을 만큼 〈경성관대조鏡城觀大操〉의 특이점을 부각하며 그가 한시 창작에 있어 새로운 시도와 변화를 추구했던 개성적인 작가였음을 분명히 알 수 있다고 서술하였다.

하지만 특정 시기만을 다룬 연구인 만큼 최창대의 시세계 전체를 대변할 수 없다는 것은 이 논문이 필연적으로 가지는 한계점이다.

이황진은 「곤륜 최창대의 누정시 연구」[9]에서 최창대의 누정시는 연구할 만큼의 충분한 분량이 있었고, 최창대는 아직 연구가 많이 진행되지 않은 작가이기 때문에 연구될 가능성 또한 크다고 간주하였다. 따라서 최창대의 누정시를 연구하는 것이 그의 시세계를 좀 더 깊이 살펴볼 수 있는 하나의 방법이 될 수 있다고 하며 연구를 진행했다.

먼저, 최창대가 누정시를 창작한 시기와 그 창작 배경에 주목하여 최창대에게 누정은 어떠한 의미를 갖는가를 살펴보았다. 다음으로 최창대가 그 이전의 문인들의 누정시에서는 좀처럼 볼 수 없었던 악부시라는 형식으로 누정시를 창작하였다는 사실에 주목하여 악부시로 지은 시 두 편 〈초연대가超然臺歌〉와 〈문월정가問月亭歌〉를 살펴보았다. 여기서 최창대는 누정에서 느끼는 자신의 정감을 악부시를 활

9 이황진, 「곤륜 최창대의 누정시 연구」, 『한국고전연구』 48, 한국고전연구학회, 2020.

용해 좀 더 자유롭게, 모의나 답습에서 탈피한 개성적인 표현과 내용으로 시를 지었다고 말하고 있다. 이 연구를 통해 17세기 후반의 누정에 대한 변화된 인식을 알 수 있고 18세기 한시의 새로운 경향의 일면을 엿볼 수 있게 한다고 서술하며 연구를 마무리했다. 하지만 이 논문에서 언급했듯이 최창대와 동시대 또는 그 전후 세대 문인들의 누정시가 비교 연구된다면, 서로 간의 공통점이나 차이점을 파악할 수 있을 것이라 기대되며, 더 나아가 전 시대 혹은 다음 시대와는 다른 자연관 및 누정에 대한 변화된 인식 또한 더 분명해질 것이라 추후 연구가 매우 기대되는 부분이다.

김효정은 「곤륜昆侖 최창대崔昌大의 시세계 일고찰 - 악부시樂府詩를 중심으로」[10]에서 최창대의 시론을 설명하며 그의 한시가 지니는 뛰어난 작품성을 계기로 최창대의 악부시를 고찰하고자 했다. 최창대에 대한 다양한 장르의 연구가 진행되었지만 악부시의 연구는 진행되지 않았다는 점에 주목하였다.

먼저, 이 연구에서는 악부시를 설명하고 최창대 악부시의 창작 배경을 살펴보았다. 악부시가 시 형식으로 자리 잡게 된 과정을 서술하며 17세기 시단의 경향이 최창대에게도 영향을 끼쳤던 것으로 보았다. 최창대 악부시의 표출양상에 대해서는 고악부古樂府, 의고악부擬古樂府, 비의고악부非擬古樂府의 갈래 중에 최창대의 비의고악부의 시를 중심으로 살펴보았다. 그 중에서 '역사의 회고懷古와 감개感慨의 되새김', '산하미山河美와 풍속風俗의 노래', '내적 심상心象의 토로와 흥취興趣의 발현'으로 나누었고, 구체적인 작품과 함께 서술하며 최창

10 김효정, 「昆侖 崔昌大의 시세계 일고찰 - 樂府詩를 중심으로」, 『大東漢文學』 66, 대동한문학회, 2021.

대가 역사적 현장에서 마주한 유물과 유적들을 보며 일어나는 감회를 되새겼고, 산수의 아름다움과 그 속에서 살아가는 백성들의 삶을 노래했다고 말한다. 또한 울적한 심사와 깨달은 바를 토로하고 지인과의 자리에서 오가는 정과 흥취를 풀어냈다고 전개하며 최창대의 악부시 연구를 진행했다.이 연구는 최창대의 악부시를 고찰하여 그의 시문학 연구에 대한 편폭을 넓혀 근체시나 고시 관련 연구에서 벗어나 최창대의 악부시를 본격적으로 조명했다는 점에서 의미가 있다. 하지만 김효정이 스스로 자신의 연구가 지닌 한계를 지적했듯 형상화 양상을 보다 정밀하게 다루지 못한 점이 아쉽다.

유진희는 「곤륜昆侖 최창대崔昌大의 기행시 일고찰 - 『손와유고損窩遺稿』 소재 곤륜시昆侖詩를 중심으로」[11]에서 기존에 이루어진 최창대의 기행시 연구에서 금강산, 북관, 호남지역 기행에 집중하여 근기 지역을 기행하면서 지은 시에 대한 연구가 이루어지지 않았다는 점에 착안하였다. 최창대의 숙부 최석항의 문집 『손와유고』에는 최창대가 최석항과 근기 지역을 유람하면서 지은 시들이 수록되어 있는데, 이 시들은 『곤륜집』에는 누락되어 있다. 이 연구에서는 『손와유고』에 실린 최창대의 기행시를 일별하고 이 시들이 『곤륜집』에 빠진 이유에 대해 해명을 한 뒤, 빠진 시들이 어떤 양상을 띠는지 분석했다.

먼저 최창대의 시가 『곤륜집』에 누락된 이유를 몇 가지 가설을 들어 확인한 후, 특정 이유에 의한 의도적 누락이 아니라 수습 과정에 미처 수습되지 못한 것으로 파악하였다. 이어서 이 시들을 '사찰 공간

11 유진희, 「昆侖 崔昌大의 기행시 일고찰 - 『損窩遺稿』 소재 昆侖詩를 중심으로」, 『어문논집』 91, 민족어문학회, 2021.

에서 취하는 마음의 평정', '산중에서 경험한 속세와의 단절감'이라는 2가지 양상으로 구체적인 작품과 함께 분석하며 연구를 마무리했다.

이 연구는 기존에 비슷한 주제를 다룬 연구가 있음에도 그 논문에서는 다루지 못한 부분에 착목하여 최창대의 기행시에 대한 한 차원 깊은 고찰이 이뤄졌다는 점에서 의미가 있다. 하지만 『곤륜집』에 수록된 기행시 작품과 누락된 기행시 작품 간의 거리가 규명되지 못했다는 점에서 아쉬움이 남는다.

## 2. 곤륜 최창대 연구의 전망

『조선왕조실록朝鮮王朝實錄』에 실린 최창대의 졸기를 보면 "그는 일찍이 문장으로 이름이 나서 박세당, 김창협과 경쟁할 정도였다."[12] 는 기록이 있고, 이덕수李德壽가 지은 최창대의 묘지명에는 "김창협이 곤륜을 일컬어 시의 오묘한 이치를 깨달았다."[13]고 하였다. 최창대가 이처럼 뛰어난 문학적 역량을 가지고 있음에도 한동안 연구가 이뤄지지 않다가 8년간의 공백을 깨고 최근에는 비교적 활발하게 연구가 진행되고 있다. 그러나 여전히 최창대의 문학 작품 가운데 연구가 이루어지지 못한 공간이 적지 않게 존재하므로 앞으로 이에 대한 연구

12 『肅宗實錄補闕正誤』 권65, 숙종 46년 4월 22일 1번째 기사, "昌大早以文章名, 體裁均停, 辭理俱到, 可與朴世堂金昌協數人竝駕云."

13 李德壽, 「弘文館副提學崔公墓誌銘」, 『西堂私載』 권10, "余於昔年, 嘗聞金農巖昌協之言以爲詩難於妙悟, 而近世惟崔某能悟妙理. 及其弟三淵昌翕, 則又言崔某文, 如洪有人哀辭, 歐陽生哀辭, 後始見者, 具眼之奬許如此."

가 이루어지길 기대한다.

먼저 최창대의 시문학은 비교적 활발하게 연구되고 있으나 아직 유형별로 그의 시가 많이 연구되지 못한 부분이 있다. 따라서 이에 대한 연구는 충분히 더 이루어질 수 있을 것이라 기대된다. 최창대 산문의 경우는 시문학에 비해 연구가 미진한 편이다. 『곤륜집』에는 최창대의 산문이 상당수 수록되어 있는데, 관련 연구 논문은 아직 2편밖에 존재하지 않는다. 『곤륜집』 권15~16에는 제문祭文 45편, 애사哀辭 5편이 수록되어있으며 권17~19에는 비문碑文 2편, 묘지墓誌 8편, 묘갈墓碣 5편, 묘표墓表 5편, 행장行狀 3편이 수록되어 있다. 최창대의 만시에 대한 연구는 이뤄졌지만 제문 · 묘지명 · 신도비명 등의 망자를 위한 글을 연구한 논문은 전혀 보이지 않는다. 이 부분이 보강된다면 최창대의 문학을 더 깊이 있게 이해할 수 있을 것으로 보인다.

최창대의 서書는 83편이나 되는 적지 않은 분량을 차지한다. 하지만 이 역시 아직 한 편의 논문도 소개되지 않았다. 편지의 대상이 남구만, 조태억 등 소론 계열의 중심인물에게 보낸 편지이며, 부친 최석정을 포함하여 주로 가족 친지들에게 보낸 편지들이 많다. 따라서 그 편지들을 확인한다면 그의 교유에 대한 구체적인 양상을 확인할 수 있을 것이다.

최창대는 16편의 적지 않은 소차疏箚를 남겼다. 각종 시무책時務策을 아뢴 소, 선위禪位의 명을 거둘 것을 청한 소, 8조 시무를 올린 차, 성균관의 폐단 개선책에 대해 올린 소, 수찬, 이조 좌랑, 성균관 대사성 등에 대한 사직소 등 다수 수록되어 있다. 하지만 최창대의 소차에 대한 연구도 역시 연구된 바가 없다. 이 소차들을 연구한다면 그의 관직 생활의 일면을 더욱 분명하게 확인할 수 있을 것이다.

앞으로 여러 연구자들에 의해 다양한 시각에서 최창대라는 인물과 그의 문학 작품을 폭넓고 심도 있게 연구되어 최창대에 대한 깊이 있는 이해로 이어질 수 있기를 기대한다.

# 제2부

## 곤륜昆侖 최창대崔昌大의 문장文章에 대한 단상



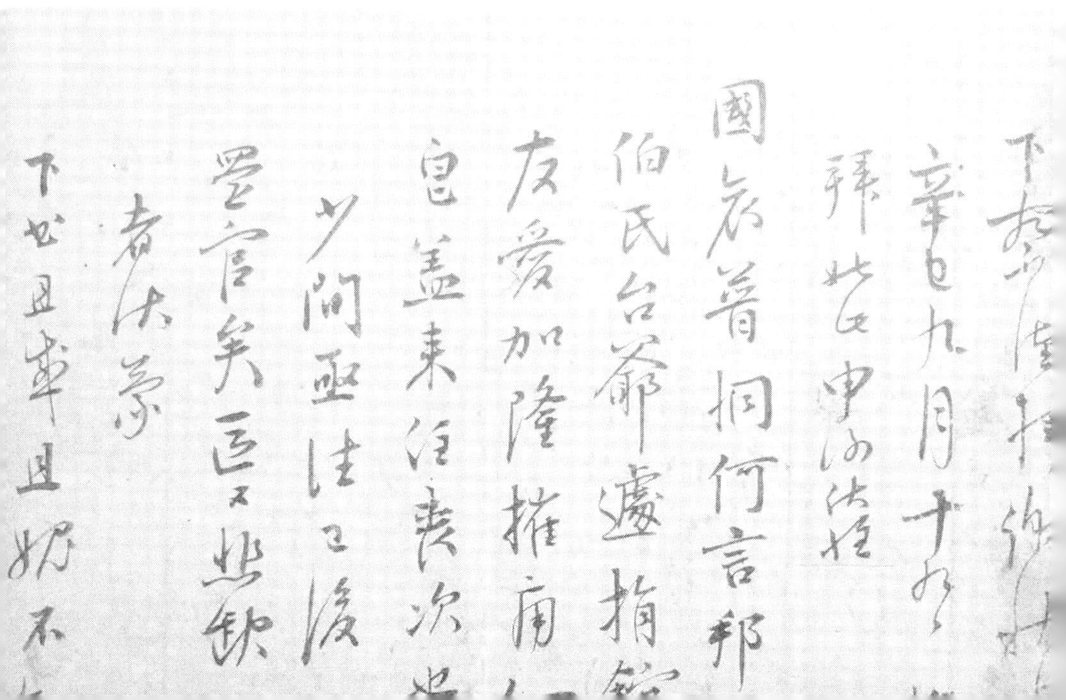

# Ⅰ. 곤륜의 최창대의 문장론

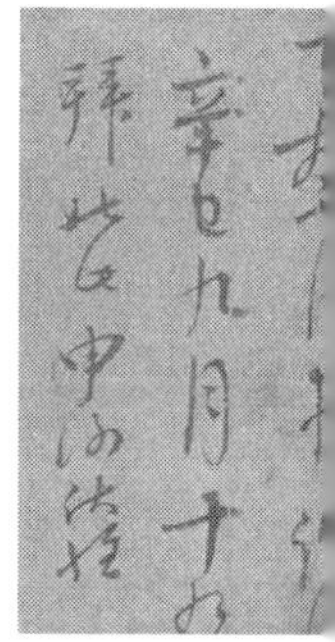

권진옥

## 1. 머리말

본 논문은 조선 중후기의 대표적인 소론少論 계열 인물인 곤륜昆侖 최창대崔昌大(1669~1720)를 대상으로, 한문산문을 위시한 문장론을 규명한 글이다.

주지하다시피 최창대는 조선 중후기 소론의 영수로 활약한 최석정崔錫鼎(1646~1715)의 아들이다. 부친 최석정은 남구만南九萬(1629~1711), 박세채朴世采(1631~1695)의 제자이면서, 조태억趙泰億(1675~1728)으로 이어지는 조선후기 소론의 계보를 잇는 중심인물로서 정치사와 사상사에서 중요한 역할을 하였다. 또 최창대의 가문을 살펴보면, 증조부는 병자호란 때 주화론主和論를 주장했던 최명길崔鳴吉(1586~1647)이고 조부는 최후량崔後亮(1616~1693)이다. 숙부인 최석항崔錫恒(1654~1724)은 좌의정을 역임하였다. 이렇듯 최창대는 소론 가운데 벌열가문인 전주 최씨全州崔氏의 명맥을 성공적으로 계승한 인물이다.

현재까지 최창대에 대한 연구는 매우 미비한 실정이다. 부친 최석정에 대한 연구는 그의 정치적 입지, 사상사적 계보, 학문 성향 등으로 인하여 정치, 사상, 학술 분야에서 많은 연구 성과가 제출되었고, 최근에는 문학 연구도 이루어지고 있다.[1] 이에 반해 최창대에 대한 연구는 문학 분야에서만 성과가 있으며 게다가 2편에 그치고 있다. 최창대의 삶의 궤적을 따라가며 시세계 전반을 폭넓게 연구한 것이 있고,[2] 그의 생애와 학문, 그리고 수사론修辭論까지 고찰한 연구도 있다.[3] 이와 같은 연구 성과는 최창대의 문학 연구를 위한 토대를 마련하였으며, 특히 그의 수사론을 처음으로 밝힌 연구는 본 논문의 구도와 서술에 많은 참고가 되었다. 다만 몇몇 지점에 있어서 필자와 견해가 다른 부분이 있으므로, 이는 2장 이하에서 언급하기로 한다.

우선 최석정의 문학을 연구 대상으로 삼기에 유의미한 지점들을 확인할 필요가 있겠다. 『실록實錄』에 실린 그의 졸기卒記를 살펴보면, "일찍이 문장으로 이름이 났는데, 체재體裁가 조화를 이루고 사리辭理가 모두 지극하여 박세당朴世堂 · 김창협金昌協 등 몇 사람과 비견된다."[4]라고 하여 그의 문학적 성취를 고평하고 있다. 또한 최창대의

1 권진옥, 「明谷 崔錫鼎의 記文 연구」, 『동아시아고대학』 49, 동아시아고대학회, 2018, 43~66면.; 권진옥, 「明谷 崔錫鼎의 논설류 산문 연구」, 『동양고전연구』 70, 동양고전학회, 2018, 91~117면.; 윤재환, 「명곡 최석정 상소문 연구」, 『한국문학과 예술』 27, 숭실대학교 한국문학과예술연구소, 2018, 115~146면.

2 성범중, 「昆侖 崔昌大의 삶과 시세계」, 『한국한시작가연구』 14, 한국한시학회, 2010, 5~40면.

3 김영주, 「곤륜 최창대의 수사론 연구」, 『동방한문학』 24, 동방한문학회, 2003, 115~139면.

4 『肅宗實錄補闕正誤』 권65 숙종 46년 4월 22일 1번째 기사. "昌大早以文章

저술 편력도 참고가 된다. 최창대의 문집인 『곤륜집昆侖集』 총목록 말미의 간기刊記에 의하면, 초고草藁의 상당 부분이 산실되었으며, 문집 이외에도 『경연주대經筵奏對』, 『경서기의經書記疑』, 『시화詩話』, 『잡기雜記』 등이 있어서 별집別集으로 만들 계획이 있었음을 확인할 수 있다.[5]

한편 최창대와 교제한 주변 인물들의 평가를 통해서도 그의 문학적 성취를 가늠할 수 있다. 박세당朴世堂과 김창흡金昌翕에게 수학한 이덕수李德壽(1673~1744)는 최창대의 묘지명墓誌銘을 지었고, 최창대의 제자이기도 한 신유한申維翰(1681~1752)은 그의 제문祭文을 지었는데, 그의 문학을 평가한 부분은 각각 아래와 같다.

> 문장을 몹시 좋아하여 손에서 책을 놓은 적이 없었으니, 저술한 것이 『日知錄』과 시문 20권이 있다. 논자가 말하기를 "공이 지은 글은 핵심적인 이치가 분명하고 辭氣가 정련하며 겉으로 화려하고 아울러 음절까지 조화로우니, 風雅와 일치하고 理事를 모두 갖춘 점은 근세의 문장가들이 더욱 미칠 바가 아니다."라고 하였다. 내가 예전에 農巖 金昌協이 "詩는 오묘한 이치를 깨닫는 것이 어려운데 근세에 오직 최 아무개만이 오묘한 이치를 깨달았다."라고 한 말을 들었다. 그의 아우 三淵 金昌翕 같은 경우는 또 말하기를 "최 아무개의 글

名, 體裁均停, 辭理俱到, 可與朴世堂金昌協數人竝駕云." 다만 소론의 시각이 반영된 졸기이므로 감안할 필요가 있다. 실제로 노론의 시각이 반영된 『肅宗實錄』에는 최창대의 卒記가 보이지 않는다.

5 崔昌大, 「刊記」, 『昆侖集』, "草藁多所亡失, 而詩律之失尤多. 存者僅賦四首 · 詩一千五百餘首 · 文四百餘首, 選者賦二首 · 詩七百十二首 · 文二百二十七首, 合爲七百三十五板. 乙巳初夏, 以鑄字入印, 凡九十日而訖工, 印得四百餘本. 又經筵奏對 · 經書記疑 · 詩話 · 雜記等篇, 當爲別集."

가운데 「洪有人哀辭」와 같은 것은 韓愈의 「歐陽生哀辭」 이후에 비로소 볼 수 있는 작품이다."라고 하였다. 안목을 갖춘 이들의 칭찬이 이와 같았다.[6]

> 삼가 공이 지은 여러 글을 읽어보니, 봄꽃이 무성하고 상서로운 바람이 온화하며 天球가 광채를 내는 것 같아서, 요컨대 통창하면서도 정밀하며 분명하면서도 심오하였다. 津筏과 胡蘆 같은 과정을 벗어나 색색마다 마음에 알맞고 종류마다 신묘하게 깨달았다. 그래서 문장은 兩漢, 韓愈와 柳宗元, 歐陽修와 曾鞏의 말이 되고, 시는 杜甫와 李白의 三唐, 宋元의 絶調가 되어, 펼쳐놓으면 빛나는 별들과 같고 늘어놓으면 쏟아지는 빗줄기와 같았다.[7]

이덕수의 묘지명을 통해 『일지록日知錄』이라는 별도의 저술이 있었고 김창협金昌協과 김창흡金昌翕 같은 노론계 인사들로부터 시문詩文을 인정받았음을 확인할 수 있다. 또한 신유한의 제문에서는 한시와 문장이 이룬 문학적 성취가 어느 수준과 접점을 이루고 있는지를 헤아릴 수 있다.

한편 그의 문장론, 문장의 전범, 문장 학습 등과 관련해서 주목할

6 李德壽, 「弘文館副提學崔公墓誌」, 『西堂私載』 권10, "篤好文章, 手不釋卷, 所著有日知錄及詩文二十卷. 論者謂公文骨理明暢, 辭氣精鍊, 華藻外被, 韻折傍叶, 若其風雅一致, 理事兼該, 尤非近世詞翰家所能及云. 余於昔年嘗聞金農巖昌協之言以爲詩難於妙悟, 而近世惟崔某能悟妙理. 及其弟三淵昌翕, 則又言崔某文如洪有人哀辭, 歐陽生哀辭後始見者, 具眼之獎許如此."

7 申維翰, 「祭昆侖崔學士」, 『靑泉集』 권5, "奉結撰諸篇讀之, 春華蔚然, 瑞飆雍然, 天球朗然, 要以博洽而精詣, 明達而沉思. 遺津筏去胡蘆, 色色心稱, 種種神悟, 文而爲兩漢語韓柳語歐曾語, 詩而爲少陵釆石三唐調宋元調, 羅則星斗, 縱則雲雨."

자료가 있다. 그것은 바로 선진先秦이하부터 명明나라까지 문장의 전범으로 삼을 만한 작품을 300여 편 취사선택하여 선집選集한 『고문집성古文集成』이다. 현전하고 있지 않아 구체적인 실상을 확인할 수는 없으나, 그 대략은 아래의 글을 통하여 확인할 수 있다.

> 昆侖 崔先生은 어린 시절부터 古文詞를 몹시 좋아하여 서책 중에서 읽지 않은 것이 없었다. 일찍이 고금에 문장을 選集한 것들이 대부분 사적인 견해로 취사하여 득실이 혼재되어 있음을 병통으로 여겨서, 마침내 스스로 先秦 이하로부터 明나라까지의 문장 중에서 더욱 빼어난 것 300여 편을 뽑되 대략 眞氏(眞德秀)의 『文章正宗』의 체례를 모방하여 분류하고 배열하여 모두 세 책으로 만들고는 이름을 『古文集成』이라고 하였다. 비평 기준이 극히 정밀하고 선별함이 극히 엄정하여 진실로 藝苑의 지침서이자 문학을 공부하는 자들의 나침반이라고 부를 만하였다. 具性五(具宅奎) 군이 다시 나에게 이 책을 200편으로 산삭하여 아침저녁으로 암송하는 자료로 만들어 해달라고 요청하였다.[8]

김창협의 문인이면서 최창대와 교유하였던 이하곤李夏坤(1677~1724)이 최창대의 『고문집성』을 다시 편집하여 만든 『산보고문집성刪補古文集成』의 서문이다. 이 서문에는 『고문집성』에 수록된 작가들이 부분적으로 소개되어 있는데, 가의賈誼, 동중서董仲舒, 사마천司馬

8 李夏坤, 「刪補古文集成序」, 『頭陀草』 책16, "昆侖崔先生, 自少酷嗜古文詞, 於書蓋無所不窺, 而嘗病古今選文者, 多以己意去就, 而互有得失, 遂自先秦下至皇明, 擇其尤雋者三百餘篇, 略倣眞氏正宗之例, 分類排纘, 凡爲三編, 名曰古文集成. 而其權度極精, 取舍極嚴, 誠可謂藝苑之金鑒, 學者之指南也. 具君性五又要余刪爲二百篇, 以爲朝夕諷誦之資."

遷, 유향劉向, 양웅揚雄, 반고班固, 제갈량諸葛亮, 육지陸贄, 한유韓愈, 이고李翱, 범중엄范仲淹, 사마광司馬光, 구양수歐陽脩, 소식蘇軾, 증공曾鞏 등이다. 선진 시기와 명나라 시기의 작가는 제시되어 있지 않아 작가를 특정할 수는 없지만, 명나라 작가 가운데 왕세정王世貞, 이반룡李攀龍을 위시한 이른바 전후칠자前後七子가 아닌 당순지唐順之나 귀유광歸有光 같은 명대 당송파의 작가일 가능성이 크다. 명대 전후칠자에 대한 최창대의 입장은 아래 3장에서 논하기로 한다.

이렇듯 다양한 저술 편력을 보이고, 공적 · 사적인 문헌에서 당파黨派를 초월하여 공히 문학성을 인정받은 최창대를 대상으로, 그 문학을 연구하는 시도는 유의미할 것이다.

이에 본 논문은 최창대 문학 연구의 일환이자 그 기초적인 작업으로 그의 문장론을 규명하고자 한다. 2장에서는 우선적으로 최창대가 주장하는 문장의 효용론을 고찰한 다음, 3장에서는 논의의 범주를 예각화 하고자 한다. 특히 3장에서는 논의를 설정함에 한문산문사에서 쟁점이 되는 주제를 부각시키고자 한다.

## 2. 문장 효용론 - 실질實質과 소통疏通의 추구

1699년(숙종25)에 최창대는 이석록李錫祿으로부터 문장 2편을 받고 열독한 다음, 자신의 문장 창작 및 비평과 함께 문장의 효용론을 언급하며 답장을 보낸다. 이석록이 『서경書經』의 전모典謨와 훈고訓誥를 전범으로 삼아 문장을 창작하여 기이함을 추구하는 것에 대해서 최창대가 구체적으로 지적하는 대목이 있는데, 이 부분은 아래 3장에서 자세히 논하기로 하고 여기서는 문장의 효용론을 적시한 부분만 을 살펴보겠다.

> 시대의 기호를 거스르고 뭇사람들이 비웃는 것을 범하면서 마음을 괴롭히고 힘을 다해 글을 쓴 것은 아득한 후세에까지 전하려고 해서가 아니겠습니까. 그런데도 멀리 전해지는 효과가 결국은 저 몇 사람들에게도 미치지 못하고 도리어 기이함 때문에 버려진 것은 어째서입니까? 다만 기이함을 일삼으면서 속에 전할 만한 실질이 없었기 때문입니다. 『易』에서 "人文을 관찰하여 천하를 교화하여 이룬다."라고 하였습니다. 천지가 생겨난 지 오래되어 온갖 일들이 나왔으니 비록 집집마다 돌아다니며 정밀하게 논해도 오히려 미치지 못할까 근심해야 합니다. 그런데 지금 이미 불행하게도 백세의 뒤에 태어났으면서도 다만 典謨와 訓誥의 위중함에 스스로 기탁한 채 고집스럽게 지켜서 변화가 없어서, 천하 사람들의 뜻에 통하지 못하는데도 병통으로 여기지 않고, 천하에 힘쓸 일을 이루지 못하는데도 걱정하지 않는다면 人文으로 교화하여 이루는 뜻이 어디에 있겠습니까. 莊周가 "魯나라에서 周나라의 예악이 시행되기를 바라는 것은 육지에서 배를 미는 것과 같다."고 말한 것에 거의 가깝지 않겠습니까.
>
> 그대의 문장은 실로 아름답지만 혹 전해질 수 있는 실질을 깊이 구하지 않고 기이함에만 뜻을 둔다면 나는 좋게 볼 수 없을 것입니다. 진실로 그대의 훌륭한 재능으로써 널리 살피고 깊이 생각하며 풍부하게 가지고 있으면서 그때그때 익힌다면, 앞서 말한 "理를 얻고 감응하는 것에 신중한 방법"을 넉넉하게 자득할 것이 틀림없으니, 이전에 끌어다 쓰고 모방했던 것을 돌이켜 살펴본다면 반드시 비웃으면서 버리게 될 것입니다.
>
> 對策 한 편은 지식이 해박한 것이 두루 드러나 있어서 좋았습니다. 그렇지만 사람들이 볼 때 응당 서너 번을 읽어야만 이해할 수 있으니, 세상에 쓰이기를 구하는 글이라면 마땅히 사람들이 쉽게 이해할

수 있게 써야 합니다. 만약 비록 사람들이 이해하지 못하여 쓰이지 못하게 된다 하더라도 안타깝게 여기지 않는다면, 時文을 익혀서 과장에 나아가는 것이 무용한 일이 될 것이니, 그대는 반드시 이 중 하나를 택해야 할 것입니다. 「天地說」은 말이 간결하면서도 힘이 있으며 부모를 천지에 비겨서 비유한 것이 명확하고 진실되며, 뜻이 바르고 이치가 합당하니 군자의 孝悌의 마음을 발하게 할 수 있습니다. 옛사람의 "보탬이 되는 문장을 짓는다."는 말은 바로 이를 이르는 것입니다.[9]

최창대는 양웅揚雄과 번종사樊宗師가 남들이 쉬이 이해하기 어려운 문장을 구사하여 자신의 개성을 추구한 면이 없지는 않으나, 지금에 와서 결국은 인정을 받지 못하고 기이함만을 추구했다는 비난을 면치 못하는 것은 바로 그 문장 속에 전할 만한 실질[可傳之實]이 없었기 때문이라고 주장한다. 그렇다면 당대의 세상 사람들을 비롯하여 후세에까지 전해질 수 있는 실질은 무엇을 가리키는가. 그것은 바로 위

9 崔昌大, 「答李樂甫」, 『昆侖集』 권12, "夫其拂時好犯衆笑, 苦心彊力而爲之者, 豈不爲千古計哉? 而傳遠之效, 卒不及彼, 而反以奇見廢者, 何也? 徒事於奇而其中無可傳之實耳. 且易曰, 觀乎人文, 以化成天下. 天地之生久矣, 百爲畢出, 雖戶說而眇論, 猶患不逮. 今旣不幸而生乎百世之下, 徒自託於典謨訓誥之重, 篤守而無變, 不能通天下之志而不之病, 不能成天下之務而不之恤,則惡在其人文化成之義乎? 莊周所謂蘄行周於魯, 猶推舟於陸者, 不殆近之歟? 吾子之文, 信美矣, 或者不深求可傳之實而有意於奇, 則吾未見其可也. 誠以吾子之才, 博觀而深思, 富有而時習之, 則向所謂得其理愼所感之術, 當自得之有裕, 而反考前日劖劂之爲, 必且一笑而去之矣. 對策一道, 多見識解之通洽, 可喜. 然人之見之, 須三四讀可曉, 旣求售於世, 則宜使人易曉. 若曰雖不見曉至不售, 亦無所恨, 則亦無用習時文赴科擧, 吾子必居一於是矣. 天地說, 不寧詞句之簡勁, 以父母準天地, 指譬明允, 義正而理當, 有足以發君子孝悌之心. 古人所云作有益之文者, 正謂此也."

인용문에서 『주역周易』을 끌어와 언급하고 있는 인문人文을 통한 천하의 교화 정신에 있다. 만약 자신의 문장력을 과시하기 위한 방편으로 기이하고 신이한 문체를 추구하는 데만 집중하여 천하 사람들의 뜻에도 통하지 못하고 천하에 힘쓸 일을 이루지 못하게 된다면, 인문을 통한 천하의 교화에 무용지물이 될 따름이다. 최창대의 이러한 문장 효용론은 심지어 과장科場의 시문時文까지 적극적으로 인정하고 있다.[10] 시문時文은 그 맥락에 따라 고문古文의 시의성時宜性이 있는 문장과 과거급제를 위해 익히는 문장으로 의미가 구분되는데, 최창대가 가리키는 시문時文은 바로 후자에 해당한다. 문장가라면 일반적으로 경계하게 되는 과장의 시문時文을 최창대가 유용한 문장으로 인정한 것은, 대책對策과 같은 문장이 현실적인 문제를 담아내고 당대 사람들에게 쉽게 이해될 수 있기 때문이다. 최창대의 문장 효용론은 '재도지문載道之文'이나 '유덕자필유언有德者必有'과 같이 도道와 덕德을 담보하거나 명시하지 않고, 동시대 사람들의 뜻과 소통하여 당대의 급선무를 설정하고 이를 쉽게 이해시키는 철저히 현실적인 효용론이라고 규정할 수 있다.

한편 한시 창작 및 효용에 대한 그의 구체적인 견해는 1691년(숙종 17)에 삼연三淵 김창흡金昌翕의 문인 김영행金令行(1673~1755)에게 답장하는 편지에 잘 드러나 있는데, 본고에서는 한시가 아닌 문장에 집중한 글이므로 자세한 인용과 분석은 생략한다. 다만 그 논의를 종합하자면, 작가 자신이 체험하고 느낀 실제의 정감을 고심이나 조탁 없이 있는 그대로 드러내는 것이 최창대의 기본적인 한시 창작론이고,

10 여기서 말하는 科場의 時文은, 辭賦와 같은 시가 아니라 對策과 같은 문장을 가리킨다.

여기서의 효용은 자신의 정감을 한시를 통해 배가시키거나 제어하는 데 그칠 뿐이다.[11] 다만 작가로서 일가를 이루기 위한 한시 창작론은 이것과 다르다. 마음에서 체득하고, 육경六經과 백가百家를 섭렵한 공부가 전제되어야, 이러한 자질을 갖추어야 시어詩語가 분란하거나 비루하지 않고 정연해지며 뜻이 분열되지 않고 응축된다.[12] 이렇듯 최창대는 일반의 한시와 대가의 한시를 구분하여 각각의 창작론을 제시하고 그 효용을 논하였다.

## 3. 쟁점으로 살펴본 최창대崔昌大의 문장론

### 1) 사달辭達과 수사修辭

최창대가 활동했던 당대를 비롯하여 그 이전 시기부터 문장론은 흔히 '사달辭達'과 '수사修辭'에 대한 논의가 쟁점이었다. 범박하게 말하자면, 상대적으로 사달을 강조하는 당송파唐宋派 논의와 수사의 가치를 적극적으로 인정하는 진한파秦漢派 논의가 서로 간섭하고 절충

---

11 崔昌大, 「答金子裕」, 『昆侖集』 권12, "若所謂詩者, 特取歌詠之義, 以暢其伊菀, 以舒其感憤, 足矣. 不當疲精役神, 徒務刻畫嘲吟爲耳, 非徒無益, 抑又害於爲詩之道. 風雅之人, 曷嘗疲精役神, 刻畫嘲吟爲事? 直叙其哀樂而節其音爾. 循近世爲詩之道, 求合乎風雅, 則猶求之燕而轅越, 愈往而愈疏遠矣. 苟徒志于詩者, 不以向所云三者而能有成者, 吾未之見也."

12 崔昌大, 「答金子裕」, 『昆侖集』 권12, "不體之心, 則言濫而無督, 不翼之六經, 則志歧而易跆, 不參之百氏, 則辭陋而不洽. 三者固不可偏廢, 而心爲本焉. 迺後發而爲文, 則炳乎其陽也, 淵乎其深也, 超乎其高也, 蔚乎其有章也, 是不朽之業成也."

하였다.[13] 예컨대 이전 시기의 이식李植(1584~1647)은 수사의 필요성은 인정하되 의리義理를 제대로 전달해야 하는 사달을 강조하였고, 윤근수尹根壽(1537~1616)는 수사를 강조한 명대 전후칠자의 그것에 경도되었다. 또한 신최申最(1619~1658)의 경우는 전후칠자의 문론文論을 접했던 영향으로 인해 진한고문秦漢古文을 추숭했다고 평가를 받지만, 사달과 수사의 겸비를 강조하여 모곤茅坤(당송파)과 왕세정王世貞(진한파)의 글을 한데 모은 『황명이대가문초皇明二大家文抄』를 엮기도 하였다. 그렇다면 최창대는 사달과 수사의 문장론에 대해 어떠한 입장을 견지하였는가. 결론부터 말하자면 그는 사달과 수사를 제로섬(zero-sum)으로 인식하는 상대적인 문장론을 초월하기를 주장하였다. 이러한 인식을 잘 보여주는 자료가 아래에 인용한 「답이인로答李仁老」라는 편지글이다. 이인로李仁老는 바로 박세당朴世堂과 김창흡金昌翕에게 수학한 이덕수李德壽(1673~1744)를 가리킨다. 이덕수 역시 최창대에게 보낸 「답최효백서答崔孝伯書」 편지글에서 문장론을 펼쳤는데, 이 둘 사이에 오간 편지글을 통해 사달과 수사를 위시한 날선 공방을 목도할 수 있다.

> 족하께서 "文字는 말을 담은 것이니 문사는 뜻을 전달하면 그만이다."라고 하신 것은 아주 좋은 말입니다. 그렇지만 이른바 "문사는 뜻을 전달할 뿐이다."라는 말이 어찌 번다하게 부연하고 쓸데없는 말을 늘어놓는 것을 이르는 것이겠습니까. "말이 문채가 나지 않으면

13 이에 대해서는 조선후기 '辭達'의 함의와 양상을 다양하고 심층적으로 연구한 김기엽의 논문이 참고가 된다. 김기엽, 「조선후기 문인들의 辭達에 대한 해석과 문학론적 수용 양상」, 『민족문화』 50, 한국고전번역원, 2017, 301~340면. 다만 이 논문에는 최창대의 자료는 누락되어 있다.

멀리 전해질 수 없다."라고 말하지 않았습니까. 공자는 "바탕이 문식을 이기면 촌스럽고 문식이 바탕을 이기면 세련되기만 할 뿐이니, 문식과 바탕이 조화를 이룬 연후에야 군자답다."라고 하였습니다. 저는 문장에 대해서 또한 그렇게 말하고자 합니다. 문식과 바탕이 조화를 이루게 하는 데는 올바른 방법이 있으니 이치를 밝혀서 근본을 수립하고, 학술을 가려서 취향을 반듯하게 하며, 말을 닦아서 실제적인 운용을 극진하게 이루어야 하는 것이 그것인데, 세 가지 가운데 하나라도 빠져서는 안 됩니다. 이 세 가지 방법을 따라 매일 부지런히 힘쓴다면 재능에 맞게 절로 이르는 바가 있을 것입니다. 文句의 난해함과 평이함, 기이함과 순탄함 등이 반드시 일치해야 하는 것은 아닙니다. 詩書와 六經을 가지고 말해보면, 「商書」의 크고 넓음[灝灝], 「周書」의 엄숙하면서도 직절함[噩噩], 『春秋』의 간결하면서도 엄정함[簡嚴], 「繫辭」의 순수하면서도 풍부함[醇쯤]은 그 난해함과 평이함, 기이함과 순탄함의 같고 다름이 어떠합니까? 지금 『춘추』와 「주서」를 가지고 詞達 뜻에 부합하지 않는다고 하면 옳겠습니까.[14]

얼핏 보면 최창대는 사달도 인정하고 수사도 인정하는 양시론兩是論을 펼치는 듯하나, 기실 사달과 수사 논의 자체를 초월하여 명리明理(이치를 밝힘), 택술擇術(학술을 가림), 수사修辭(말을 닦음)로 이어지는 문장론을 강조한다.[15] 논의를 이렇게 설정하면, 사달과 수사에서

14 崔昌大, 「答李仁老」, 『昆侖集』 권11, "足下云, 文字者, 言之寓也, 詞達而可耳, 甚善甚善. 然所謂詞達, 亦豈數多冗長之謂? 獨不曰, 言之不文, 傳而不遠乎? 孔子曰, 質勝文則野, 文勝質則史, 文質彬彬, 然後君子. 吾於文章,亦云然. 文質彬彬, 有道, 明理以樹其本, 擇術以端其趣, 修辭以致其用, 三者闕一, 不可. 循是三者, 俛焉日有孳孳, 則隨其材而自有所至. 若文句之險易奇順, 非必同也. 雖以詩書六經言之, 商書之灝灝, 周書之噩噩, 春秋之簡嚴, 易繫之醇쯤, 其險易奇順之異同, 何如也? 今以春秋周書, 謂不合於詞達之旨, 可乎?"

항상 쟁점이 되는 문장의 난해함과 평이함, 기이함과 순탄함은 자연스레 극복하게 된다. 「상서商書」』의 크고 넓음[灝灝], 「주서周書」의 엄숙하면서도 직절함[噩噩], 『춘추春秋』의 간결하면서도 엄정함[簡嚴], 「계사繫辭」의 순수하면서도 풍부함[醇[illegible]]은 그 자체로 문식과 바탕이 조화를 이룬 문장이지, 사달과 수사 어느 한쪽에 편입시킬 여지가 없게 된다. 이에 반해 공방의 대상인 이덕수는 수사에 치중한 문장론을 펼쳤다.

> 내가 이미 안에서 얻은 것이 있다면 언어는 나의 몸에서 그치는 것으로 충분할 뿐입니다. 그런데 멀리까지 행해질 수가 없어서 이것 때문에 文字 안배를 합니다. 문자라는 것은 말을 붙이는 것이니 그렇다면 이치가 순조로우면 되고 말이 뜻을 전달하면 될 뿐, 어찌 수식이나 화미한 것을 두겠습니까. 그런데 지금 세상은 이미 옛날과 달라져서 비리함에 가깝게 해서는 안 됩니다. 그렇다면 그 篇과 章을 정제하고 그 句와 말을 깎아내어 문식과 바탕이 지극하게 갖추어지도록 하면, 선후나 본말 같은 것은 참으로 절로 변별이 될 것입니다.[16]

이덕수는 비리하고 구차한 문장보다는 편장篇章을 정제하고 구어句語를 깎아내는 수사를 활용한 문장을 옹호하였다. 조선중기 이후로

---

15 기존의 연구에서 이 인용 자료를 '文飾'의 역할 비중을 더욱 강조한 경우로 보고 있다. 필자의 시각과는 일정 정도 차이가 있다. 김영주, 「곤륜 최창대의 수사론 연구」, 『동방한문학』 24, 동방한문학회, 2003, 124~126면.

16 李德壽, 「答崔孝伯書」, 『西堂私載』 권3, "吾旣有所得於內者, 而言語足以止吾身而已. 不能行乎遠也, 則爲是而有文字之設. 文字者, 言之寓也, 則理順而可耳, 辭達而可耳, 烏有所謂藻繪華靡者乎? 今之世, 旣異於古之世, 而不可使近於俚而已也. 則整齊其篇章, 點竄其句語, 所以使文質克備, 而若其先後本末, 則固自有辨矣."

본격적으로 논의되기 시작한 편장자구篇章字句의 수사법을 방불케 한다. 한편 이와는 반대로 수사보다는 사달을 더욱 중요시한 논의는 여타 문인들에게서 흔히 발견되는데, 공교롭게도 최창대의 부친인 최석정이 여기에 해당한다. 최석정의 이러한 견해는 이경석李景奭의 문집에 쓴 「백헌집서白軒集序」 가운데 선명하게 드러나 있다.

> 아! 文이 어찌 쉽게 말할 수 있는 것이겠는가. 문사를 수식하면 이치가 분명하지 않은 병폐가 생기고 이치에 주력하면 말이 쓸데없이 번잡해지는 병폐가 생기며, 새롭고 독특한 것은 혹 지나치게 세세한 데에 빠질 수 있고, 평이한 것은 혹 휩쓸려 가버리는 데에 빠질 수 있으니, 이는 고금의 공통적인 근심거리이다. 국조 이래로 거공과 대가들을 이루 다 헤아릴 수 없으나, 몇 가지 근심을 면할 수 있었던 사람은 드물었으니, 文을 어찌 쉽게 말할 수 있겠는가. 그러나 이치가 분명하지 않기보다는 차라리 말이 쓸데없이 번잡한 것이 나으며, 지나치게 세세한 것에 가깝기보다는 차라리 휩쓸려 가버리는 것에 가까운 것이 나은 것은 어째서인가? 이치가 분명하지 않으면 근본이 없게 되고, 지나치게 세세하면 원기에 누가 되기 때문이다. 말은 의미를 전달하면 될 뿐이라고 말하지 않았던가.[17]

최석정은 문장을 지을 적의 갖은 병폐를 명쾌하게 지적하였다. 문장을 수식하는 병폐에 대해서는 "문사를 수식하면 이치가 분명하지

17 崔錫鼎, 「白軒集序」, 『明谷集』 권8, "噫! 文豈可易言乎哉? 修辭則病於理拙, 主乎理則病於辭冗, 新奇者或失於尖巧, 平順者或失於流易, 此古今之同患也. 國朝以來, 鉅公大家, 指不勝屈, 而能免於數者之患者蓋尠, 文豈可易言乎哉? 然與其理拙, 毋寧辭冗, 與其近於尖巧, 毋寧近於流易, 何者? 理拙則無所本, 尖巧則累元氣也. 不曰辭達而已乎?"

않은 병폐가 생긴다[修辭則病於理拙]"고 하였고, 이치에만 집중하는 병폐에 대해서는 "이치에 주력하면 말이 쓸데없이 번잡해지는 병폐가 생긴다[主乎理則病於辭冗]"고 하였다. 또한 그 연장선에서 문장 수식의 결과인 새롭고 독특한[新奇] 문장은 지나치게 세세하게 되는 잘못이 생기고, 이치에만 주력한 결과인 평이한[平順] 문장은 휩쓸려 가버리는 잘못이 생긴다. 그렇다면 어떠한 문장을 추구해야 하는가? 최석정은 문장이 쓸데없이 번잡해지고 휩쓸려 가버리는 병폐가 있더라도, 이치에 주력하여 평이한 문장으로 표현하는 사달의 문장론을 취하였다. 그 이유는 이치가 분명하지 않은 문장은 근본이 없게 되고, 지나치게 세세한 문장은 원기元氣를 손상시키기 때문이다.

이렇듯 사달과 수사 논의에서 부친과도 의견을 달리했던 최창대가 궁극적으로 지향했던 문장은 무엇인가? 그것은 바로 이치를 밝혀서 근본을 수립하고, 학술을 가려서 취향을 반듯하게 하며, 말을 닦아서 실제적인 운용을 극진하게 이루는 것이었다. 여기서 강조하는 이치와 근본, 학술과 취향, 수사와 운용은 아래에서 문장의 도道를 피력한 부분에서도 확인할 수 있다.

> 문장의 이치는 하늘에서 나오고 문장이 나오는 것은 마음이 감응하는 것으로 말미암으니, 이치를 얻어서 근본을 세우고 감응하는 바에 신중하여 그 기미를 살피면, 문장의 도에는 거의 절반은 깨달은 것입니다. 이러한 방법을 잡고 있으면 나아가서 감촉하는 대로 근원을 만나게 되니, 사실을 기록하고 도를 논하며 利害를 진술하고 哀樂을 서술하는 등 어느 것으로 펼쳐내어도 불가능한 것이 없을 것이고 高下와 深淺, 縱橫과 經緯가 어느 것도 합당하지 않음이 없을 것이니, 文句의 난해함과 순탄함 기이함과 평이함은 논할 거리가 되지 못할 것입니다. 무엇으로 증명할 수 있을까요? 옛날 우리 夫子께서 立言하

> 신 것을 들어보면, 『春秋』는 王者 법도와 의리를 사용하여 포폄을 위주로 하였기에 문장이 간결하면서도 엄밀하였습니다. 『十翼』은 伏犧·文王·周公 세 분 성인의 은밀한 뜻을 열고 만물의 실정을 다하였기에 문장이 심오하면서도 풍부하였습니다. 『論語』와 『孝經』은 교훈을 풀어서 사람들에게 고하였기에 문장이 전아하면서도 절실하였습니다. 이 책들은 체제가 실제로 같지 않지만 모두 夫子의 문장이 되는 데 해가 없으니 어째서 그럴까요? 실로 이치를 얻어 마음에 감응하는 것에 신중하였으며 쓰기를 자연스럽게 하였기 때문입니다.[18]

이 인용문 말미에서 "이치를 얻어 마음에 감응하는 것에 신중하였으며 쓰기를 자연스럽게 하는[得其理愼所感而行之以無意]" 경지는 앞서 말했던 이치를 밝혀서 근본을 수립하고, 학술을 가려서 취향을 반듯하게 하며, 말을 닦아서 실제적인 운용을 극진히 하는 것과 일맥상통한다. 종합하자면, 최창대는 이치와 학술이 올바른 작가의 자질론과 실제적인 운용을 중시한 문장의 효용론을 아울러 논한 것이라 하겠다.

한편 남구만南九萬을 위시한 소론계의 문장가들은 작법상의 새로운 시도를 지나치게 분석하고 추구하는 데 반대하고 의意를 강조하였다. 이는 상대적으로 법法의 중요성을 부각하고 산문의 문예미를 고

18 崔昌大, 「答李樂甫」, 『昆侖集』 권12, "夫文章之理, 出乎天, 而其所發則由人心所感, 得其理以立之本, 愼所感以審其幾, 其於道, 思過半矣. 操斯術也, 以往觸類而逢原, 記事論道, 陳利害叙哀樂, 無所施而不可, 高下深淺, 縱橫經緯, 無所處而不當, 若夫文句之險易奇順, 非所論也. 何以明之? 昔者吾夫子之立言也, 春秋用王法義, 主乎誅褒, 則其文簡而嚴, 易翼開三聖之秘而盡萬物之情, 則其文奧而邕. 論語孝經設敎而詔人, 則其文典而切. 玆數者, 體實不同, 而俱不害爲夫子之文章, 何也? 誠亦得其理愼所感而行之以無意也."

도로 추구하고 섬세한 분석비평으로 그 기준을 제시하고자 한 김창협을 위시한 노론계의 문장가들의 입장과는 그 결이 다르다고 할 수 있는데, 소론계 문장가들은 의意를 강조하여 개인의 자득自得을 중요시하였다.[19] 이치를 얻어 마음에 감응하는 것에 신중하며, 근본을 수립하고 학술의 취향을 올바르게 하는 최창대의 문장 창작론은 작가의 뜻을 우선시하여 자득自得을 중요시한 여타 소론계 문장가들의 창작론과 상통하는 부분이 있다고 할 수 있다.

### 2) 간과簡寡와 험기險奇

앞서 쟁점으로 삼았던 사달과 수사 못지않게 문장의 체제와 표현에 있어서 간명하고 요약함 그리고 험벽하고 기괴함을 논의하는 담론도 꾸준히 이어졌다. 이른바 순정한 고문古文이라 일컬어지는 당송唐宋의 문장이 전자라고 한다면, 선진양한先秦兩漢과 이를 내세운 이른바 명明나라 전후칠자前後七子의 문장이 후자라고 할 수 있다. 이와 같은 논의가 결국은 숙속지문菽粟之文, 주소어록체註疏語錄體, 표절剽竊과 모의模擬 등의 공방을 불러일으켰다. 그렇다면 최창대는 이 쟁점에 있어서 어떠한 견해를 펼쳤는지 살펴보자.[20]

고인의 문장은 또한 반드시 간결한[簡寡] 것을 귀하게 여깁니다.

19 송혁기, 「老·少 分岐期의 學的 地形과 南九萬 계열 소론계의 문학비평」, 『고전과 해석』 10, 고전문학한문학연구학회, 2011, 203~204면.

20 기존의 연구에서 최창대가 담론한 '簡寡'의 층위를 審美理想의 추구로 보았으나, 필자는 창작론에 가깝다고 생각한다. 김영주, 「곤륜 최창대의 수사론 연구」, 『동방한문학』 24, 동방한문학회, 2003, 133~135면.

이치를 담론한 것으로써 말해보면 孟子의 말은 荀子・韓非子보다 간결하고, 曾子・子思의 말은 맹자보다 간결하고, 孔子의 말은 또한 증자・자사보다 간결합니다. 記事로써 말해보면 左氏는 司馬遷・班固보다 간결하고, 『春秋』・『尙書』는 좌씨보다 간결합니다. 詠歌로써 말해본다면 『楚騷』는 漢・魏보다 간결하고, 『詩經』은 『초사』보다 간결합니다. 그 나머지 가운데 道家의 『道德經』, 縱橫家의 『陰符經』, 兵家의 『三略』, 醫家의 『素問』 등은 모두 소략한 단편이라서 대부분 百言 千言을 넘지 않습니다. 그러나 설명은 간략하지만 뜻은 더욱 넓고 말은 실질적이지만 가리키는 것은 더욱 고원하니, 어째서 그럴까요? 이치에 있어서는 本源을 깨달았기 때문이고 일에 있어서는 핵심을 제기했기 때문입니다. 그러므로 저는 항상 話頭로써 "고인은 견식이 높기 때문에 문장이 정치하고, 지금 사람은 견식이 낮기 때문에 문장이 조잡하다"라고 말하곤 합니다.[21]

최창대는 원론적으로 간결한[簡寡] 문장을 중시한다. 다만 문장이 간명하고 요약되기 위해서는 반드시 견식이 높은 작가가 이치에 있어서는 본원本源을 깨닫고 일에 있어서는 핵심을 제기할 때 가능한 것이다. 이러한 작가의 자질이 없으면 번종사樊宗師나 전후칠자 같이 다른 방편으로써 험벽하고 기이한 문장을 추구하게 된다.

21 崔昌大, 「答李仁老」, 『昆侖集』 권11, "夫古人之文, 又必以簡寡爲貴. 以言乎談理, 則孟子之言, 寡於荀韓, 曾思之言, 寡於孟子, 孔子之言, 又寡於曾思. 以言乎記事, 則左氏寡於馬班, 春秋尙書, 又寡於左氏. 以言乎詠歌, 則楚騷寡於漢魏, 風雅頌寡於楚騷. 其餘道家之道德經, 縱橫家之陰符, 兵家之三略, 醫家之素問, 皆寂寥短篇, 多不過百千言. 然說約而義愈博, 辭近而指愈遠, 何則? 於理則見其本源, 於事則擧其體要也. 故僕常作話頭曰, 古人識高, 故其文精, 今人識下, 故其文粗."

樊紹述·孫樵는 險僻하게 쓰는 것을 奇異하다고 여겼고, 李攀龍·王世貞은 표절하여 예스럽게 만들려고 했으니, 저는 이들을 깊이 싫어하여 힘써 배척합니다. 이 몇 사람이 결국 험벽하게 쓰려 하고 표절하는 것으로 돌아간 것은 대개 근본이 무엇인지 몰라서 생긴 잘못입니다. 근본이란 무엇을 말하는 것일까요? 아까 말한 이치에 밝고, 학술을 가리고, 말을 닦는 것이며, 본원을 깨달아서 요체를 제시하는 것입니다.[22]

앞서 사달과 수사 논의에서 최창대가 명리明理(이치를 밝힘), 택술擇術(학술을 가림), 수사修辭(말을 닦음)를 내세워 쟁점을 극복한 것처럼, 여기서도 같은 논리로 간결과 험괴의 쟁점을 극복하고 있다.

험벽하고 기괴한 체제와 표현을 추구하는 일군의 문장가들은 오히려 한유韓愈를 논거로 끌어와 자신의 주장을 정당화하기도 하는데, 그 논거의 문제점을 구체적으로 지적한 사례가 아래 인용문에 보인다.

문장에 공력을 들이는 후세의 사람들은 韓愈를 최고의 문인으로 높이면서, 평생 추구해야 할 작문의 要訣을 들 때는 "오직 진부한 말을 제거하는 데 힘쓴다.[惟陳言之務去]"라고 말하고, 또 "사람들이 내 글을 칭찬하면 근심하고 사람들이 내 글을 비웃으면 기뻐한다.[人譽之則憂, 人笑之則喜.]"라고 말합니다. 또 "하나의 문체에만 전일할 수 없어서 기기묘묘하게 쓴다.[不專一能, 怪怪奇奇.]"라고도 말합니다. 이와 같은 것은 실로 기이하게 쓰려고 해서가 아니라, 훌륭한 솜씨를

22 崔昌大, 「答李仁老」, 『昆侖集』 권11, "若樊紹述孫樵, 險僻以爲奇, 李攀龍王世貞, 剽剟以爲古, 僕亦嘗深疾而力排之. 數子之終於險僻剽剟, 蓋亦不知本之過也. 本者, 何也? 向所謂明理擇術修辭也, 見本源而擧體要也"

가지고도 마음으로 애쓰고 힘쓴다는 것일 뿐입니다. 게다가 이른바 진부한 말을 힘써 제거한다는 것과 기기묘묘하게 쓴다는 것이, 어찌 조탁을 말하는 것이며 화려하게 수식하는 것을 말하겠습니까. 한유의 문장을 보면 理에 배치되는 것이 어디 있으며, 질박하고 생기발랄한 뜻이 없는 것이 어디 있습니까.[23]

한유의 「답이익서答李翊書」와 「송궁문送窮文」에 나오는 언사를 논거로 끌어와 기기묘묘한 문장을 추구하는 창작론에 당위를 부여하지만, 최창대는 이러한 주장은 단장취의斷章取義에 불과하며 전제가 잘못되었음을 강변하였다. 즉 한유라는 대가의 문장가도 늘 고심하며 문장을 짓는다는 고백에 불과할 뿐, 그것이 기이한 문장을 의도하여 조탁하거나 화려하게 수식하는 것을 함의하는 것은 아니다. 이전보다 더 기기묘묘하고 남들보다 더 신이한 문장을 추구하다 보면, 결국은 선진양한의 문장으로 회귀하는 결과를 낳게 되는데, 이것이 이른바 "시필성당, 문필진한詩必盛唐, 文必秦漢"이라는 선언 아래 일어난 복고문학復古文學의 시발점이다.

이제 천천히 살펴보고서야 마음 쓰신 곳을 알게 되었는데, 대개 『書經』의 典謨와 訓誥에서 본보기를 취하고 죽어도 商·周 이하의 말은 쓰지 않으시려는 뜻인 듯합니다. 지난날 李獻吉(李夢陽)과 于鱗(李攀龍)의 무리가 문장으로 크게 이름을 떨쳐서 힘써 正始의 문장을

23 崔昌大, 「答李仁老」, 『昆侖集』 권11, "後世工於文者, 推韓愈爲首, 平生作文指訣, 亦曰, 惟陳言之務去, 又曰, 人譽之則憂, 人笑之則喜. 又曰, 不專一能, 怪怪奇奇. 凡若是者, 非苟爲異也, 只是良工心獨苦耳. 且所謂務去陳言, 怪怪奇奇, 亦豈琱琢云乎哉, 華藻云乎哉? 觀於韓氏之文, 豈有背於理乎, 豈嘗無渾質流動之意乎?"

회복한다는 구호를 내세웠지만, 句를 끊어다 쓰고 글자를 모방한 것은 左丘明 · 司馬遷 등의 몇 작가를 넘지 않았을 뿐입니다.[24]

앞의 인용문과 이 인용문만 보더라도 최창대는 철저하게 명대 전후칠자를 배격하였음을 알 수 있다. 외려 그는 문장에 있어서 한유와 증공曾鞏을 전범으로 삼았으며,[25] 『고문집성』에 수록된 작가들만 보더라도 당송唐宋의 문장가들이 대거 포진해있다. 그렇다고 선진양한의 고문을 일방적으로 배제한 것은 아니었고 선진양한과 당송의 문장을 공히 적극적으로 인정하였으니, 이 점은 부친 최석정도 마찬가지였다. 이렇듯 최창대는 문장의 전범 설정, 문장 학습에 있어서 선진양한의 그것에 경도되어 있지 않고 당송과 선진양한을 고루 인정하되 험벽하고 기괴함보다는 간명하고 요약된 문체를 추구하였다고 할 수 있다.

---

24 崔昌大, 「答李樂甫」, 『昆侖集』 권12, "徐而察之, 乃得其用心, 蓋引繩於典謨訓誥, 死不道商周以下語也. 往者李獻吉于鱗輩以文章大鳴, 號爲力反正始, 而其所句剟而字剽者, 不過左丘明司馬遷等數家已."

25 申維翰이 한창 문장 공부를 할 적에, 스승이었던 최창대로부터 曾鞏의 문장을 익히기를 권유받은 바 있다. 申維翰, 『青泉集』 속집 권2, 「自叙」. "이로 인하여 나의 평소의 문자가 병이 들고 뿌리가 약해진 것을 역으로 헤아리기를, 倉公과 扁鵲이 사람의 간과 폐를 살펴보고 맥을 짚고 증세를 논하는 것과 같이 하셨다. 곧 책상 위의 『八大家文抄』 중 曾南豐(曾鞏)의 책 두 권을 뽑아 나에게 주며 '시험 삼아 돌아가서 이 책을 읽어보면 병을 고칠 수 있을 것이다.'라고 말씀하셨다.[因逆揣吾生平文字被病根委, 如倉扁視人肝肺, 診脉論症. 卽抽案上八大家文抄中曾南豐二卷, 授我曰, 試往讀此, 可以醫病.]" 또한 신유한이 최창대를 위해 제문에서도 최창대의 문장 수준이 한유와 증공에 다가갔음을 언급한 바 있다. 申維翰, 『青泉集』 권5, 「祭昆侖崔學士」. "문장은 兩漢, 韓愈와 柳宗元, 歐陽修와 曾鞏의 말이 되었다.[文而爲兩漢語韓柳語歐曾語]"

## 4. 맺음말

이 글은 조선 중후기의 대표적인 소론 계열 인물인 곤륜 최창대를 대상으로, 한문산문을 위시한 문장론을 규명한 것이다.

최창대는 다양한 저술 편력을 보이고, 공적·사적인 문헌에서 당파를 초월하여 공히 문학성을 인정받았기에 그의 문학을 연구하는 것은 유의미한 시도이다. 이에 최창대 문학 연구의 일환이자 그 기초적인 작업으로 그의 문장론을 규명하였는데, 2장에서는 그가 주장하는 문장의 효용론을 고찰하였다. 3장에서는 논의의 범주를 예각화 하였는데 논의를 설정함에 한문산문사에서 쟁점이 되는 주제를 부각시켰다.

최창대가 강조하는 문장 효용론을 실질實質과 소통疏通의 추구라고 설정하였다. 최창대의 문장 효용론의 가장 큰 명제는 당대와 후대에 전할 만한 실질[可傳之實]을 세상 사람들과 소통하고 세상의 일을 해결해 나가는 것이었다. '재도지문載道之文'이나 '유덕자필유언有德者必有'과 같이 도道와 덕德을 담보하거나 명시하지 않고, 동시대 사람들의 뜻과 소통하여 당대의 급선무를 설정하고 이를 쉽게 이해시키는 철저히 현실적인 효용론이라고 규정할 수 있다.

한문산문사에서 '사달辭達'과 '수사修辭' 논의는 문예비평 측면에서 항상 쟁점이 되었다. 그 사이에서 최창대는 사달과 수사를 제로섬(zero-sum)으로 인식하는 상대적인 문장론을 초월하기를 주장하였다. 사달과 수사 논의 자체를 초월하여 명리明理(이치를 밝힘), 택술擇術(학술을 가림), 수사修辭(말을 닦음)로 이어지는 문장론을 강조하였다. 또한 그 연장선에서 이치를 얻어 마음에 감응하는 것에 신중하며, 근본을 수립하고 학술의 취향을 올바르게 하는 문장 창작론을 제시하였는데, 이는 작가의 뜻을 우선시하여 자득自得을 중요시한 여타 소론계 문장가들의 창작론과 상통한다.

한문산문사에서 문장의 체제와 표현에 있어서 간명하고 요약함 그리고 험벽하고 기괴함을 논의하는 담론도 꾸준히 쟁점이 되었다. 이른바 순정한 고문古文이라 일컬어지는 당송唐宋의 문장이 전자라고 한다면, 선진양한先秦兩漢과 이를 내세운 이른바 명明나라 전후칠자前後七子의 문장이 후자라고 할 수 있다. 최창대는 원론적으로 간결한[簡寡] 문장을 중시하였다. 다만 문장이 간명하고 요약되기 위해서는 반드시 견식이 높은 작가가 이치에 있어서는 본원本源을 깨닫고 일에 있어서는 핵심을 제기할 때 가능함을 덧붙였다. 이러한 작가의 자질이 없으면 번종사樊宗師나 전후칠자 같이 다른 방편으로써 험벽하고 기이한 문장을 추구하게 되는 것이다. 여러 자료를 통해 최창대는 철저하게 명대 전후칠자를 배격하였음을 알 수 있다. 외려 그는 문장에 있어서 한유韓愈와 증공曾鞏을 전범으로 삼았으며, 『고문집성古文集成』에 수록된 작가들만 보더라도 당송唐宋의 문장가들이 대거 포진해있다. 그렇다고 선진양한의 고문을 일방적으로 배제한 것은 아니었고 선진양한과 당송의 문장을 공히 적극적으로 인정하였으니, 이 점은 부친 최석정도 마찬가지였다. 이렇듯 최창대는 문장의 전범 설정, 문장 학습에 있어서 선진양한의 그것에 경도되어 있지 않고 당송과 선진양한을 고루 인정하되 험벽하고 기괴함보다는 간명하고 요약된 문체를 추구하였다고 할 수 있다.

위의 논의를 통해 곤륜 최창대 문장론의 실상을 확인하였다. 다만 반드시 짚고 넘어가야 할 문제는 창작론, 효용론을 위시한 문장론과 실제 문장의 창작은 필연적이거나 보장할 수 없는 측면이 있다. 본론에서 인용한 이덕수李德壽의 「답최효백서答崔孝伯書」, 이외 김창협의

「답최창대答崔昌大」 편지글을 살펴보면, 최창대의 시와 문장을 두고 표절과 모의에 대한 지적이 심상치 않다. 이러한 문제는 실제 그의 문학 작품을 문학론에 입각하여 그 동이점同異點을 규명해야만 해결될 수 있다. 다만 이 논문에서는 문학론에만 집중하여 이 문제를 미처 살펴보지 못했기 때문에 후고를 기약하는 바이다. 아울러 한시를 위시한 문예 담론을 본고의 논의 구도상 배제하였는데 이 역시 후고를 기약하는 바이다.

# II. 곤륜 최창대의 기문

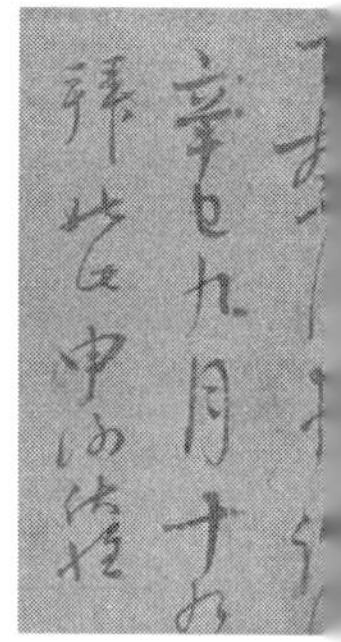

윤재환

## 1. 서론

곤륜昆侖 최창대崔昌大(1669~1720)는 조선 후기 대사성, 이조참의, 부제학 등을 역임한 문신이자 학자로 당시 소론 계열의 중심에서 활동했던 인물이다. 증조부가 병자호란 당시 이조판서로 주화론主和論을 주장했던 지천遲川 최명길崔鳴吉(1586~1647), 조부가 한성부 좌윤을 역임한 정수재靜修齋 최후량崔後亮(1616~1693), 부친이 응교 최후량崔後尙에게 입양된 당시 소론 계열의 거두 영의정 명곡明谷 최석정崔錫鼎(1646~1715)이었던 최창대는 당대 소론 계열 명문가의 후예였다.

소론 벌열가의 후예로 태어나 26세가 되던 1694년 별시別試에서 병과丙科로 급제하여 28세에 검열로 관직 생활을 시작한 이후 50세인 1718년 5월 병으로 개성 유수開城留守를 사직하여 8월 파직될 때까지 52년 생애의 약 절반을 관직에서 보냈던 최창대는 정치적 이력만큼이나 학문적 · 문학적으로도 상당한 성가聲價를 인정받았다. 그는 가계家系 외의 스승을 찾아 수학한 적이 없는데, 부친 최석정이 약천藥泉 남구만南九萬(1629~1711)과 남계南溪 박세채朴世采(1631~1695)를 사사師事하고 겸재謙齋 조태억趙泰億(1675~1728)과 같은 문인을 길러 소론 계열의 영수가 되었다는 점에서 그의 학문적 토대는 오롯이 가학家學에 의해 형성된 것이라 할 수 있다. 그런데 최창대의 가계는 그의 5대조인 최수준崔秀俊 대에서부터 양명학陽明學과 상당히 밀접한 관계를 형성하였고, 증조부 최명길은 계곡谿谷 장유張維(1587~1638)와 함께 조선 양명학파의 형성에 이바지하기도 하였다.[1] 그런 점에서 최창대의 학문적 근저에는 양명학의 영향이 적지 않게 자리하고 있었다고 생각된다.

『숙종실록보궐정오』 65권 숙종 46년 4월 22일에 수록된 최창대의 졸기에 "청명淸明하고 고랑高朗하여 빛나기가 빙옥氷玉과 같았고, 가학家學을 계승하여 경전經傳과 백가百家를 깊이 연구하였다. 신령한 마음과 지혜로운 식견은 거의 소광昭曠의 근원을 보았으므로, 비록 횡역橫逆과 원감怨憾에 처하였으나 의론이 항상 공정하여 털끝만큼도 분노한 기색이 없었다. …… 최창대는 일찍이 문장文章으로 이름이 났는데, 체재體裁가 균정均停하고 사리辭理가 구도俱到하여 박세당朴世堂·김창협金昌協 등 몇 사람과 경쟁할 수 있다고 한다."[2]고 하여 그의 관직 생활과 학문적·문학적 성취에 대해 간략하게 밝혔는데, 이

1 金英珠, 「昆侖 崔昌大의 修辭論 研究」, 『東方漢文學』 24, 동방한문학회, 2003. 120~123면.

2 『肅宗實錄補闕正誤』 권65, 숙종 46년 4월 22일 1번째 기사, "淸明高朗, 炯如氷玉, 承家學, 深究經傳百家. 靈心慧識, 殆見昭曠之源, 雖處橫逆怨憾, 而議論常公, 無一毫忿懥氣. …… 昌大早以文章名, 體裁均停, 辭理俱到, 可與朴世堂金昌協數人竝駕云."

를 보면 그가 강직한 성품을 지녔고 가학을 계승하여 학문에 밝았으며 문장에 뛰어났다는 것을 알 수 있다.

하지만 이와 같은 평가와 그의 이력履歷에도 불구하고 현재까지 최창대를 중심에 둔 연구는 그다지 이루어지지 못했다. 20권 10책의 『곤륜집昆侖集』이라는 문집을 남겼지만 그에 대한 연구자들의 관심은 찾아보기 쉽지 않다. 문학 방면의 경우 모두 8편의 선행 연구가 있어[3] 다른 분야보다는 사정이 나은 편이지만, 이 중 6편의 논문이 최창대의 시문학에 집중되어 졸기에서도 우선 언급하고 주목했던 그의 문장文章에 관한 연구는 극히 소략한 편이다. 또 그의 문장에 관한 2편의 선행 연구도 수사론修辭論과 문장론文章論을 중심으로 하는 것이어서 실제 작품에 다가서지 못했다는 아쉬움이 있다.

이 글은 이와 같은 문제점에 대한 인식에 의해 기획된 것이다. 이 글은 현재까지 학계에서 언급되지 않았던 최창대의 기문記文을 대상으로 하는 것이다. 이 글에서 최창대의 기문記文에 주목하는 것은 기문記文이 고문古文의 전형성을 보여주는 대표적인 양식 가운데 하나

3 필자가 확인한 최창대 관련 선행 연구는 다음과 같이 모두 8편이다. 金英珠, 「昆侖 崔昌大의 修辭論 硏究」, 『東方漢文學』 24, 동방한문학회, 2003.; 성범중, 「昆侖 崔昌大의 삶과 시세계」, 『한국한시작가연구』 14, 한국한시학회, 2010.; 권진옥, 「昆侖 崔昌大의 문장론 연구」, 『東洋古典硏究』 73, 동양고전학회, 2018.; 김묘정, 「昆侖 崔昌大의 交遊詩 연구 - 지식인들과의 교유 양상을 중심으로」, 『人文論叢』 76-1, 서울대학교 인문학연구원, 2019.; 경서율, 「昆侖 崔昌大의 紀行詩 硏究」, 성균관대학교 일반대학원 석사학위논문, 2019.; 이승용, 「昆侖 崔昌大의 시세계에 관한 일고찰 - 北關을 형상화한 詩作을 중심으로」, 『국어문학』 74, 국어문학회, 2020.; 이황진, 「곤륜 최창대의 누정시 연구」, 『한국고전연구』 48, 한국고전연구학회, 2020.; 유명석, 「昆侖 崔昌大의 輓詩 硏究」, 『고전과 해석』 31, 고전문학한문학연구학회, 2020.

로 기사記事·사경寫境·의론議論이 착종되어[4] 작자의 의식세계와 문학적 역량을 살펴보기에 적절한 양식이기 때문이다. 이 글이 최창대와 조선후기 소론계 문인들에 관심을 둔 많은 연구자들에게 조금이라도 보탬이 될 수 있기를 기대한다.

## 2. 최창대의 문장론과 기문 개관

최창대의 졸기에도 그의 문장에 대해 "체재體裁가 균정均停하고 사리辭理가 구도俱到"하다는 언급이 보이지만, 그의 묘지명墓誌銘과 제문祭文에는 그의 문장이 이룬 성취에 대해 조금 더 구체적으로 언급되어 있다. 이 글이 최창대의 문장 특히 기문記文을 대상으로 하는 것이고, 최창대의 문장론을 바라보는 필자의 시선이 수사론修辭論과 문장론文章論을 다룬 선행 연구와 조금 차이가 있는 만큼 이 장에서는 최창대의 문장에 대한 평가를 간단하게 다시 살펴보는 것으로 논의를 시작하도록 한다.

> 논자가 말하기를 "공이 지은 글은 핵심적인 이치가 분명하고 辭氣가 정련하며 겉으로 화려하고 아울러 음절까지 조화로우니, 風雅와 일치하고 理事를 모두 갖춘 점은 근세의 문장가들이 더욱 미칠 바가 아니다."라고 하였다. …… 三淵 金昌翕이 또 말하기를 "최모의 글 가운데 「洪有人哀辭」와 같은 것은 韓愈의 「歐陽生哀辭」 이후에 처음으

4 권진옥, 「藥泉 南九萬의 記文 연구」, 『韓民族語文學』 75, 한민족어문학회, 2017, 174~175면.

로 볼 수 있는 것이다."라고 하였다. 안목을 갖춘 이들의 칭찬이 이와 같았다.[5]

> 삼가 공이 지은 여러 글을 읽어보니 봄꽃이 무성하고 상서로운 바람이 온화하며 天球가 광채를 내는 것 같아서, 요컨대 통창하면서도 정밀하며 분명하면서도 심오하였다. 津筏과 胡蘆 같은 과정을 벗어나 색색마다 마음에 알맞고 종류마다 신묘하게 깨달았다. 그래서 문장은 兩漢, 韓愈와 柳宗元, 歐陽修와 曾鞏의 말이 되었다. …… 펼쳐놓으면 빛나는 별들과 같고 늘어놓으면 쏟아지는 빗줄기와 같았다.[6]

이 두 편의 글은 서당西堂 이덕수李德壽(1673~1744)와 청천青泉 신유한申維翰(1681~1752)이 지은 것인데, 이 글을 보면 최창대의 문장은 이치理致를 위주로 하지만 문학적 수사修辭를 배제하지 않았음을 알 수 있다. 이덕수가 "이치가 분명하고 사기辭氣가 정련하며 겉으로 화려하고 아울러 음절까지 조화롭다."고 한 것은 그의 문장이 이치뿐만 아니라 사기辭氣와 화려함, 음절音節이라는 문학적 요소까지 동시에 지녔다는 것이다. 신유한 역시 "봄꽃이 무성하고 상서로운 바람이 온화하며 천구天球가 광채를 내는 것 같다."고 했는데, 이런 언급은 이덕수가 '겉으로 드러나는 화려함'이라고 한 것과 같은 것이다. 신유한

5 李德壽, 「弘文館副提學崔公墓誌」, 『西堂私載』 권10, "論者謂公文骨理明鬯, 辭氣精鍊, 華藻外被, 韻折傍叶, 若其風雅一致, 理事兼該, 尤非近世詞翰家所能及云. …… 三淵昌翕, 則又言崔某文如洪有人哀辭, 歐陽生哀辭後始見者, 具眼之獎許如此."

6 申維翰, 「祭昆侖崔學士」, 『青泉集』 권5, "奉結撰諸篇讀之, 春華蔚然, 瑞飆雍然, 天球朗然, 要以博洽而精詣, 明達而沉思. 遺津筏去胡蘆, 色色心稱, 種種神悟, 文而爲兩漢語韓柳語歐曾語, …… 羅則星斗, 縱則雲雨."

은 이어서 "통창하면서도 정밀하고 분명하면서도 심오하다."고 했는데 이런 언급은 이덕수가 말한 '이치의 분명함'과 같은 것이다. 이렇게 본다면 최창대의 문장은 이치理致와 수사修辭, 즉 내용과 표현이라는 문학의 두 측면을 모두 갖추었다는 뜻이 된다. 그렇기 때문에 최창대의 문장은 신유한에 의해 양한兩漢과 한유韓愈 · 유종원柳宗元 · 구양수歐陽修 · 증공曾鞏에 비견될 수 있었던 것이다.

자신의 문장에 대해 이런 평가를 받았던 최창대가 문학, 특히 문장에서 중요하게 생각했던 것은 이치理致와 표현表現, 내용과 수식, 본질과 외면의 어느 한쪽이 아니었다. 그는 이치 · 내용 · 본질의 가치를 중요하게 생각한 만큼 표현 · 수식 · 외면의 가치도 중요하게 생각했다. 그는 표현 · 수식 · 외면이 제대로 갖추어지지 않을 경우 이치 · 내용 · 본질이 올바르게 전해질 수 없다고 생각했다. 그런 만큼 최창대는 가장 먼저 이치 · 내용 · 본질의 가치를 중시했지만 그 이치 · 내용 · 본질을 위해 표현 · 수식 · 외면의 가치를 중시했다.[7] 즉 최창대는 이치 · 내용 · 본질을 중심으로 표현 · 수식 · 외면의 조화를 중시한 것이다. 이제 최창대가 직접 쓴 글을 보도록 한다.

---

7 최창대의 문장론에 관한 선행 연구에서 김영주는 최창대의 이런 의식을 '文質彬彬의 修辭哲學 追求'로 규정하였고(金英珠, 「昆侖 崔昌大의 修辭論 研究」, 『東方漢文學』 24, 동방한문학회, 2003, 124~126면.), 권진옥은 이를 '實質과 疏通의 추구'로 규정하고 이어 "최창대가 辭達과 修辭의 관계를 제로섬(zero-sum)으로 인식하는 상대적인 문장론을 초월하기를 주장했다."고 하면서 앞서 언급한 김영주의 주장이 "文飾의 역할 비중을 더욱 강조한 경우여서 자신의 시각과 일정 정도 차이가 있다."고 했다.(권진옥, 「昆侖 崔昌大의 문장론 연구」, 『東洋古典研究』 73, 동양고전학회, 2018, 16~25면.) 따라서 이 두 사람의 논의는 최창대가 본질을 중심으로 수식을 중시했다고 보는 필자의 시각과 일정한 거리를 지닌다.

시대의 기호를 거스르고 뭇사람들이 비웃는 것을 범하면서 마음을 괴롭히고 힘을 다해 글을 쓴 것은 아득한 후세에까지 전하려고 해서가 아니겠습니까. 그런데도 멀리 전해지는 효과가 결국은 저 몇 사람들에게도 미치지 못하고 도리어 기이함 때문에 버려진 것은 어째서입니까? 다만 기이함을 일삼으면서 속에 전할 만한 실질이 없었기 때문입니다. …… 그대의 문장은 실로 아름답지만 혹 전해질 수 있는 실질을 깊이 구하지 않고 기이함에만 뜻을 둔다면 나는 좋게 볼 수 없을 것입니다. …… 對策 한 편은 해박한 지식이 두루 드러나 있어서 좋았습니다. 그렇지만 사람들이 볼 때 서너 번을 읽어야만 이해할 수 있으니, 세상에 쓰이기를 구하는 글이라면 사람들이 쉽게 이해할 수 있게 써야만 합니다. 만약 비록 사람들이 이해하지 못하여 쓰이지 못하게 된다 하더라도 안타깝게 여기지 않는다면, 時文을 익혀서 과장에 나아가는 것이 무용한 일이 될 것이니, 그대는 반드시 이 중 하나를 택해야 할 것입니다.[8]

족하께서 "文字는 말을 담는 것이니 문사는 뜻을 전달하면 그만이다."라고 하신 것은 아주 좋은 말입니다. 그렇지만 "문사는 뜻을 전달할 뿐이다."라고 하는 말이 어찌 번나하세 부언하고 쓸데없는 말을 늘어놓는 것을 이르는 것이겠습니까. "말이 문채가 나지 않으면 멀리 전해질 수 없다."라고 말하지 않았습니까. 공자는 "바탕이 문식을 이기면 촌스럽고 문식이 바탕을 이기면 세련되기만 할 뿐이니, 문식과

8 崔昌大, 「答李樂甫」, 『昆侖集』 권12, "夫其拂時好犯衆笑, 苦心彊力而爲之者, 豈不爲千古計哉? 而傳遠之效, 卒不及彼, 而反以奇見廢者, 何也. 徒事於奇, 而其中無可傳之實耳. …… 吾子之文, 信美矣, 或者不深求可傳之實而有意於奇, 則吾未見其可也. …… 對策一道, 多見識解之通洽, 可喜. 然人之見之, 須三四讀可曉, 旣求售於世, 則宜使人易曉. 若曰雖不見曉至不售, 亦無所恨, 則亦無用習時文赴科擧, 吾子必居一於是矣."

> 바탕이 조화를 이룬 그런 뒤에야 군자답다."라고 하였습니다. 저는 문장에 대해서도 그렇게 말하고자 합니다. 문식과 바탕이 조화를 이루게 하는 데는 올바른 방법이 있으니 이치를 밝혀서 근본을 수립하고, 학술을 가려서 취향을 반듯하게 하며, 말을 닦아서 실제적인 운용을 극진하게 이루어야 하는 것이 그것인데, 세 가지 가운데 하나라도 빠져서는 안 됩니다. 이 세 가지 방법을 따라 매일 부지런히 힘쓴다면 재능에 맞게 절로 이르는 바가 있을 것입니다.[9]

이 글들을 보면 최창대가 추구한 것은 기본적으로 이치 · 내용 · 본질이다. 「답이낙보答李樂甫」에서 언급한 '가전지실可傳之實'이 바로 그것을 의미한다. 하지만 이치 · 내용 · 본질만큼 최창대는 쉽게 이해되는[易曉] 글을 추구했다. 그가 쉽게 이해되는 글을 추구했던 것은 그렇지 못하다면 쓰이지 않게[不售] 될 것이기 때문이다. 따라서 최창대는 기이함만을 일삼아 전할만한 실상이 없는 글이나 해박한 식견을 자랑하여 쉽게 이해되지 않는 글을 부정한 것이다. 최창대의 이런 의식은 기이하지만 전할만한 실상이 없거나 해박한 지식을 보여주지만 쉽게 이해되지 않는 글보다 평범하고 순탄하지만 전할만한 실상을 지니고 있는 쉽게 이해되는 글을 추구한 것이라고 정리할 수 있다. 이렇게 보면 최창대는 이치 · 내용 · 본질을 무엇보다 중시했다고 할 수 있지만, 그것만을 중시했다고 보기는 어렵다.

최창대는 「답이인로答李仁老」에서 공자가 "문식과 바탕이 조화를

9 崔昌大, 「答李仁老」, 『昆侖集』 권11, "足下云, 文字者, 言之寓也, 詞達而可耳, 甚善甚善. 然所謂詞達, 亦豈敷多冗長之謂? 獨不曰, 言之不文, 傳而不遠乎? 孔子曰, 質勝文則野, 文勝質則史, 文質彬彬, 然後君子. 吾於文章, 亦云然. 文質彬彬, 有道, 明理以樹其本, 擇術以端其趣, 修辭以致其用, 三者闕一, 不可. 循是三者, 俛焉日有孳孳, 則隨其材而自有所至."

이룬 뒤에야 군자답다[文質彬彬, 然後君子].”라고 한 말을 인용한 뒤 문장도 그렇다고 했다. 이에 앞서 최창대는 “말이 문채文彩나지 않으면 멀리 전해질 수 없다[言之不文, 傳而不遠].”라고도 했는데, 이 두 언급을 합하면 최창대는 “문장에 수식이 더해지지 않으면 멀리 전해질 수 없기 때문에 수식과 본질이 조화를 이룬 문장이 문장다운 것”이라고 생각했다는 뜻이 된다. 이 말은 이치 · 내용 · 본질이 분명한 가치를 지니기 위해서는 표현 · 수식 · 외면이 그에 부합해야 한다는 것으로, 본질에 지나치거나 모자라는 수식은 도리어 본질을 해치게 된다는 뜻이라고도 할 수 있다. 따라서 최창대는 본질을 위해 수식을 강조했고, 본질과 수식이 조화된 문장을 문장다운 문장으로 여겼다고 할 수 있다.

> 문장의 이치는 하늘에서 나오고 문장이 나오는 것은 마음이 감응하는 것으로 따르니, 이치를 얻어서 근본을 세우고 감응하는 바에 신중하여 그 기미를 살피면, 문장의 도를 거의 절반은 깨달은 것입니다. 이러한 방법을 잡고 있으면 나아가서 감촉하는 대로 근원을 만나게 되니, 사실을 기록하고 도를 논하며 利害를 진술하고 哀樂을 서술하는 등 어느 것으로 펼쳐내어도 불가능한 것이 없을 것이고 高下와 深淺, 縱橫과 經緯가 어느 것도 합당하지 않음이 없을 것이니, 文句의 난해함과 순탄함, 기이함과 평이함은 논할 거리가 되지 못할 것입니다.[10]

10 崔昌大, 「答李樂甫」, 『昆侖集』 권12, “夫文章之理, 出乎天, 而其所發則由人心所感, 得其理以立之本, 愼所感以審其幾, 其於道, 思過半矣. 操斯術也, 以往觸類而逢原, 記事論道, 陳利害叙哀樂, 無所施而不可, 高下深淺, 縱橫經緯, 無所處而不當, 若夫文句之險易奇順, 非所論也.”

고인의 문장은 또 반드시 간결한 것을 귀하게 여깁니다. …… 설명은 간략하지만 뜻은 더욱 넓고 말은 실질적이지만 가리키는 것은 더욱 고원하니, 어째서 그럴까요? 이치에 있어서는 本源을 깨달았기 때문이고 일에 있어서는 핵심을 제기했기 때문입니다. 그러므로 저는 항상 話頭로써 "고인은 견식이 높기 때문에 문장이 정치하고, 지금 사람은 견식이 낮기 때문에 문장이 조잡하다."라고 말하곤 합니다. …… 문장에 공력을 들이는 후세의 사람들은 韓愈를 최고의 문인으로 높이면서, 평생 추구해야 할 작문의 要訣을 들 때는 "오직 진부한 말을 제거하는 데 힘쓴다."라고 말하고, 또 "사람들이 내 글을 칭찬하면 근심하고 사람들이 내 글을 비웃으면 기뻐한다."라고 말합니다. 또 "하나의 문체에만 전일할 수 없어서 기기묘묘하게 쓴다."라고도 말합니다. 이와 같은 것은 실로 기이하게 쓰려고 해서가 아니라, 훌륭한 솜씨를 가지고도 마음으로 애쓰고 힘쓴다는 것일 뿐입니다. 게다가 진부한 말을 힘써 제거한다고 하는 것과 기기묘묘하게 쓴다는 것이 어찌 조탁을 말하는 것이며 화려하게 수식하는 것을 말하는 것이겠습니까. 한유의 문장을 보면 理에 배치되는 것이 어디 있으며, 질박하고 생기발랄한 뜻이 없는 것이 어디 있습니까. …… 樊紹述·孫樵는 險僻하게 쓰는 것을 奇異하다고 여겼고, 李攀龍·王世貞은 표절하여 예스럽게 만들려고 했으니, 저는 이들을 깊이 싫어하여 힘써 배척합니다. 이 몇 사람이 결국 험벽하게 쓰려 하고 표절하는 것으로 돌아간 것은 대체로 근본이 무엇인지 몰라서 생긴 잘못입니다. 근본이란 무엇을 말하는 것일까요? 아까 말한 이치에 밝고, 학술을 가리고, 말을 닦는 것이며, 본원을 깨달아서 요체를 제시하는 것입니다.[11]

11 崔昌大, 「答李仁老」, 『昆侖集』 권11, "夫古人之文, 又必以簡寡爲貴. …… 然說約而義愈博, 辭近而指愈遠, 何則? 於理則見其本源, 於事則擧其體要也. 故僕常作話頭曰, 古人識高, 故其文精, 今人識下, 故其文粗. …… 後世工於文者, 推韓愈爲首, 平生作文指訣, 亦曰, 惟陳言之務去, 又曰, 人譽之則憂, 人笑

앞서 언급한 최창대의 의식은 문장 창작의 실제적인 상황에 대한 논의에서 더욱 선명하게 드러난다. 그는 문장의 이치와 창작의 실제를 구분하여 생각했는데, 최창대가 「답이낙보答李樂甫」에서 "문장의 이치는 하늘에서 나오고 문장이 나오는 것은 마음이 감응하는 것을 따른다."고 한 것은 문장의 기본 원칙과 원리는 변할 수 없는 것이지만 문장의 창작은 다양한 상황에 따라 각기 달라질 수 있다는 의미이다. 그렇다면 문장은 원칙을 지키되 상황에 맞추어 창작되어야 한다. 그렇기 때문에 최창대는 이치가 분명한, 원칙이 지켜진 글이라도 상황에 따라 달리 창작될 수 있기에 이치가 분명하고 원칙이 지켜진 글이라면 "문구文句의 난해함과 순탄함, 기이함과 평이함은 논할 거리가 되지 못할 것"이라고 했다. 이 말은 이치 · 내용 · 본질이 선명하다면 표현 · 수식 · 외면에는 구애될 필요가 없다는 것이 아니라 이치 · 내용 · 본질을 선명하게 드러내기 위해 표현 · 수식 · 외면을 상황에 맞춰 다양하게 구사해야 한다는 뜻이다.

위에서 두 번째로 인용한 「답이인로答李仁老」에서 최창대는 "문장은 간결한 것을 귀하게 여긴다."고 하고 이어 후대인들의 기이奇異가 조탁과 화려한 수식, 험벽과 표절에 빠져든 현상에 대해 비판했다. 이 말로만 본다면 최창대는 본질론자가 되어버리지만, 이 말을 앞에서 살펴본 내용과 모두 합해 본다면 결이 조금 달라진다. 앞서 최창대가 "문장에 수식이 더해지지 않으면 멀리 전해질 수 없기 때문에

之則喜. 又曰, 不專一能, 怪怪奇奇. 凡若是者, 非苟爲異也, 只是良工心獨苦耳. 且所謂務去陳言, 怪怪奇奇, 亦豈琱琢云乎哉, 華藻云乎哉? 觀於韓氏之文, 豈有背於理乎, 豈嘗無渾質流動之意乎? …… 若樊紹述孫樵, 險僻以爲奇, 李攀龍王世貞, 剽剟以爲古, 僕亦嘗深疾而力排之. 數子之終於險僻剽剟, 蓋亦不知本之過也. 本者, 何也? 向所謂明理擇術修辭也, 見本源而擧體要也."

수식과 본질이 조화를 이룬 문장이 문장다운 것"이라고 보았다고 했는데, 이 내용에 지금 살펴본 두 글의 내용을 합해보면 최창대는 "문장의 원칙은 변할 수 없는 것이지만, 실제 창작은 상황에 따라 다를 수 있다. 따라서 원칙을 지켜서 상황에 잘 맞춘 문장이 가장 훌륭한 문장이 된다. 그것은 원칙을 지키되 상황과 어긋나거나 상황만 따라 원칙을 저버리면 본질과 수식이 어긋나게 되어 후대까지 오랫동안 전해지지 않고 쓰이지 않을 것이기 때문이다. 그러나 어쩔 수 없는 상황이라면 상황과 수식을 강조하는 문장을 쓰기보다는 차라리 간결하고 평이하지만 원칙을 잘 지키고 본질을 잘 드러내는 글을 쓰는 것이 좋다."고 생각했다고 정리할 수 있다. 이렇게 본다면 최창대는 본질을 중심으로 수식과 본질의 조화를 추구했다고 할 수 있다.

최창대의 이와 같은 견해는 당대 문장 창작의 원칙으로 사달辭達을 강조했던 당송파唐宋派와 수사修辭를 인정했던 진한파秦漢派의 사이에서 당송파적인 견지에 바탕으로 두고 진한파적인 사고를 수용한 것이라고 할 수 있다. 그렇기 때문에 최창대는 명대의 전후칠자를 배격하고 당송의 문장가를 인정했지만 선진양한先秦兩漢의 문장은 수용하는 모습을 보였다. 따라서 그의 문장론은 기본적으로 본질의 중요성을 강조한 당대 문인 일반의 문장론과 같은 것이다. 그렇지만 조금 더 자세하게 살펴보면 그의 문장론은 남구만 이래로 의意를 강조해왔던 소론계 문인 일반의 문장론의[12] 자장 안에서 문장의 독자적·문예적 가치 쪽으로 한 걸음 다가선 것이라고 할 수 있는데, 법法의 중요성을 부각하고 산문의 문예미를 고도로 추구했던 노론 김창협 계열

12 송혁기, 「老·少 分岐期의 學的 地形과 南九萬 계열 소론계의 문학비평」, 『고전과 해석』 10, 고전문학한문학연구학회, 2011, 203~204면.

의 문장관과는[13] 일정한 거리를 지닌다.[14]

이와 같은 문장관을 지니고 있었던 최창대는 모두 5편의 기문을 문집 속에 남겼다. 20권 10책으로 이루어진 『곤륜집昆侖集』의 6권에 9편의 서문序文과 함께 수록되어 있는데, 기문만 추려 표로 정리하면 다음과 같다.

[표 1] 崔昌大 記文 일람표

| 연번 | 제목 | 창작시기 | 유형 | 내용 | 비고 |
|---|---|---|---|---|---|
| 1 | 北征記 寄病妹 | 1700년 | 遊記 | 六鎭을 다녀온 이후 지은 기문 | |
| 2 | 新設茂山府館宇刱建記 | 미상 | 建物記 | 茂山府 官衙에 대한 기문 | |
| 3 | 如傷軒記 | 1701년 | 建物記 | 高原郡守 朴俊蕃의 如傷軒에 대한 記文 | |
| 4 | 三陟龜川李公 世弼 畫像記 | 1719년 | 畫像記 | 三陟府使 龜川 李世弼 畫像記 | |
| 5 | 一瓢亭記 | 미상 | 建物記 | 楊州 松山에 있는 부친의 亭子 一瓢亭에 대한 記文 | |

최창대의 기문 5편은 건물기 3편과 유기遊記 1편, 화상기畫像記 1편이다. 이 중 유기遊記인 「북정기北征記」는 1700년 32세로 북평사北評

13 권진옥, 「昆侖 崔昌大의 문장론 연구」, 『東洋古典硏究』 73, 동양고전학회, 2018, 24면.

14 최창대의 문장관이 이전 시기 소론계 문인들의 보편적인 문장론에서는 진일보한 것이라 보이지만 본질적인 면에서 볼 때 확인할 수 있는 뚜렷한 차이를 찾기는 쉽지 않아 보인다. 또 최창대의 문장관이 지니는 발전적인 모습과 한계가 家學이라는 학문 연원에 창작 환경이라는 시대적 경향이 개입한 결과라 보이지만 그에 대한 구체적인 근거를 확인하기 어렵다. 하지만 이 글이 그의 문장관이나 문학론에 관한 것이 아니기 때문에 이 논의는 우선 이 정도로 정리하도록 한다.

事가 되어 육진六鎭을 다녀온 뒤 쓴 것인데, 그가 이 글의 말미에 "옛날 포조鮑照는 동남의 산수를 유람하고 누이에게 보내는 글을 지었다. 지금 내 누이가 병든 지 오래되었는데 내가 힘들까 걱정할 것이라는 생각에 오른쪽과 같이 도중에 본 것을 써서 보인다.[昔鮑明遠, 遊東南山水, 有寄妹書. 今妹寢病時久, 想思我爲勞, 聊述途中所見如右以開之.]"고 한 것을 보면 「북정기」는 북정北征 도중 기록했던 것을 누이를 위해 정리한 글이라고 할 수 있다. 그래서인지 「북정기」는 기문의 내용 요소 중 사경寫境을 중심으로 하며, 사경寫境 사이에 아주 간략한 감회가 서술되어 있지만 기사記事나 의론議論은 보이지 않는다.

화상기畫像記인 「삼척귀천이공 세필 화상기三陟龜川李公 世弼 畫像記」는 1719년 그의 나이 51세 때 지은 것이다. 이 한 해 전에 개성 유수開城留守로 임명되었으나 병으로 부임하지 않아 파직되었으니 이 시기에 최창대는 별다른 직책 없이 퇴거退去해 있었다고 보인다. 이 글은 1703년 삼척부사로 나간[15] 귀천龜川 이세필李世弼의 덕화德化에 감격한 부민府民들이 이세필이 돌아간 뒤 화상을 그려 그를 추모하고자 하였으나 이세필이 이에 응하지 않아 몰래 화상을 그리는 바람에 화상이 실물과 너무 달라 1717년 다시 화상을 그리면서 최창대에게 기문을 부탁하여 써 준 것이다. 제목 옆에 작성 시기를 기해己亥라고 했으니 부탁 이후 2년 만에 완성한 글이라고 할 수 있다. 화상기畫像

15 최창대의 「三陟龜川李公 世弼 畫像記 己亥」에는 "今上甲申, 龜川李先生, 出莅是州."라고 했지만, 이세필의 이력을 살펴보면 그가 삼척부사로 나간 시기는 1704년 甲申年이 아니라 1703년 癸未年이어서 이 글에서는 1703년이라고 했다.

記이지만 화상畫像에 관한 내용 없이 이세필의 덕치德治와 화상畫像의 제작 경위에 대한 간단한 소개와 최창대의 의론議論만 있어 글 전체가 의론 중심으로 서술되어 있다.

건물기인 「신설무산부관우창건기新設茂山府館宇刱建記」와 「여상헌기如傷軒記」, 「일표정기一瓢亭記」 중 「신설무산부관우창건기新設茂山府館宇刱建記」와 「여상헌기如傷軒記」는 공적 건물의 기문이고, 「일표정기一瓢亭記」는 부친의 정자亭子인 일표정一瓢亭에 대한 기문記文으로 사적 건물의 기문이라는 점에서 성격이나 내용에 조금 차이를 보인다. 「신설무산부관우창건기新設茂山府館宇刱建記」는 무산부茂山府의 설치와 관우館宇의 창건 과정에 대한 서술과 의론議論이 중심이고, 「여상헌기如傷軒記」는 사냥꾼과 최창대가 주고받은 이야기와 기사記事, 의론議論으로 이루어져 있으며, 「일표정기一瓢亭記」는 의론議論과 기사記事와 사경寫境으로 구성되어 있다.

이렇게 최창대의 기문을 살펴보면 기문의 세 요소인 기사記事·사경寫境·의론議論 중 두 가지 이상을 보여주는 글이 건물기 3편이지만, 「신설무산부관우창건기新設茂山府館宇刱建記」가 무산부茂山府의 설치 연원을 밝히는 내용이 글의 절반을 차지하는 것과 달리 「여상헌기如傷軒記」와 「일표정기一瓢亭記」는 사냥꾼과의 대화라는 우언과, 경전과 선현의 언행 인용이라는 수사적 기법을 사용했다는 특징을 보여준다. 따라서 다음 장에서는 이 장에서 살펴본 최창대의 문학론을 바탕에 두고 「여상헌기如傷軒記」와 「일표정기一瓢亭記」를 대상으로 하여 최창대 기문의 실제적인 창작 방법을 수사적 특징 중심으로 살펴보도록 한다.

## 3. 최창대 기문의 실제

최창대의 「여상헌기如傷軒記」는 1701년 33세 때 지은 것으로, 고원 군수高原郡守 박준번朴俊蕃이 만든 여상헌如傷軒에 대해 쓴 기문記文이고, 「일표정기一瓢亭記」는 창작 연대를 정확히 알 수 없지만 양주楊州의 송산松山에 있는 부친의 정자亭子인 일표정一瓢亭에 대한 기문記文이다. 그런데 최창대의 부친 최석정은 1710년 약원 도제조로서 임금의 문후問候를 소홀히 했다는 질책을 받아 관작을 삭탈당하고 문외출송된 이후 송산松山으로 이주했고, 1712년 부인상을 당해 부인을 청주淸州에 장사지낸 뒤에는 진천鎭川에서 거주했다. 그런 점에서 이 글을 최창대의 나이 42세 때부터 44세 사이의 어느 시점에 지은 것으로 추정할 수 있지만, 누정의 건립이 그 이전에 이루어졌다고 볼 수도 있기 때문에 단언하기는 어렵다.

이 2편의 기문은 공적 건물과 사적 건물의 기문으로 구분된다는 점에서 기본적인 성격에 차이가 있지만, 글의 구성은 이와 같은 성격의 차이에도 불구하고 기사記事 또는 기사記事와 의경寫境을 가운데 두고 앞뒤로 의론議論이 감싸고 있는 양괄식 구성으로 이루어져 있다. 고원 군수高原郡守 박준번朴俊蕃이 세운 관아의 기문인 「여상헌기如傷軒記」는 크게 세 단락으로 구성되어 있는데, 첫 번째는 사냥꾼과 최창대의 대화 부분이고, 두 번째는 박준번의 관아 건립 과정, 세 번째는 관아의 명칭인 여상如傷의 의미 풀이와 권계이다. 「일표정기一瓢亭記」는 공자와 안회의 일화를 바탕으로 가난과 물에 대해 언급한 첫 번째 단락과 일표정의 주변 풍광과 건립 과정을 설명한 두 번째 단락, 일표一瓢에 대한 자신의 견해를 언급한 세 번째 단락으로 구성되어 있다. 따라서 「여상헌기」와 「일표정기」는 두 번째 단락이 기사

記事와 기사記事 · 사경寫境의 차이를 보이기는 하지만 모두 의론議論 - 기사記事(記事 · 寫境) - 의론議論의 양괄식 구조로 구성되어 있다. 하지만 글의 내용은 공적 건물과 사적 건물이라는 서술 대상의 차이로 인해 적지 않은 변별점을 지닌다. 이 장에서는 「여상헌기」를 '우언寓言 가탁假託을 통한 목민상牧民像 제시'로, 「일표정기」를 '선현先賢의 인용引用을 통한 의론議論의 강화'로 구분하여 살펴보고자 한다.

### 1) 우언寓言 가탁假託을 통한 목민상牧民像 제시

앞서 언급한 것처럼 최창대의 「여상헌기」는 세 단락으로 구성되어 있는데, 논의의 편의를 위해 전문을 세 단락으로 나누어 제시하면 다음과 같다.

> ① 내가 이전에 못 가에서 사냥 구경을 하였는데, 못 앞에 사슴이 서 있었다. 사냥꾼이 활을 쏘려다가 그만두어서 이상하게 여겨 물으니 사냥꾼이 대답하기를 "사슴이 병들고 다쳤으니 차마 상처난 것을 잡지 못하겠다."라고 하였다. 내가 "아아! 훌륭하구나. 사냥꾼도 이런가. 이것이 사람들은 모두 측은해하는 마음을 가졌다고 하는 것이 아니겠는가."라고 하였다. 그러자 말하기를 "아 내가 학사 · 대부로 정치하는 사람을 본 것이 많은데, 그대는 어찌 유독 사냥꾼을 보잘 것 없다고 여기는가. 천하의 백성들이 일찍이 병들었다. 부역과 조세가 멋대로 횡행하고 홍수 가뭄 기근이 재앙이 되어 그 삶이 진실로 이미 날로 곤궁하여 이 때문에 떠돌아다니며 추위에 떨고 주려 스스로 살아갈 수도 없지만 지금 목민자들 중에는 혹 만신창이가 된 살을 찌르고 반쯤 말라버린 뼈를 몽둥이질하여 세금을 거두어 스스로를 살찌우는 것을 이롭게 여기는 자들이 늘어서 있다. 관리와 백성의

등급은 태어나면서부터 있는 것이 아니라 단지 上下의 이치로 인해 尊卑의 구분이 정해지는 것일 뿐이다. 그 처음은 천지의 기운을 받고 음양의 명을 받았으니 성정과 몸에서 좋아하고 싫어하는 것은 같은 것이다. 사는 것을 좋아하고 죽는 것을 싫어하며 일락을 편안하게 여기고 파극을 싫어하는 것이 백성들과 내가 어찌 다름이 있겠는가. 이 때문에 무리지어 놀고 같이 즐거워하며 서로 아끼고 편안히 함을 더하는 것이니 어찌 監臨의 지위에 거하여 죽이고 살리는 명을 내리고 道가 아닌 것에서 위엄을 부려 사욕을 이루는 것으로 살리는 도를 이기고 그 처음을 잊고 자신과 같은 사람을 해칠 수 있겠는가. 그들을 헤아리지 않고 어찌 유독 나를 보잘 것 없이 여기는가."라고 하였다. 내가 말하기를 "그렇다. 그런 사람들이 있다."고 했다. 사냥꾼은 武夫이지만 금수에 대해서 차마 하지 못하는 것이 있는데 학사 대부들을 돌아보면 곧 우리 백성들에게 차마 하는 것이 있으니 이것은 무슨 마음인가. 그들만 측은지심이라고 하는 것이 없는 사람들인가. 아니면 물욕이 가려서 그런 것인가. 내가 사냥을 구경하면서 군자가 정치를 하는 도와 인에 힘쓰는 방법을 얻었으니 내가 어찌 백성을 기르고 지키는 데 훌륭한 사람을 얻어 그와 이것에 대해 이야기하겠는가.

② 朴俊蕃은 高原 군수가 된 지 2년 동안 자신에게 검소하고 백성들에게 은혜로워 경내가 화목하였으며 또 일을 일으키는 것을 삼갔는데, 예전에 관아가 없었으므로 곧 땅을 살펴 공사를 일으켜 몸소 지휘하고 역군들을 권면하니 몇 달이 지나지 않아 이루어졌다. 그 관아를 如傷이라고 이름하였으니 대체로 다친 사람을 보듯이 백성을 가엾게 여긴다는 뜻을 취한 것이다. 朴俊蕃은 일찍이 여러 현읍을 다스렸는데 모두 공적을 쌓아 백성들에게 사랑을 받고 조정의 장려를 입었으며 그 다스림을 더욱 부지런하여 게으르지 않았는데, 무너진 관아를 새롭게 하면서도 또 이것으로 그 거처를 이름 지었으니 그는 측은지심을 보존하고 물욕에 가린 바 없는 사람이 아니겠는가. 그는 사냥꾼이 꾸짖은 사람과는 다른 사람이다.

③ 『강고』에 이르기를 "갓난아이 보호하듯 하면 백성이 편안하리라."라고 하였고, 『시경』에 이르기를 "즐거운 군자여, 백성의 부모로다."라고 하였으니 옛사람이 어찌 억지로 은혜와 자애로 불쌍히 여겨 덮어주는 말을 하여 천하에서 사랑을 취하겠는가. 진실로 이와 같지 않다면 천지가 사물을 낳고 살리는 마음을 보지 못하여 사목의 직분에 흡족하지 못해서일 뿐이다. 그러므로 다친 사람 보듯이 백성을 가엾게 여기는 도를 다할 수 있는 사람은 곧 갓난아이 보호하듯 하여 백성의 부모가 될 수 있다. 그렇다면 백성을 다스리는 자가 이것을 버리고 무엇을 구하겠는가. 또 다친 사람 보듯이 백성을 가엾게 여긴다는 것은 그들이 다친 곳이 없으나 오히려 다친 듯이 본다는 것을 말할 뿐이니 그 이미 다친 사람에게는 다시 더 괴롭게 하지 않는다는 것이 이미 분명하다. 정백자가 읍을 다스릴 때도 일찍이 이것을 벽에 써두었으니 대체로 이 때문이다. 그 이름을 사모하는 것은 그 실상을 본받고자 하는 것이고, 이 마음을 보존하는 것은 이것을 일삼고자 하는 것이다. 어떤 사람이 구차하게 이름을 따르기만 할 뿐 실상이 없고 마음을 가지기만 할 뿐 일삼지 않는다면 사모하는 것이 잘못되고 보존하는 것이 없어지는 지경에 이르지 않는 사람이 드물 것이다. 지금 朴俊蕃이 이미 사모하는 바가 있어 스스로 이름하였으니 반드시 보존한 것을 잘 미루어 나갈 수 있을 것이다. 가르침을 세우고 삶을 두텁게 한 자세한 일과 같은 것은 또 고인이 하신 말씀을 취하여 변화하고 제재하여 차례대로 실행할 것이고 게으름 없이 실행할 것이다. 내가 곤궁하고 고독하며 상하고 병든 이의 글 한 통을 보니 집안에서는 노래하고 마을에서는 춤추어 어진 관리의 덕을 칭송하기를 게을리 하지 않았다. 이 읍을 이어 지키는 자가 또 이 방에 거처하면서 이 이름을 돌아보고 앞 사람의 훌륭한 정치를 이어가기를 생각한다면 헌에 이름한 뜻을 저버리지 않을 것이다. 이것은 이 지방 백성들이 받는 것을 무궁하게 할 것이니 군자가 인을 넓히는 기술이 무엇이 이것보다 크겠는가. 내가 그러므로 즐겨 말하고 자세히 이야기하니

朴俊蕃은 공을 도모하기를 쇠하지 말며 끝내 어진 명성에 부지런히 힘쓰라. 내가 못 가의 사냥꾼에게 돌아가 자랑할 것이다.[16]

위에서 제시한 「여상헌기」의 ①과 ③이 의론에 해당하는 것으로,

16 崔昌大, 「如傷軒記 辛巳」, 『昆侖集』 권6, "余嘗觀獵於澤中, 有鹿起于前. 獵人欲發還止, 異而問焉, 獵人對曰, 鹿病傷, 不忍其因傷而取之. 余曰, 嗚呼善哉. 獵夫而能是耶. 此所謂人皆有惻隱之心者耶. 曰噫. 吾觀於學士大夫之爲政者多矣, 君奚獨獵人之爲少. 天下之民, 嘗病矣. 徭賦之爲橫, 水旱飢饉之爲災, 其生固已日蹙, 是惟流亡凍餓而不自給, 今之牧民者, 或能刲方瘡之肉, 椎半枯之骨, 利其征入而自肥焉者相比也. 夫吏民之等, 非生而有者, 特因上下之理, 定尊卑之分耳. 其始也, 受氣於天地, 稟命於陰陽, 則同其性情體膚之所喜惡, 悅生而禍死, 安逸樂而厭罷極, 民與我豈有不同者耶. 是將羣游而朋樂, 相愛相安之有加, 寧可以居監臨之位, 制生殺之命, 作威於非道, 剋生於濟私, 忘其始而害其同哉. 彼之不訾而奚獨少我爲. 余曰然. 有是也. 夫以獵人武夫, 不忍於禽獸, 而學士大夫, 顧乃忍於吾民, 此何心哉. 其獨無所謂惻隱者耶. 抑有物蔽之耶. 吾於觀獵, 得君子爲政之道, 彊仁之方矣, 吾安得牧守之良者, 與之語此耶. 朴侯俊蕃, 爲高原二期, 嗇於己, 惠於民, 境內旣和, 則又恪於興修, 舊無郡衙, 卽相土而營功, 躬指畫而勸工徒, 不幾月告成. 命其軒曰如傷, 蓋取諸視民如傷也. 侯嘗歷試縣邑, 咸著績用, 見愛於甿庶, 蒙獎於大朝, 而其治益勤不懈, 旣能新其廢闕, 又以此名其居, 豈其能存惻隱而無所蔽耶. 其與獵人所剌者異矣. 康誥曰, 若保赤子, 惟民其康乂. 詩云, 樂只君子, 民之父母, 古之人, 豈强爲恩慈閔覆之言, 取愛於天下也. 誠以爲不如是, 無以見天地生物之心, 而不慊於司牧之職耳. 然惟能盡如傷之道者, 乃可以若保赤子而爲民父母也. 然則字民者, 舍是何求焉. 且所謂如傷者, 謂其無所傷而視之猶傷云爾, 其於已傷者, 不欲重困則已明矣. 程伯子之爲邑, 亦嘗以此題壁者, 蓋爲是也. 夫慕其名者, 將效其實, 存是心者, 將有是事. 或者苟名而非實, 徒心而弗事, 則鮮不至於失所慕而亡所存矣. 今侯旣有所慕而自命, 則必能因所存而善推. 若夫設教厚生之詳, 又取古人成說而化裁之, 發之以有序, 行之以無怠. 則吾見一封之惸獨廢疾, 家謠而里舞, 誦賢侯之德不惰. 嗣守斯邑者, 又將居斯室顧斯名, 思以踵前人嘉政, 毋負名軒之意. 是則此方民庶受賜於無窮, 而君子廣仁之術, 孰大於是. 余故樂道而詳說之, 侯其毋替圖功, 勉卒仁聲. 吾將歸詑夫澤中之獵者."

서술 방법은 다르지만 내용은 모두 목민牧民에 관한 것이다. ①이 사냥꾼이라는 무부武夫와 나눈 대화로 현실 비판을 중심으로 하며, ③이 여상如傷의 의미를 풀이한 것으로 박준번을 권계한 것이지만, ①의 비판 내용이 ③의 권계 내용이 된다는 점에서 ①과 ③은 논리적 연계를 가진다. ②는 여상헌의 건립 과정을 밝힌 기사記事이기 때문에 이 글의 작성을 위해 꼭 필요한 부분이지만, 분량이나 글 전체의 내용으로 본다면 오히려 필수적인 단락이라고 하기 어렵다.

①에서 최창대는 이전 못 가에서 사냥을 구경하며 사냥꾼과 나누었던 대화를 인용하였는데, 이 내용은 그가 직접 겪었던 일이라기보다 대화의 상대로 사냥꾼을 설정하여 사냥꾼을 통해 당대 관리들의 문제를 비판한 우언寓言 혹은 우화寓話라고 보는 것이 타당해 보인다. 최창대가 대화의 상대이면서 현실을 비판한 인물을 사냥꾼으로 설정한 것은 『춘추좌씨전春秋左氏傳』「양공襄公 4년年」조와 『맹자孟子』의 「등문공藤文公」 장에 나오는 우인虞人 고사와 적지 않은 관계가 있는 것으로 생각된다. 『춘추좌씨전』의 내용은 '우인虞人의 잠箴'으로 알려져 있는데, 주周 무왕武王 때 태사太史인 신갑辛甲이 백관에게 각자 임금을 경계하는 말을 지어 올리라고 명하자 우인虞人이 임금은 사냥을 삼가야 한다는 내용의 잠언을 지어 올렸다는 것이고, 『맹자』의 내용은 임금이 우인虞人을 부를 때 피관皮冠을 보내서 오라고 하는데, 옛날에 제齊나라 경공景公이 대부大夫를 부를 때에 사용하는 정旌을 보내 불렀으므로 우인虞人이 죽음을 각오하고 임금의 부름에 응하지 않았다는 것이다. 이 두 글에 나오는 우인虞人은 하급 관리이지만 도리道理와 원칙을 아는 강개한 기개의 인물인데, 최창대와 대화한 사냥꾼 역시 그와 같은 부류의 인물이었다.

사냥꾼이라면 짐승을 잡는 것을 무엇보다 우선해야 하지만 그는 병들고 다친 짐승을 차마 잡지 못하는 불인지심不忍之心과 측은지심惻隱之心을 지녔고, 미천한 무부武夫에 불과하지만 모든 사람은 다같이 천지의 기운을 받고 음양의 명을 받아 성정과 몸에서 좋아하고 싫어하는 것이 같다는 것을 알았다. 그래서 그는 자신이 비록 보잘 것 없는 사람이지만 만신창이가 된 백성의 살을 찌르고 반쯤 말라버린 뼈를 몽둥이질하여 세금을 거두어 스스로를 살찌우는 고위 관리나 학사 대부와 비교되는 것을 거부했다. 사냥꾼의 이런 주장을 최창대가 인정할 수밖에 없었다는 것은 그 역시 사냥꾼과 같은 생각을 했다는 뜻이 되고, ①을 사냥꾼과의 대화로 시작했다는 것은 서두에서 주제를 명시하여 글 전체의 긴장감을 유지하고자 한 의도적 배치라 보인다.

②는 박준번이 2년 동안 고원 군수로 있으면서 펼쳤던 선정善政과 순식간에 이루어진 관아의 건립 과정, 그리고 관아를 여상如傷이라고 한 이유에 대한 서술인데, 간략하게 서술되어 있어 단순 기사記事 이상의 의미를 찾기 힘들다. 또 이 단락의 마지막에서 최창대가 "그는 사냥꾼이 꾸짖은 사람과는 다른 사람이다."라고 한 것은 그가 인물 특히 관리의 평가 기준을 사냥꾼의 비판에 두고 있음을 보여주는 것으로, 짧은 한 문장이지만 이 문장만으로도 이미 박준번은 최창대에게 바람직한 목민관으로 평가받았음을 알 수 있다.

③은 본격적인 의론議論이다. 최창대는 이 단락을 『서경書經』의 「강고康誥」편과 『시경詩經』「소아小雅」의 〈남산유대南山有臺〉 장을 인용하면서 시작했는데, 이와 같은 인용은 경전經典의 권위에 기대 자신의 의론이 정당한 것임을 밝히고자 하는 것이다. 이 단락에서 최창대가 중점을 둔 것은 여상如傷이라는 두 글자가 지닌 확장적인 의미이다. 애초 여상如傷은 '시민여상視民如傷'의 준말로 『맹자』「이루離婁」

편에 나오는 말인데, 맹자가 문왕文王을 칭송하여 "문왕은 백성을 볼 때 혹시라도 다칠까 염려하였고, 도를 보고서도 보지 못한 것처럼 여겼다.[文王視民如傷, 望道而如未之見.]"는 구절에서 온 것이다. 이 말은 백성을 볼 때 혹시라도 다칠까 염려하는 인정仁政을 의미하는데, 최창대는 여기에 더해 정호程顥가 현령으로 있으면서 자리의 오른편에 '시민여상視民如傷'이라는 네 글자를 써 놓고 스스로 "나는 매일 이 문구에 부끄러움이 있다."고 한 일화까지 인용하여 박준번이 헌의 명칭을 이렇게 지었다면 그는 이미 불인지심不忍之心과 측은지심惻隱之心을 갖추었기에 충분히 선정善政을 베풀어 백성을 잘 보존할 수 있을 것이고, 후대 이곳의 수령이 이 이름을 되새긴다면 그 역시도 박준번의 선정善政을 잘 이어갈 수 있을 것이라고 했다. 또 글 전체의 마지막을 "내가 못 가의 사냥꾼에게 돌아가 자랑할 것이다."라는 말로 맺었는데, 이 말은 ②의 마지막에 나오는 "사냥꾼이 꾸짖은 사람과는 다른 사람이다."라는 표현보다 강화된 것이다.

이렇게 보면 「여상헌기」는 사냥꾼과의 대화라는 우화를 글의 서두에 배치하여 평가의 기준을 명시하고 글 전체의 긴장감을 유지하는 우언寓言 가탁假託을 통한 목민상牧民像의 제시라는 서술 방법을 사용하고 있음을 알 수 있다. 그런데 「여상헌기」가 관아라는 공적 건물의 기문이기 때문에 기본적으로 여민동락與民同樂 · 여보적자如保赤子 · 시민여상視民如傷의 선정善政에 대한 권계勸戒일 수밖에 없지만, 이 글은 건물기建物記이면서도 건물 그 자체에 대한 언급이 제거되어 있다. 조선 중기 이후의 누정기 대부분이 누정과 이상적인 관리의 관계에 대한 의론으로 구성되어 있다는 것을[17] 고려해보면 이와 같은 서술

17 안세현, 「조선중기 누정기 연구」, 고려대학교 박사학위 논문, 2009, 182~

방법은 당대의 보편적인 기문 서술 방법이라고 볼 수 있지만, 건물 자체에 대한 언급을 완전히 삭제하고 의론을 중심으로 글 전체를 구성하는 것은 조금 특이한 모습이라고도 할 수 있다.

### 2) 선현先賢의 인용引用을 통한 의론議論의 강화

「여상헌기」가 관아라는 공적 건물의 기문이어서 여민동락與民同樂·여보적자如保赤子·시민여상視民如傷의 善政에 대한 권계勸戒를 중심으로 구성되었다면, 부친의 누정인 일표정을 대상으로 한 「일표정기」는 이와 조금 다른 양상을 보여준다. 논의에 앞서 작품의 전문을 제시하면 다음과 같다.

> ① 공자께서 안회의 어짊을 칭찬하시면서 말씀하시기를 "한 광주리의 밥과 한 표주박의 물로 누추한 거리에 있으면 사람들은 그 근심을 견디지 못하는데 그 즐거움을 고치지 않았다."고 하셨고, 공자께서 스스로에 대해 말씀하신 것에 이르러서는 "나물밥에 물을 마시고 팔베고 눕더라도 즐거움이 또한 그 속에 있으니, 의롭지 못하면서 부귀한 것은 나에게 뜬구름과 같다."고 하셨다. 물의 사물됨이 그 성질이 차가우며 그 맛이 담박하여 배를 채우고 입을 기쁘게 할 수 없은데 어찌 즐거워할 만한 것이 있어서 공자께서 이와 같이 말씀하셨는가. 이 또한 實情이 아님에 가깝지 않겠는가. 또 말씀하시기를 "이것을 즐거워하지 않고 근심한다면 진실로 의롭지 않은 부귀를 행할 것이다. 구할 수 없다는 것을 안다면 내가 좋아하는 것을 따를 뿐이다."라고 하셨다. 그러므로 마시고 맛을 느끼는 것이 같고 맛을 느끼고 즐거

185면.

워하는 것이 같으니 두 사람이 마음속으로 달게 여기는 것과 입에서 좋아하는 것이 선 하나를 긋듯이 명백하여 털끝 만한 차이도 없다. 이로 논해보건대 안회가 표주박을 쥐고 긷는 것은 바로 공자께서 마시는 물과 하나의 근원에서 함께 흘러온 것이다.

② 선군자께서 만년에 참소와 비방에 곤욕을 당하셔서 그 몸이 조정에서 편안하지 않았으나 교외에 깃들어 살만한 곳이 없어 거처로 나가실 수 없었는데 양주 송산의 골짜기 하나를 구해 값을 주고 사서 작은 집을 지으셨으나 몇 년 동안 두어 번 가셨을 뿐이었다. 그 산이 서쪽으로 비스듬하고 북쪽으로 꺾여 그 언덕을 부용봉이라고 한다. 아래로 수백 보를 내려가면 언덕이 끊어지고 좌우가 둘러싸듯 펼쳐져 있는데 우리 정원이 그 안에 있다. 산 아래에는 샘이 많아 벌집 같았으니 소동파가 말한 "이 산은 실로 가운데가 비어있고 그 안에는 맑은 샘물이 가득하다."는 것에 뒤지지 않는다. 집 동쪽에 큰 샘이 있으니 그 근원이 멀리서 나와 땅 위를 흘러가니 뜨락의 돌 틈에서 솟아나 곧장 헌의 동남쪽 모서리 앞으로 간다. 그 성질이 맑고 온화하며 그 맛이 달고도 차가워 한 여름날 작은 그릇으로 떠서 마시면 그 차가움에 이가 시리고 겨울이 막 시작될 때는 따뜻한 기운이 구름안개처럼 피어올라 입구가 마치 온천 같아 그 흐름이 마르지 않으니 비록 땅을 태울 듯한 가뭄에도 그 물결이 도도하다. 여러 가지 아름다움이 다 갖추어져 한 가지라도 사람의 뜻에 맞지 않는 것이 없었다. 예전에 이문요가 혜산의 온천을 제일로 평가하였는데 혜산과 이곳이 어떠한지 모르겠다. 선군자께서 이것으로 정자의 이름을 짓고자 하였으나 정하지 못하셨는데 옛 편지를 모아 정리하다가 선조의 어필 시 절구 한 수를 찾았다. 여기에 "스스로 나를 인정하는 이가 적음을 아니 참으로 내가 가소로우나 그래도 안자의 표주박이 있으니 한 맛이 유장하다."라고 쓰여 있었다. 마침내 일표로 이름하고 벽 위에 어필을 걸어두었다. 또 그 운을 공경히 차운하여 쓰셨다.

③ 아아 공자와 안자의 도는 하늘처럼 높다. 그러나 통달한 자가

사람을 가르치는 것은 늘 공자와 안자가 즐거워 한 것이 어떤 일인지 찾도록 하는 것이었는데, 후세 사람들로 그 경지에 미칠 수 있는 사람이 거의 없었다. 내가 어찌 감히 실상을 업신여기고 그런 이름을 무릅쓰겠는가. 그러나 스스로 거친 밥과 광주리 밥을 달게 여겨 그 성분을 편안히 하고 불의한 부귀를 사모하지 않는다. 용렬하여도 부지런히 힘쓰니 "그런 사람이 되기를 바라면 그와 같은 사람이 되는 것이다."라고 말하는 그런 것이다. 또 『시경』에 이르기를 "형문의 아래여 쉬면서 노닐 만하다. 샘물 졸졸 흐름이여 굶주림을 즐긴 만하다."라고 하였으니 공자와 안자의 도를 비록 감히 망령되이 논할 수는 없지만 시인이 즐거워한 것만은 가만히 보면 거의 스스로 지킨 것 같다. 백락천이 여산에 대해 쓰며 스스로 맹세하여 말하기를 "맑은 샘 흰 바위도 참으로 이 말을 알아들었을 것이다."라고 하였는데, 나도 여기에 대해 그렇게 말하고 삼가 기를 짓는다.[18]

18 崔昌大, 「一瓢亭記」, 『昆侖集』 권6, "孔子稱回也之賢曰, 一簞食一瓢飮, 居於陋巷, 人不堪其憂而不改其樂. 及其自道之辭則曰, 飯疏食飮水, 曲肱而枕之, 樂亦在其中矣, 不義而富且貴, 於我如浮雲. 夫水之爲物, 其性冷冽, 其味淡泊, 無足以充腸悅口, 夫焉有可樂, 而夫子之爲言如此. 毋亦近於不情乎. 亦曰不樂此而憂之, 則將以苟不義之富貴. 知其不可求而從吾所好焉耳. 故其飮而味之也同, 味而樂之也同, 兩家心脾之所甘, 口舌之所嗜, 覶若畫一, 無毫髮殊. 由是論之, 顔氏子操瓢之汲, 卽孔氏所飮之水而一源而同流者也. 先君子晩節困於讒毁, 身不安於朝廷, 而郊垌無棲息之所, 莫適厥居, 得一墅於楊州松山, 捐價而貨之, 營築小屋, 數歲中再來止焉. 其山西迤而北折, 其冢曰芙蓉之峰. 注下數百武, 岡阜斗斷而左右翼拱, 吾園處其中焉. 山下多泉眼, 所在鑫涌, 於坡公所謂玆山實空中乳水滿其腹, 可無讓也. 屋東有大泉, 其源遠出而地行, 其發在階庭之石罅, 直前軒之東南隅. 其性淸而和, 其味甘而冽, 盛夏之月, 勺挹而飮之, 其寒氷齒, 方冬日初出, 煖氣蒸如雲霧, 入口便若溫湯, 其流不竭, 雖焦土之旱, 滔滔也. 蓋衆美備具, 無一而不可人意. 昔李文饒品惠山泉爲第一, 不知惠山與此何如也. 先君子欲以是名亭而未有所定, 會閱故紙, 得宣廟御筆古詩一絶, 曰自知寡與眞堪笑, 賴有顔瓢一味長. 遂以一瓢名之, 揭御筆于壁

위의 인용문을 살펴보면 「일표정기」 역시 「여상헌기」와 같이 세 단락으로 구성되어 있고, 그 중 ①과 ③ 단락이 의론議論을 중심으로 한다는 점에서 「일표정기」와 「여상헌기」가 유사한 구조로 이루어졌다고 할 수 있지만 조금 더 자세하게 살펴보면 「일표정기」와 「여상헌기」의 구성은 적지 않은 부분에서 차이를 가진다. 우선 「일표정기」의 경우 ① 단락에서 최창대는 경전經典과 선현先賢의 언급을 인용하여 가난과 물에 대한 의론을 펼쳤다. 이런 구성은 「여상헌기」가 사냥꾼과의 대화라는 우언寓言에 가탁하여 의론을 펼친 것과 구분되는 것인데, ① 단락에서 최창대가 경전과 선현의 이야기를 인용한 것은 『장자莊子』에 나오는 말하기 방식 중 두 번째인 중언重言과 유사한 것이라고 볼 수 있다. 원래 중언重言이란 역사적 인물에 근거한 가상적 담론으로, 역사적 권위를 지닌 고인을 불러내어 당대의 사적을 말하게 함으로써 현실의 문제를 가탁하는 방법을[19] 말하는데 ①의 서술방법을 중언重言과 유사한 것으로 본 이유는 ① 단락에서 최창대가 당시 최고의 권위를 지니고 있었던 공자孔子와 안자顏子의 이야기를 인용하여 자기 주장의 논거로 삼아 다른 사람들의 반론과 시비를 차단했기 때문이다.

두 번째 차이점은 「여상헌기」와 달리 「일표정기」의 ② 단락이 기

上. 又敬次其韻而敍之. 嗚呼. 孔顔之道, 巍若登天. 然達者之訓人, 每令尋仲尼顔淵所樂何事, 而後之人, 尠有能幾及者. 吾何敢蔑實而冒名也. 然自甘乎飯疏簞食, 安其性分而毋慕乎不義之富貴. 凡庸亦可勉焉, 所謂睎之則是者然也. 且詩曰, 衡門之下, 可以棲遲, 泌之洋洋, 可以樂飢, 孔顔之道, 雖不敢妄論, 詩人之所樂, 竊庶幾自保. 白樂天之記廬山, 以言自矢曰, 淸泉白石, 實聞斯言, 吾於此亦云. 謹爲記."

19 윤주필, 『한국 우언문학사』 1, 한국문화사, 2019, 4면.

사記事와 사경寫境의 혼합으로 구성되었다는 것이다. 최창대의 기문에서 사경寫境이 구현된 글은 「북정기北征記」와 「일표정기」 2편 뿐인데, 글 전체가 사경寫境으로 구성된 「북정기」와 달리 「일표정기」는 ② 단락의 일부분이 사경으로 되어 있어 ② 단락 전체로 보면 기사와 사경의 혼합이라고 할 수 있다. 세 번째 차이점은 ③ 단락의 의론이 상대방에 대한 권계가 아니라 자신의 행위와 의식에 대한 정당성과 가치 부여로 이루어졌다는 것이다. ③ 단락의 차이는 「여상헌기」가 공적 건물의 기문이었던 것과 달리 「일표정기」가 부친의 정자라는 지극히 사적인 건물의 기문이었다는 글의 성격에 기인한 것이라 보인다. 즉 부친의 누정에 쓴 글이기 때문에 글의 청탁자가 존재하지 않으니 권계의 대상이 있을 수 없고, 기문의 대상이 되는 누정의 건축이 정당한 것이 되기 위해서는 건축의 필요성이 인정되어야 한다. 그렇기 때문에 최창대는 「일표정기」에서 건축의 필요성을 해명하기 위해 명칭의 설명을 통한 도덕적 · 이상적인 가치와 의미를 강조했는데, 글의 대부분이 명칭의 의미 설명에 집중되어 있다는 점에서 도덕적이고 이상적인 가치와 의미를 강조한 것이라고 할 수 있다. 또 그래서 ① 단락에서 공자孔子와 안자顔子의 일화를 인용하며 시작한 것이라고 보인다.

「일표정기」와 「여상헌기」의 차이점을 이와 같이 정리하고 「일표정기」의 각 단락에 대해 조금 더 자세하게 살펴보면 ① 단락은 공자와 안회의 일화를 인용하여 가난과 물에 대해 이야기한 것으로 논의의 전제에 해당한다. 최창대는 『논어論語』 「옹야雍也」편에서 공자가 내린 안회에 대한 평가와 「술이述而」편에서 스스로에 대해 말한 내용을 인용하였는데, 최창대의 논의를 따라가보면 공자와 안회가 언급한 물은 모두 '가난'을 의미하는 것이고 이 두 사람은 불의한 부귀보다 자신의 뜻에 부합하는 의로운 가난을 추구했다는 것임을 알 수 있다. 이 주장은 부친이 정자의 이름을 일표정이라고 한 것은 공자와 안회의 행위와 의식을 본받고자 하는 것으로 불의한 부귀보다는 의로운 가난을 추구하겠다는 뜻임을 내포하고 있다. 그렇기 때문에 ① 단락은 ③ 단락을 위한 전제이자 근거가 되어 ③ 단락의 정당성을 보장하는 것이다.

② 단락은 기사와 사경이 혼합되어 있는 단락이다. 앞 부분에서 정자의 건립 과정에 대해 아주 간략하게 서술한 뒤, 정자 주변의 경관과 그곳에서 솟아나는 물에 대해 설명하고 마지막에서 정자의 이름을 일표정으로 명명한 이유에 대해 밝혔다. 서술된 분량과 내용으로 볼 때 ② 단락은 사경을 중심으로 한다고 할 수 있는데, 사경을 가운데 두고 앞뒤로 기사를 배치하여 양괄식 구조 속의 양괄식 단락이 된다. 이 단락에서 최창대는 소동파蘇東坡의 〈구초천지혜산천시求焦千之惠山泉詩〉 첫 두 구절인 "이 산은 실로 가운데가 비어있고, 그 안에는 맑은 샘물이 가득하다.[茲山定空中, 乳水滿其腹.]"는 구와 이덕유李德裕가 혜산의 물을 천하제일로 여겨 그가 경성京城에 있으면서도 경성京城의 물을 마시지 않고 꼭 혜산의 샘물을 길어 오도록 했다는 일화를 인용하여 일표정 주변의 샘에서 솟는 물에 대해 설명했다. 이 부분에서 최창대가 주목한 것은 맑고 온화하며 달고도 차가운 물의 성질과 맛인데, 여기에 주목한 것은 ① 단락에서 언급한 물의 성질을 이어가기 위한 것이다. 또 최창대는 일표정이라는 이름을 붙인 이유가 선조의 어필 시와 함께 적혀 있었던 나종언羅從彦이 독락재獨樂齋에 써 둔 "스스로 나를 인정하는 이가 적음을 아니 참으로 내가 가소로우나 그래도 안자顔子의 표주박이 있으니 한 맛이 유장하다.[自知寡與眞堪笑, 賴有顔瓢一味長.]"는 말에서 왔음을 밝혔다.

③ 단락은 공자와 안회의 도를 추구하고자 하는 의지를 밝힌 부분이다. 하늘처럼 높은 공자와 안회의 경지에 감히 미칠 수는 없지만 의로운 가난을 추구했던 이들의 행동을 따르고 이들의 도를 마음에 둔다면 그래도 크게 어긋나지 않을 것이라고 했다. 용렬하지만 스스로 힘쓰는 자신의 모습에 대해 최창대는 『양자법언揚子法言』의 「학행學行」에 나오는 "천리마千里馬가 되기를 바라는 말은 그 역시 천리마의 무리이고, 안연顔淵이 되기를 바라는 사람은 그 역시 안연의 무리이다. 혹자가 묻기를 '안연의 무리가 되기 쉽습니까?'라고 하니 양자揚子가 말하기를 '그런 사람이 되기를 바라면 그와 같은 사람이 되는 것이다.'라고 하였다.[睎驥之馬, 亦驥之乘也, 睎顔之人, 亦顔之徒也. 或曰顔徒易乎. 曰睎之則是.]"는 말을 인용하였고, 물을 즐기는 자신의 모습에 대해 『시경詩經』 「진풍陣風」 〈형문衡門〉장에 나오는 "형문의 아래여, 쉬면서 노닐 만하다. 샘물 졸졸 흐름이여, 굶주림을 즐길 만하다.[衡門之下, 可以棲遲. 泌之洋洋, 可以樂飢.]"는 구절을 인용하였다. 또 이 단락의 마지막에서 최창대는 자신의 의지가 결코 변하지 않을 것임을 강조하기 위해 백락천이 여산廬山의 신령한 경치에 반해 그가 자유로운 몸이 되면 왼손으로는 처자妻子를 이끌고 오른손으로는 거문고와 책을 안은 채 여산으로 가서 만년晩年을 보내고자 하면서 여산의 "맑은 샘 흰 바위도 참으로 이 말을 알아들었을 것이다.[淸泉白石, 實聞斯言.]"라고 했다는 명明나라 오종선吳從先의 『소창청기小窓淸記』의 한 구절을 인용했다.

이렇게 보면 최창대의 「일표정기」는 경전과 선현의 이야기를 근거로 논의를 전개하면서 자신의 의론이 강조될 필요가 있거나 반론이나 시비의 가능성이 있는 부분에서 다시 선인들의 이야기를 인용하여 논지를 보강하고 시비를 차단하는 서술 방법을 사용하였음을 알 수 있다.

## 4. 결론

최창대는 조선 후기 소론 계열 명문가의 후예로, 당대 정계의 중심에서 활동했던 인물이지만 정치적으로만 아니라 문학적으로도 상당한 수준에 이른 인물이었다. 그는 문장의 창작 원리와 창작의 상황을 구분하여 인식했고, 문장의 본질과 수식의 관계에 주목하여 본질을 중심으로 본질과 수식의 조화를 추구했다. 그런 점에서 문장에 관한 그의 인식은 당대 문인 일반의 보편적인 문장론과 같은 궤에 있으며, 근본적인 지점에서 선대까지 소론 계열 문인 대부분이 지녔던 문장론과 큰 차이를 보여주지 못한다. 그러나 그렇다고 하더라도 창작의 실제적인 면에서는 문장의 가치에 한 걸음 더 나아간 것이라고 할 수 있다.

최창대는 모두 5편의 기문을 남겼는데, 이 중 1편이 유기遊記, 1편이 화상기畵像記이고 나머지 3편은 건물기建物記이다. 이 3편의 건물기 중 2편이 공적 건물의 기문이고, 1편이 부친의 정자에 대한 기문이다. 최창대의 기문 5편은 대부분 기문의 세 요소 중 의론議論을 중심으로 하는데, 사경寫境을 중심으로 하는 유기遊記인 「북정기北征記」 1편을 제외한 나머지 4편의 경우 모두 의론議論이 중심이 된다. 「북정기」가 사경寫境을 중심으로 하는 것은 북평사北評事로 육진六鎭을 다녀온 뒤 포조鮑照의 예를 따라 병든 누이에게 보내주기 위해 쓴 글이기 때문이다. 이 글은 최창대의 기문 5편 중 「여상헌기如傷軒記」와 「일표정기一瓢亭記」 2편을 분석의 대상으로 하여 최창대 기문의 실제적인 모습을 살펴보았다.

「여상헌기如傷軒記」와 「일표정기一瓢亭記」는 공적 건물과 사적 건물의 기문이라는 점에서 기본적인 성격에 차이가 있지만, 글의 구성은 모두 기사記事 또는 기사記事와 사경寫境을 가운데 두고 앞뒤로 의론議論이 감싸는 양괄식 구성으로 이루어져 있다. 「여상헌기如傷軒記」는 사냥꾼과 최창대의 대화로 이루어진 첫 단락(議論)과 박준번의 관아 건립 과정을 서술한 두 번째 단락(記事), 관아의 명칭인 여상如傷의 의미 풀이와 권계로 이루어진 세 번째 단락(議論)으로 이루어져 있고, 「일표정기一瓢亭記」는 공자와 안회의 일화를 바탕으로 가난과 물에 대해 언급한 첫 번째 단락(議論)과 일표정의 주변 풍광과 건립 과정을 설명한 두 번째 단락(記事 · 寫境), 일표一瓢에 대한 자신의 견해를 언급한 세 번째 단락(議論)으로 구성되어 있다. 따라서 「여상헌기」와 「일표정기」는 두 번째 단락이 기사記事와 기사記事 · 사경寫境의 차이를 보이기는 하지만 모두 의론議論 – 기사記事(記事 · 寫境) – 의론議論의 양괄식 구조로 구성되어 있다.

「여상헌기」와 「일표정기」의 구성에서 가장 큰 차이를 보이는 부분은 첫 번째 단락인데, 「여상헌기」는 첫 번째 단락을 사냥꾼으로 설정된 가공의 인물과 나눈 대화라는 우언 또는 우화로 시작하고, 「일표정기」는 공자와 안회의 이야기와 일화라는 경전과 선현의 언행을 인용하면서 시작된다. 이런 차이 역시 공적 건물과 사적 건물의 기문이라는 글의 성격 차이에 의한 것이라 보이는데, 권계를 중심으로 하는 공적 건물인 관아官衙의 기문 첫 단락에 우언을 배치한 것은 비판의 기준을 명시하여 글 전체의 긴장감을 유지하기 위한 것이고, 의론議

論을 중심으로 하는 부친 누정의 기문 첫 단락에 선현의 인용을 배치한 것은 의론의 강조와 시비의 차단을 위한 의도적인 구성 방법이라고 생각된다.

그런데 최창대의 「여상헌기」와 「일표정기」는 건물기建物記이면서도 건물 그 자체에 대한 언급이 상당히 소홀하다. 조선 중기 이후의 누정기 대부분이 누정과 이상적인 관리의 관계에 대한 의론으로 구성되어 있다는 사실로 볼 때 이런 양상이 보편적인 것이라고도 할 수 있지만, 건물 자체 대한 언급이 거의 삭제되었다는 점에서 이와 같은 서술 방법은 최창대 기문의 특징적인 모습이라고도 할 수 있다. 또 그런 만큼 최창대의 「여상헌기」와 「일표정기」는 의론을 글의 중심에 두는데, 의론을 중심에 둔 것은 내용과 본질을 중심으로 수식과 외면의 조화를 추구하고자 했던 최창대의 문장관에 의한 것이라 생각된다. 그런 점에서 최창대는 작문의 요령과 설득의 방법에 익숙했었다고 할 수 있다.

# 제3부

## 곤륜昆侖 최창대崔昌大 시세계詩世界의 검토檢討

Ⅰ. 곤륜昆侖 최창대崔昌大의 교유시交遊詩
Ⅱ. 곤륜昆侖 최창대崔昌大의 악부시樂府詩
Ⅲ. 곤륜昆侖 최창대崔昌大의 기행시紀行詩
Ⅳ. 곤륜昆侖 최창대崔昌大의 누정시樓亭詩
Ⅴ. 곤륜昆侖 최창대崔昌大의 만시挽詩
Ⅵ. 곤륜昆侖 최창대崔昌大의 시세계詩世界에 관한 일고찰

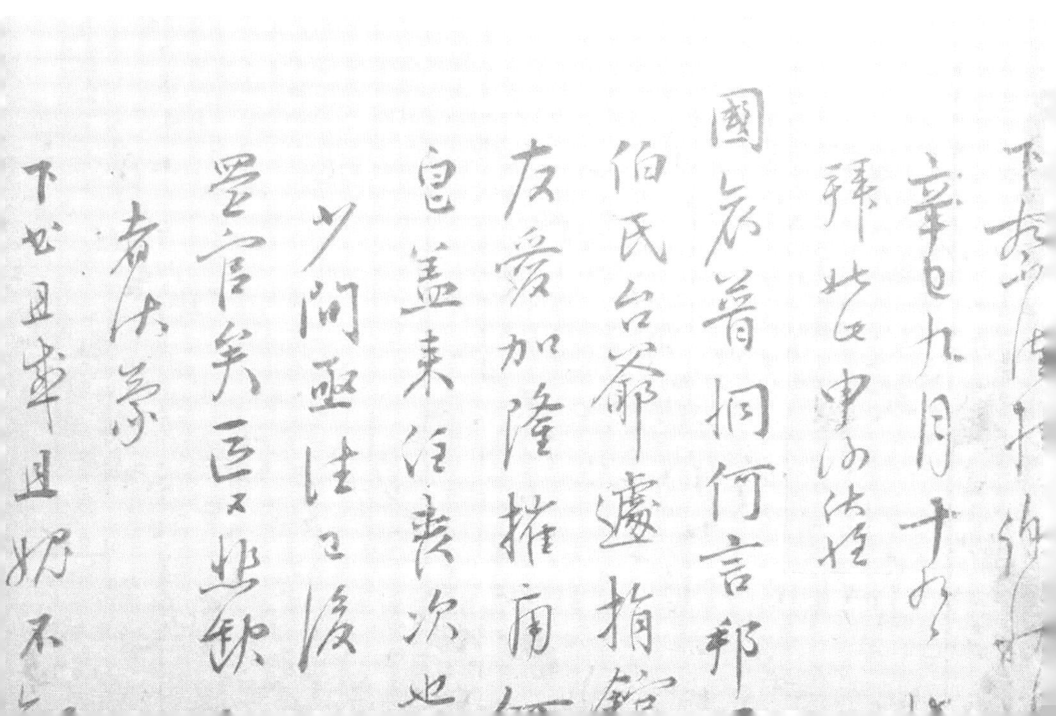

# Ⅰ. 곤륜 최창대의 교유시

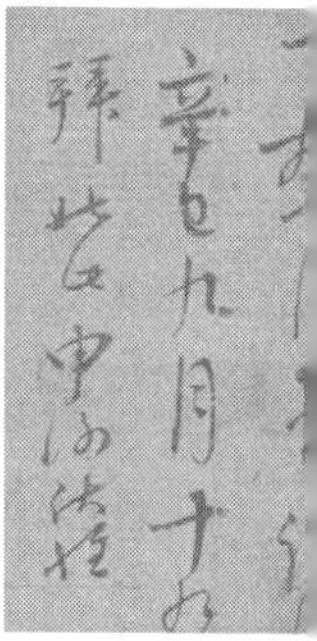

김묘정

## 1. 머리말

곤륜昆侖 최창대崔昌大(1669~1720)는 최명길崔鳴吉(1586~1647)의 증손이자 최석정崔錫鼎(1646~1715)의 아들로 소론계의 핵심 인물 중 한 명이라고 할 수 있다. 그럼에도 불구하고 현재까지 진행된 선행 연구는 최창대 개별 문인에 대한 규명으로도 나아가지 못했지만, 당대 지식인과의 교유 관계 속에서 시문학이 유기적으로 연구되지 못한 실정이다.[1] 교유 관계가 일부 다뤄진 바 있으나, 사회적 관계에서 파

1 최창대에 관한 선행연구로는 불교수용 양상을 밝힌 연구, 학문사상과 수사론에 관한 연구, 삶과 시세계를 조망한 연구, 문장론을 분석한 연구 성과가 있다. 유호선, 「17C 후반~18C 전반 경화사족의 불교수용과 그 시적 형상화: 김창흡, 최창대, 이덕수, 이하곤, 조귀명을 중심으로」, 고려대학교 대학원 박사학위논문, 2002, 1~179면.; 김영주, 「곤륜 최창대의 수사론 연구」, 『東方漢文學』 24, 동방한문학회, 2003, 115~139면.; 성범중, 「곤륜 최창대의 삶과 시세계」, 『한국한시작가연구』 14, 한국한시학회, 2010, 5~40면.; 권진

생된 친분 및 친인척과의 우애 양상이 단편적으로 조망되었다는 점에서 표면적인 현상을 보여주는 연구에 머물렀다고 판단된다. 이에 이 글에서는 곤륜의 교유시를 개관하고 그 안에 드러나는 몇 가지 특징적인 면모를 확인하는 것을 목표로 한다. 또한 지식인[2]과의 시적 교유 양상을 살핌으로써 그의 시세계를 심층적으로 탐구하도록 하겠다.

이에 실질적 관계망을 다각적으로 조명하기 위해 교유시의 범주를 송시送詩・증시贈詩, 연구시聯句詩, 동~부同~賦 형태의 작품으로 한정해 논의를 진행하고자 한다.[3] 그에 따라 2장 1절에서는 곤륜이 송

---

옥, 「곤륜 최창대의 문장론 연구」, 『동양고전연구』 74, 동양고전학회, 2018, 7~34면.

2 이 글에서는 곤륜과 교유했던 인물들을 '지식인'이라는 용어로 명명하고자 한다. 곤륜의 교유 관계도를 살펴보면 소론・노론을 비롯해 중인 계층까지 아우르고 있음을 알 수 있기에 포괄적 개념의 용어가 적합하다고 판단했음을 밝힌다. 또한 지식은 대체로 언어와 문자라는 도구를 통해 이루어지고 지식인은 학습과 실천을 통해 명확한 인식과 이해를 확립한 인물을 지칭한다고 할 수 있기에 (윤재환, 「성호학파를 통해 본 조선후기 지식 집단의 형성과 변모의 한 양상」, 『고전과 해석』 26, 고전문학한문학연구학회, 2018, 239면.) 시적 교유가 가능하다는 측면, 그리고 지적 활동 수준이 높았음을 감안한다면 이들을 '지식인'이라고 지칭하는 작업이 가능할 것으로 보인다. 특히 연구시를 함께 창작했던 교유 문인의 경우 지식을 공유하는 동시에 정치적 동질성을 지녔다는 점에서 명확히 지식인 집단이라고 논의할 수 있다.

3 교유시로는 직접적인 교유가 포착되는 형식만을 대상으로 삼고자 한다. 이에 간접적인 교유만으로도 작시할 수 있는 挽詩를 대상에서 제외시켰다. 그 밖에 간접 교유와 직접 교유 양상이 혼효되어 있는 次韻詩는 여타 교유시의 교유 지식인과 중복되는 경우 각주를 달아 함께 다루었다. 곤륜의 차운시는 원운시의 출처를 알 수 없는 경우, 두보시를 차운한 경우, 교유하며 차운시를 창작한 경우로 나뉘는데, 교유의 경위가 확인되는 차운시가 양적으로 적을

시·증시를 창작해 시적 대상과 친밀한 교유를 이어나갔다고 판단해 이와 관련된 내용을 다루고자 한다. 송별시는 안타까움과 슬픔을 기본 정조로 삼는 것이 보편적인 양상이나, 전거의 사용 빈도가 낮고 상투적인 이별의 정서보다는 개인적 감정에서 파생된 정한을 시적으로 형상화 했다는 특징을 보인다. 또한 시적 대상에 대한 이해 측면에서 곤륜이 진정한 교유 관계를 근간으로 작시했음을 볼 수 있다. 2장 2절에서는 연구시에 드러나는 수창이라는 표면적 현상을 토대로 교유 관계를 조망하고자 한다. 더 나아가 그와 같은 모임이 가지는 의미와 특징을 추출해내는 작업을 병행해 의미를 찾고자 한다. 2장 3절에서는 동일 공간 유람에서 비롯된 흥취의 공유 양상을 파악하고자 한다. 곤륜 작품의 시제에는 유람하는 장소와 동행하는 인물이 모두 기록되어 있으므로 그와의 관계를 밝히는 동시에 유람시의 시적 성취도를 함께 논의하고자 한다. 최종적으로 이 글에서는 곤륜 교유시의 다각적 특징을 추출함으로써 그의 시세계 일부를 조망하는 것을 목표로 삼도록 하겠다.

## 2. 곤륜 교유시의 몇 가지 특징

### 1) 송별의 정한 토로와 진실한 교유

이 절에서 다루고자 하는 송시送詩·증시贈詩는 수신자가 명확한

뿐더러 교유했던 인물이 여타 교유시에서 확인할 수 있는 지식인과 중복되므로 별도의 장을 만들어 다루지 않았음을 밝히는 바이다.

형식이기에 기본적으로 곤륜의 교유 관계를 확인할 수 있는 가장 대표적인 장르이다. 실제로 양적으로 많은 수의 작품이 송별送別 · 기증寄贈 과정에서 창작되었으므로 곤륜이 관계 맺어온 다양한 지식인들에 대한 조망이 가능하다고 여긴다. 이에 곤륜의 송시 · 증시 목록을 정리해보면 다음과 같다.

[표 1] 곤륜 최창대의 송시 · 증시 목록

| 순번 | 교유 지식인 | 관향 | 제목 | 종류 | 수량 | 형식 | 권수 |
|---|---|---|---|---|---|---|---|
| 1 | 南九萬 | 宜寧 | 送藥泉南相國謫慶興 | 送詩 | 1 | 五言律詩 | 권1 |
| 2 | 沈齊賢 | 青松 | 送沈思仲謫嘉林 | 送詩 | 1 | 五言排律 | 권1 |
| 3 | 沈齊賢 | 青松 | 簡寄思仲 | 贈詩 | 1 | 五言絶句 | 권1 |
| 4 | 洪重聖 | 豊山 | 寄洪君則 | 贈詩 | 1 | 五言排律 | 권1 |
| 5 | 李光佐 | 慶州 | 寄李尙輔 | 贈詩 | 1 | 七言律詩 | 권1 |
| 6 | 李夏英 | 全州 | 歸到松京 路遇李益之書贈 | 贈詩 | 1 | 五言律詩 | 권1 |
| 7 | 李泰翼 | 未詳 | 曉發郡城 別李大來 | 送詩 | 1 | 五言律詩 | 권2 |
| 8 | 李寅爀 | 慶州 | 送伯舅之任杆城 | 送詩 | 1 | 七言律詩 | 권2 |
| 9 | 權喜學 | 安東 | 送權生喜學還鄕 | 送詩 | 1 | 五言律詩 | 권2 |
| 10 | 延世華 | 谷山 | 贈別延聖輝 | 贈詩 | 1 | 七言律詩 | 권2 |
| 11 | 李挺天 | 全州 | 問月亭歌 寄李山人 | 送詩 | 1 | 七言排律 | 권2 |
| 12 | 尹坪 | 海平 | 送戚大父尹公出宰高城 | 送詩 | 1 | 五言排律 | 권2 |
| 13 | 權緯 | 未詳 | 南江歌別權汝經 | 送詩 | 1 | 七言排律 | 권2 |
| 14 | 李光佐 | 慶州 | 送尙輔歸驪江 | 送詩 | 1 | 七言律詩 | 권2 |
| 15 | 崔後章 | 全州 | 送琴翁往忠州 | 送詩 | 1 | 五言律詩 | 권2 |
| 16 | 沈齊賢 | 青松 | 送思仲還加林 | 送詩 | 1 | 五言律詩 | 권2 |
| 17 | 趙光璧 | 豊壤 | 送趙生光璧還鄕 | 送詩 | 1 | 七言律詩 | 권2 |
| 18 | 宋明淵 | 礪山 | 送宋叔德章歸泰仁 | 送詩 | 3 | 五言排律 | 권2 |
| 19 | 吳泰周 | 海州 | 寄海昌吳都尉 | 贈詩 | 1 | 七言律詩 | 권2 |
| 20 | 洪受疇 | 南陽 | 送洪參議赴燕 | 送詩 | 1 | 五言律詩 | 권2 |

| 21 | 洪世泰 | 南陽 | 送道長南行 | 送詩 | 2 | 五言律詩 | 권2 |
|---|---|---|---|---|---|---|---|
| 22 | 崔奎瑞 | 海州 | 送少陵崔參判副使之燕 | 送詩 | 4 | 五言排律 | 권2 |
| 23 | 李德成 | 全州 | 茯苓歌 寄茂朱李使君 | 贈詩 | 1 | 七言排律 | 권3 |
| 24 | 李東馣 | 驪興 | 送江界李使君 | 送詩 | 1 | 七言律詩 | 권3 |
| 25 | 李坦 | 全州 | 送李書狀君平 | 送詩 | 1 | 七言律詩 | 권3 |
| 26 | 朴乃貞 | 咸陽 | 到金城 留贈朴使君直卿 | 贈詩 | 2 | 五言律詩 | 권3 |
| 27 | 姜履相 | 晉州 | 遙贈姜書狀之燕 | 贈詩 | 2 | 七言絕句 | 권3 |
| 28 | 洪萬恢 | 豊山 | 送洪丈出宰赤城 | 送詩 | 2 | 五言律詩 | 권4 |
| 29 | 元聖兪 | 原州 | 送元丈之任鍾城 | 送詩 | 1 | 七言律詩 | 권4 |
| 30 | 宋宅相 | 恩津 | 送宋公舒佐幕咸興 | 送詩 | 3 | 七言絕句 | 권4 |
| 31 | 元聖兪 | 原州 | 送元丈出宰尙州 | 送詩 | 1 | 七言律詩 | 권4 |
| 32 | 李台佐 | 慶州 | 送李評事國彦 | 送詩 | 1 | 七言律詩 | 권5 |
| 33 | 李夏英 | 全州 | 雪天夜飮 送益之還高峰 | 送詩 | 2 | 五言律詩 | 권5 |
| 34 | 宋正明 | 礪山 | 送宋子和赴北幕 | 送詩 | 1 | 七言律詩 | 권5 |
| 35 | 金致龍 | 彦陽 | 送金義州 | 送詩 | 1 | 七言律詩 | 권5 |
| 36 | 趙泰億 | 楊州 | 送趙大年奉使日本 | 送詩 | 2 | 七言律詩 | 권5 |
| 37 | 任守幹 | 豊川 | 送任用譽奉使日本 | 送詩 | 2 | 七言律詩 | 권5 |
| 38 | 李眞儒 | 全州 | 送李士珍出宰堤川 | 送詩 | 1 | 七言律詩 | 권5 |
| 39 | 沈壽湊 | 青松 | 送沈慶山 | 送詩 | 1 | 五言排律 | 권5 |
| 40 | 尹游 | 海平 | 送尹伯修游之任鎭川 | 送詩 | 2 | 七言律詩 | 권5 |
| 41 | 朴乃貞 | 咸陽 | 送南原朴使君直卿 | 送詩 | 1 | 七言律詩 | 권5 |
| 42 | 李眞儒 | 全州 | 送李士珍仲約遊楓嶽 | 送詩 | 6 | 七言絕句 | 권5 |

곤륜의 송시 · 증시 목록을 분석해보면, 총 42제 62수로 전체 작품 대비 9%에 해당한다. 형식적 측면에서는 칠언율시를 가장 선호한 것으로 확인되며, 그 밖에도 배율排律이나 연작連作 형태로 창작되어 편폭 측면에서 작품이 장편화 된 특징을 보인다. 교유 관계를 살펴보면 대다수가 소론계 지식인에 해당하며, 수신자가 중첩되지 않고 다양하

게 분포되어 있기에 넓은 범주의 인물들과 교유했음을 유추할 수 있다. 내용상 다른 지역으로 이동하는 경우를 비롯해 외직外職에 부임되거나 사신의 임무로 연경·일본으로 떠나는 이를 전송한 작품이 다수 확인된다. 그 밖에도 유배 가는 것을 전송하거나, 유람 가는 이 혹은 승려에게 준 작품도 포착된다. 이에 내용이 유사한 작품을 그룹화하여 곤륜 교유시의 특징적인 면모를 확인하도록 하겠다.

(1)
강남에서의 이별 서글픈데　　怊悵江南別
하늘 끝 풀에는 다시 봄 들었구나　　天涯草復春
어떻게 하면 저무는 해를 더디게 하여　　如何遲暮日
오랫동안 떠다는 사람 게으르게 할 수 있을까　　長作倦遊人
세월은 부질없이 늙음을 재촉하는데　　歲月空催老
문장으로는 가난에서 벗어나지 못하네　　文章不救貧
임공 땅 되려 낙원 같을 테니　　臨邛猶樂土
왕령과 일찍이 친해서지　　王令早相親[4]

(2)
칼 한 자루 차고 가을 풍경 속에서　　一劍秋風色
내일 아침 북쪽 관문으로 나아갈 텐데　　明朝北出關
정든 벗들과 이별하려니　　殷勤故人別
서글퍼 술잔 기울이네　　怊悵酒杯間
눈 쌓인 외지의 군영에서 사냥하고　　積雪行營獵
시름겨운 구름 육진의 산에 떠 있겠네　　愁雲六鎭山
무슨 수로 그대들 몇 사람들과　　那能攜數子

4 崔昌大, 〈送道長南行〉, 『昆侖集』 권2.

변방 땅 두루 다 밟고 돌아올 수 있으리　　踏遍大荒還[5]

첫 번째로 살펴볼 유형은 다른 지역으로 이동하는 이를 전송하거나, 본인이 외직에 부임하게 되어 이별하며 남긴 작품에 해당한다. 작품 (1)은 1697년에 남쪽으로 가는 홍세태洪世泰(1653~1725)를 보내며 지은 작품 2수 가운데 2번째 시를 인용한 것이다. 홍세태를 전송하는 소회가 잘 드러난 작품으로 저무는 해를 더디게 하여 떠나는 사람을 붙잡고 싶다는 표현에서 그의 내적 정서를 짐작할 수 있으며, 슬픔을 더욱 배가시키는 봄 든 날 이별 앞에 처해졌음을 알 수 있다. 곤륜은 홍세태의 시문학적 재능을 인정하면서도 곤궁한 처지에서 벗어나지 못하는 현실을 안타까워 한 것으로 보이는데, 이를 통해 홍세태의 삶에 대한 이해가 내재되어 있음을 알 수 있다. 이 외에도 곤륜의 여타 작품을 통해 홍세태와 시적 교유를 이어간 것을 볼 수 있으며,[6] 홍세태의 작품을 통해서도 실질적인 교유 관계를 확인할 수 있다.[7]

---

5 崔昌大, 〈北征時道長載大等來別得山字〉, 『昆侖集』 권3.

6 崔昌大, 〈趙拙齋聖期宅同洪道長世泰得山字〉·〈待洪道長來道長時客關西〉·〈喜道長至得城字〉·〈閣夜同道長賦〉·〈郡齋同道長賦〉·〈示道長〉·〈病中與道長得兩絶〉·〈道長之扇弊汙不堪把以新易之戲題舊扇〉·〈陪家君攜道長諸君訪龍鳳菴〉·〈道長將去攜上平遠堂〉·〈寄道長〉, 『昆侖集』 권.1; 〈臥病吟示道長〉 권3.; 〈次道長韻〉·〈道長載大同至次老杜苦熱韻〉·〈鵲橋後日喜道長見訪用前韻〉 권5.

7 洪世泰, 〈鹽城郡齋聯句明谷昆侖各用手筆淨寫與之今見在〉·〈題昆侖子哭柳太常詩後〉·〈昆侖學士座上用林字同賦〉·〈歸後用林字呈昆侖學士〉·〈夜來病枕無眠 忽憶昆侖令公從遊之樂 今不可得矣 且其奇才學識 未及展用於世尤可痛惜口占一律朝起錄呈澹翁足下幸和之〉·〈蒼槐子一號昆侖見邀卽席用唐人韻同賦〉·〈夜宿昆侖第與諸子話別用孟襄陽韻〉, 『柳下集』 권2.

(2)는 1700년 무렵 곤륜이 북평사北評事에 부임해[8] 평안도 지역으로 가게 되면서 홍세태와 이하곤李夏坤(1677~1724) 등을 송별하며 지은 작품 2수 중 1번째 시이다. 곤륜은 이하곤과 기본적으로 사촌지간이라는 관계를 바탕으로 깊은 친분을 유지한 것으로 확인된다. 이 시에는 북평사로 떠나게 된 자신의 처지가 드러나 있는 동시에, 벗들과 이별해야 하는 슬픔이 담겨있다. 곤륜은 실제로 관서關西로 나아가 육진六鎭에 이르렀는데, 그 지역의 경물을 묘사함에 있어 자신의 감정을 투영시킨 작품을 다수 창작했다.[9] 이 시에서 곤륜은 벗들로 대변되는 홍세태와 이하곤 등의 지식인들과 함께 변방 땅을 두루 보고 올 날이 있을지를 되묻고 있는데, 이를 통해 우정의 깊이를 대략 짐작할 수 있다. 그 밖에도 홍세태와 이하곤은 곤륜의 집에 모여서 차운시를 짓기도 했으므로[10] 시문학적으로 교유를 지속한 것으로 보인다.

(1)

| | |
|---|---|
| 상국께서 황각을 떠나시니 | 相國去黃閣 |
| 가고 가시다 어디에서 머무시려나 | 行行何所投 |
| 가을바람 한강에서 불어오고 | 秋風動漢水 |
| 석양은 양주에서 지겠구나 | 落日下楊州 |
| 관새에서 경륜의 뜻 펼쳤는데 | 關塞經綸遠 |
| 조정에서 옥석인지 근심했네 | 朝廷玉石憂 |

8 이 시기에 곤륜은 六鎭을 다녀와 〈邊城雜詠〉, 〈六鎭歌〉, 「北征記」 등의 작품을 남긴 바 있다.

9 崔昌大, 〈磨雲嶺〉·〈磨天嶺〉·〈鬼門關〉·〈登咸關嶺〉, 『昆侖集』 권3.

10 李夏坤, 〈同道長益之會昆侖宅次杜詩苦熱韻二首〉, 『頭陀草』 권6.

지초와 난초는 절로 향기로우니 芝蘭自香氣
눈 서리가 범하지 못하리 霜霰不同謀[11]

(2)
군자가 길을 떠나 君子有行邁
탄식하며 큰 길에 임해있네 咄嗟臨路逵
슬퍼하는 것 끝내 무슨 일인가 所悲竟何事
곧은 도가 험난함이 많아서지 直道多險巇
글을 올려 고관 변론하며 封章辨朱紫
미천한 신분인 것 깨닫지 못했으나 未覺布衣卑
마음 다해 정로 얻었으니 勤心護正路
소신이 어찌 감히 사사로워서 이겠는가 小臣焉敢私
…(중략)…
남북으로 바람 끊임없이 불고 南北終風起
햇빛은 하늘에 어둑어둑한데 日色晦乾維
묻지 마시게 이별의 괴로움을 不問離別苦
단지 남은 사람의 미간을 보게나 但觀居者眉[12]

두 번째로 살펴볼 작품 유형은 유배 가는 이를 전송하며 송별의 정을 시로 읊은 것이다. 이 역시 진실한 교유를 바탕으로 지어진 시라는 특징을 보인다. (1)은 소론의 영수인 남구만南九萬(1629~1711)이 1688년 60세에 경흥慶興으로 유배 가는 것을 전송한 시이다.[13] 유배

11 崔昌大, 〈送藥泉南相國九萬謫慶興〉, 『昆侖集』 권1.

12 崔昌大, 〈送沈思仲謫嘉林〉, 『昆侖集』 권1.

13 이황진, 「약천 남구만의 유배시 연구」, 『韓民族語文學』 75, 한민족어문학회, 2017, 114면. 남구만의 두 번째 유배 경의를 살펴보면 숙종의 張貴人에 대한 총애가 극에 달하고, 宗人 東平君李杭이 惠民署提調로 임명되는 전례 없는

지로 향하는 남구만에 대한 걱정을 표출했으며 조정에서 그를 옥석인지 가리다가 유배 보낸 현실에 대한 안타까움을 말했다. 미련에서는 남구만을 지초와 난초에 비유하고 눈과 서리로 대변되는 그 어떤 시련도 범하지 못할 것이라고 표현함으로써 그의 곧은 지조를 강조했다. 곤륜은 남구만을 애도하는 만시輓詩, 제문祭文, 묘지명墓誌銘을 쓸 정도로 깊은 관계를 맺었으며,[14] 스승으로 삼았기에[15] 이와 같은 송별시를 작시한 것으로 보인다.

(2)는 심제현沈齊賢(1661~?)이 유배 가는 것을 전송한 작품으로 오언배율 28구로 구성되어있다. 심제현은 1689년 29세에 유생의 신분으로 임금에게 율곡栗谷 이이李珥를 두둔하는 상소를 올렸다가 이 일이 빌미가 되어 유배가게 된 인물이다.[16] 곤륜 역시 당시 사건과 연루되어 있었으므로[17] 동일한 처지에서 비롯된 각별한 애정을 기반으로 심제현에 대한 시를 창작한 것으로 보인다. 1~8구에서 곤륜은 유배지로 향하는 심제현의 험난한 상황을 드러낸 동시에 그의 처사를 곧

특별한 恩眷을 입게 되자 이조판서 南溪朴世采가 이에 대해 7월 13일 箚子를 올리지만 숙종은 노하여 그를 물리친다. 이에 약천이 朴世采를 비호하자 숙종이 大怒하여 그를 유배시키도록 명한다.

14 崔昌大, 〈藥泉相國旣致事 上留之毋過江 親故亦多輓之 而公卒上章向琶潭 蓋大歸也 昌大竊嘗歎其義理之勇 老而不衰 因敬次相公題僧軸韻〉·〈藥泉南相國輓〉, 『昆侖集』 권5.; 「上藥泉南相國」, 권11.; 「祭藥泉南先生文」, 권15.; 「領議政藥泉南公墓誌銘」, 권17.

15 김영주, 「곤륜 최창대의 수사론 연구」, 『東方漢文學』 24, 동방한문학회, 2003, 118면.

16 『肅宗實錄』 권20, 숙종 15년 3월 17일 2번째 기사.

17 1689년 곤륜은 牛溪와 栗谷이 黜享될 때에 상소하여 쟁론하다가 이 일로 見罰을 받고 科業을 포기하였다.

은 도로 표현해 안타까움을 표출했다. 25~28구에서는 이별의 슬픔을 풍경으로 환치시킴으로써 괴로운 심경을 재차 드러내고자 했다. 이 작품 외에도 곤륜은 〈심제현에게 편지를 보내다簡寄思仲〉 시에서 "그대 떠난 이후로, 남쪽 성에 다시 가지 않는데. 그대를 생각함이 봄풀과 같아서, 없애버려도 또 다시 돋아나네.[自君之出矣, 不復出南城. 思君如春草, 除去還復生.]"[18]라고 읊었는데, 이를 통해보았을 때 실제로 곤륜은 심제현과 깊은 친분관계를 유지한 것으로 확인된다.

| | |
|---|---|
| 멀리 노님에 재차 같이 떠나시며 | 遠遊重行侶 |
| 마음 함께하는 이 참으로 만나기 어렵다네 | 同心亮難遇 |
| 대사인 우리 아버지와 | 大使卽吾翁 |
| 예전부터 본래 돈독하게 지내셨지 | 夙昔敦眷素 |
| 긴 여정에 온갖 고생 겪으실 테니 | 長途半苦樂 |
| 서로 아침저녁으로 마주하겠네 | 相待以朝暮 |
| 기운 온화해 지초 향기 퍼지고 | 氣和芝蕙薰 |
| 뜻이 부합해 온갖 가락에 기쁘니 | 意適宮商喩 |
| 간곡한 소자의 마음 | 殷殷小子心 |
| 아침저녁으로 위로 받았네 | 庶寬晨夕慕 |
| 거듭 송축할 필요 없으니 | 不用重祈祝 |
| 화락한 군자는 신이 반드시 돌보신다네 | 豈弟神必顧[19] |

세 번째로 살펴볼 작품 유형은 사신으로 떠나는 이를 전송한 시이다. 위의 인용 시는 1697년 연경으로 사신가는 최규서崔奎瑞(1650~1735)를 전송한 오언배율 4수 중 4번째 작품이다. 당시 연행을 개관

18 崔昌大, 〈簡寄思仲〉, 『昆侖集』 권1.

19 崔昌大, 〈送少陵崔參判副使之燕〉, 『昆侖集』 권1.

해보면 최규서가 부사副使의 임무를 맡았으며 곤륜의 부친인 정사正使 최석정崔錫鼎(1646~1715)을 비롯해 서장관書狀官 송상기宋相琦(1657~1723)가 동행했음을 알 수 있다. 1~6구를 통해 보았을 때 이 시의 대상인 최규서가 곤륜의 부친인 최석정과 이전부터 교유 관계를 유지했음을 볼 수 있다. 그에 따라 7~12구에서 곤륜은 최규서의 인품을 예찬하는 동시에 화락한 군자의 반열에 올려 사신가는 여정에 신의 감축이 함께할 것임을 말했는데, 이를 통해 최규서와도 친분을 유지한 것으로 추정된다. 이 외에도 앞서 [표 1]에서 정리한 바 있듯 곤륜은 사신 가는 이를 보내며 여타 시를 창작했는데 송서送序를 함께 남기기도 했다는 특징을 보인다.[20]

### 2) 모임을 통한 시우詩友와의 시적 소통

곤륜의 작품에는 몇 사람이 모여 구를 이어 가는 연구시聯句詩 창작 양상이 확인되므로 사교의 장 안에서 교유를 이어간 것으로 파악된다. 연구시는 기본적으로 문학적 재능이나 학문적 수준이 비슷해야 완성도가 높아지는 장르이므로[21] 시적 교유가 가능한 지식인들이

20

| 순번 | 교유 지식인 | 제목 | 내용 | 권수 |
|---|---|---|---|---|
| 1 | 趙泰億 | 送趙大年奉使日本序 辛卯 | 1711년 일본으로 사신가는 조태억을 전송함 | 권6 |
| 2 | 洪致中 | 送洪士能奉使日本序 己亥 | 1719년 일본으로 사신가는 홍치중을 전송함 | 권6 |
| 3 | 李明彦 | 送李季通明彦奉使日本序 | 일본으로 사신가는 이명언을 전송함 | 권6 |

21 김희자, 「조찬한, 조위한, 권필이 함께 수창한 聯句詩 고찰」, 『인문학연구』

수창하며 작시했다고 볼 수 있다. 곤륜 문집에서 확인되는 연구시 목록을 정리하면 아래와 같다.

[표 2] 곤륜 최창대의 연구시 목록

| 연구시 참여 지식인 | 연구시 제목 | 형식 | 권수 |
|---|---|---|---|
| 崔昌大, 李世德, 李肇, 宋正明 | 冬夜春坊聯句 | 五言(64구) | 권5 |
| 崔昌大, 李世德, 李肇, 宋正明 | 頒柑聯句 | 五言(128구) | 권5 |
| 崔昌大, 李肇, 宋正明, 李眞儒, 李眞儉, 尹聖時 | 春坊夜集聯句 | 五言(72구) | 권5 |
| 崔昌大, 李夏坤 | 石硯聯句三十二韻 | 五言(64구) | 권5 |
| 崔昌大, 李夏英, 李明坤 | 冬夜同益之範姪聯句 | 五言(80구) | 권5 |

위 표를 통해 확인할 수 있듯 곤륜은 이세덕李世德(1662~1724), 이조李肇(1666~1726), 송정명宋正明(1670~1718), 이진유李眞儒(1669~1730), 이진검李眞儉(1671~1727), 윤성시尹聖時(1672~1730)와 함께 연구시를 반복적으로 창작한 것으로 확인된다. 그에 따라 곤륜 연구시의 가장 큰 첫 번째 특징으로 진실한 교유 관계를 기반으로 시가 창작되었다는 점을 들 수 있다. 연구시 서두에는 모임의 시공간적 배경 및 친분을 짐작할 수 있게 하는 내용이 다수 포진되어 있으므로 작품을 통해 시우詩友와의 교유 양상을 살펴보고자 한다.

| | |
|---|---|
| 대궐에서 상봉해 서로 많은 얘기 나누며 | 禁掖相逢夕 |
| 겨울날 눈꽃으로 빚은 술 마시네(李世德) | 窮陰釀雪花 邵 |
| 황혼이 재촉하니 대궐 문 닫아걸고 | 昏催九門鑰 |
| 바람 잠잠해 온 숲에는 까마귀 있네(崔昌大) | 風定一林鴉 孝 |

99, 충남대학교 인문과학연구소, 2015, 70면.

찬바람 불어 추위 매서운데　　鷩發寒威重
어렴풋한 달 그림자는 기울었네(李肇)　　依微月影斜　始
시정 자아나 촛불 타버리니　　詩情燃蠟燭
술 홍취에 오사모 젖혀 쓰네(宋正明)　　酒興岸烏紗　和[22]
…(후략)…

이 작품은 1707년 무렵 겨울밤 춘방에서 지은 64구의 연구시로 곤륜을 비롯해 백소伯邵 이세덕李世德(1662~1724), 자시子始 이조李肇(1666~1726), 자화子和 송정명宋正明(1670~ 1718)이 함께 창작한 것이다. 모인 지식인들의 특징을 살펴보면, 이세덕 · 이조 · 송정명은 모두 소론이라는 동질성을 기반으로 깊은 친분 관계를 유지한 것으로 보인다. 자세히 살펴보면, 이세덕은 소론 이돈李墩을 변호하고 스승 윤증尹拯 부자 일로 상소를 올려 유배되는 일을 겪을 정도로 당색이 강했으며, 이조는 1721년 임인옥사壬寅獄事를 다스려 노론 4대신을 축출하는데 참여했다는 특징을 보인다. 송정명 역시 윤증을 소환하고 송시열宋時烈을 핍박하는 상소를 올린 인물이라는 점에서 강경한 태도를 견지한 소론계 지식인이라는 공통점을 지닌다.

연구시 서두 부분을 살펴보면, 이들이 모여 앉아 시를 주고받는 즐거움이 시적으로 형용되어 있음을 알 수 있다. 연구시는 창작 과정 측면에서 앞서 제시된 구절에 성률과 대우 그리고 의미적 맥락을 통일시킴으로써 한 편의 작품을 만드는 즐거움을 바탕으로 하기에[23] 그와 같은 면모가 잘 드러나 있다. 1~2구는 겨울날 함께 술을 마시고

22 崔昌大, 〈冬夜春坊聯句會者李伯邵世德李子始肇宋子和正明〉, 『昆侖集』 권5.
23 최석원, 「聯句 창작을 통해 본 宋代 문인의 문학적 교유」, 『중국어문논역총간』 41, 중국어문논역학회, 2014, 15면.

이야기를 나누며 소통하는 상황을 담아낸 것이며, 3~4구는 숲 속 까마귀도 모두 숲으로 돌아가는 황혼이 내린 시간적 배경을 읊어 모임이 늦은 밤까지 지속되고 있음을 말한 것이다. 5~6구 역시 계절적 배경과 시간의 경과를 시적으로 구현했기에 앞 구절과의 유기적 서사가 잘 구현되어 있다는 특징을 보인다. 7~8구에서는 이들이 함께 모여 시정을 발휘하며 풍취를 향유한 면모를 확인할 수 있기에 곤륜이 연구시를 통해 감정을 공유하며 시우詩友와의 유대관계를 구축했다고 여긴다.

밤 든 춘방에 작은 모임 있어　　小集春坊夜<br>
등불 앞에서 함께 담소를 나누네(李肇)　　燈前共笑談　始<br>
벗 여섯 사람 마주했는데　　朋簪相對六<br>
새벽 알리는 소리 삼경을 재촉하네(李眞儒)　　更鼓已催三　珍<br>
대궐 추녀에 찬 별 움직이고　　闕角寒星動<br>
성 모퉁이와 조각달 합치되네(崔昌大)　　城隅缺月含　孝<br>
즐거운 마음 술 마신 뒤 무르익고　　歡情酒後爛<br>
시의 뜻은 눈 속에서 홍겨워지네(宋正明)　　詩意雪中酣　和<br>
임금님께서 훌륭한 그대들 임명해　　衮職多君補<br>
문단에서는 내가 참여하는 것 허락했네(李眞儉)　　文場許我參　約<br>
홍취 농후해져 괴로움을 읊조리니　　興濃吟到苦<br>
담박한 사귐은 달게 여김을 경계하네(尹聖時)[24]　　交淡戒存甘　成<br>
…(후략)…

이 작품은 밤에 춘방에 모여 지은 72구의 연구시로 1707년 무렵

24 崔昌大, 〈春坊夜集聯句會者子始子和及李士珍眞儒李仲約眞儉尹季成聖時〉, 『昆侖集』 권5.

창작된 것으로 추정된다. 모인 지식인으로는 곤륜을 포함해 자시子始 이조李肇(1666~1726), 자화子和 송정명宋正明(1670~1718), 사진士珍 이진유李眞儒(1669~1730), 중약仲約 이진검李眞儉(1671~1727), 계성季成 윤성시尹聖時(1672~1730) 총 6명이다. 개별 지식인을 살펴보면 앞서 확인한 이조·송정명을 비롯해 이진유 역시 소론의 영수 윤증을 비난한 이들의 처벌을 주장하다가 삭출되고, 신임사화 때 노론의 4대신을 탄핵하여 이들을 제거할 정도로 강경한 소론 지식인에 해당함을 알 수 있다. 이진검도 노론을 탄핵하다가 밀양에 유배된 바 있으며 신임사화 당시 노론 축출에 가담한 소론계 인물이며, 윤성시 역시 신임사화 때 가담한 인물이라는 점에서 이 모임이 소론이라는 유사점을 근간으로 함을 볼 수 있다.

작품 1~4구에는 이들이 춘방에서 작은 모임을 가진 경위가 표면적으로 드러나며, 구성원의 수가 직접적으로 명시되어 있어 결속 양상을 확인할 수 있다. 5~6구에는 시간적 배경에서 파생된 광경이 시적으로 묘사되어 있으며, 7~8구에는 술을 마신 후 시적 흥취를 공유한 사실이 드러나 있다. 9~10구에 이르면 시상이 일부 전환되는데 이 모임을 함께 할 수 있는 것이 임금의 은택임을 강조함으로써 결집 취지를 부각시켰음을 알 수 있다. 11~12구에서는 짙은 흥취 속에서 시를 읊은 것을 확인할 수 있는데, 윤성시는 이 같은 교유를 담박하다고 표현함으로써 모임의 청빈함을 강조한 것으로 보인다. 결과적으로 이 작품 역시 실질적으로 모인 지식인이 모두 소론에 해당하므로 일종의 동질적인 집단의식을 기저로 형성되었을 확률이 높다고 판단된다. 이렇게 본다면 연구시는 지식인 간의 교유를 체현한 또 다른 형태의 작시법이라는 점에서 미학적 가치를 차치하고라도 그 자체만으로 교유의 측면에서 의미를 지닌다고 볼 수 있다.[25]

만년에 마음 알아주는 이 적으나(崔昌大) 末路知心少 孝
그대와 내가 정신적 교유해(李夏英) 神交子與余 益
뇌의와 진중의 사귐 이 세상에도 있으니(李夏英) 雷陳又今世 益
교칠의 우정 다시 누가 이만하겠는가(崔守範) 膠漆更誰如 敍
몇 번이나 함께 성 서쪽에서 술 마셨던가(崔守範) 幾共城西酌 敍
자주 야외에서 옷깃 끌었네(崔昌大) 頻聯野外裾 孝[26]
…(후략)…

이 작품은 80구로 구성되어 있으며 1708년 겨울밤에 창작한 것으로 연구 창작 참여 지식인은 곤륜을 포함해 익지益之 이하영李夏英(1674~?), 군서君敍 최수범崔守範(1690~?) 총 3명이다. 여타 작품을 통해서도 곤륜과 이하영이 시로 교유하고[27] 서신을 주고받으면서[28] 깊은 친분 관계를 맺어 온 사실을 확인할 수 있으며, 곤륜의 종질從姪인 최수범과의 교유 관계 역시 서신과 제문을 통해 짐작할 수 있다.[29] 시를 살펴보면, 1구에서 곤륜이 만년에 마음을 알아주는 이가 적다라

25 최석원, 「聯句 창작을 통해 본 宋代 문인의 문학적 교유」, 『중국어문논역총간』 41, 중국어문논역학회, 2014, 19면.

26 崔昌大, 〈冬夜同益之範姪聯句〉, 『昆侖集』 권5.

27 崔昌大, 〈歸到松京路遇李益之夏英書贈〉, 『昆侖集』 권1.; 〈題益之驪江詩卷〉·〈同益之李弟載大夏坤遊松都朴淵〉, 권2.; 〈寄益之〉·〈從益之乞寫鏡湖圖〉, 권3; 〈次益之〉, 권4; 〈逢益之〉·〈雪天夜飮送益之還高峰〉·〈夜坐次益之韻〉·〈和益之寺中韻〉·〈次益之天柱寺韻〉·〈示益之〉·〈次益之韻〉·〈月夜攜益之諸君訪天柱寺仍登西將臺〉·〈同益之賦雪得佳字〉·〈舟中憶益之用前韻〉·〈芳隣益之新寓鄰舍〉·〈夕雨中悄然獨坐率口成章寄益之〉, 권5.

28 崔昌大, 「答李益之」·「答李益之」·「答李益之」·「答李益之」·「答李益之」·「與李益之」, 『昆侖集』 권12.

29 崔昌大, 〈答從姪守範戱贈〉, 『昆侖集』 권5.; 「答從姪守範」, 권13.; 〈祭從姪守範文〉, 권16.

는 구절을 작시하자 2~3구에서 이하영이 신교神交라는 시어를 사용해 정신적인 사귐의 경지를 드러냄으로써 시상을 이어나갔음을 알 수 있다. 또한 후한後漢 시기 교분이 깊었던 대표적 인물인 뇌의雷義와 진중陳重을 인용해 지금 이 세상에서 그들과 같은 우정을 나누고 있다는 것을 강조했는데, 최수범이 작시한 4~5구를 통해서도 교칠처럼 굳은 우정을 나누며 술자리에서 함께 교유해온 사실이 드러난다. 특히 이 작품은 내용에서도 교유의 깊이가 드러나지만 한 사람이 출구를 창작하면 다른 사람이 대구와 출구를 만드는 방식을 택했다는 점에서 결속력이 더욱 잘 드러난다고 생각된다. 작시 과정 속에서 출구와 대구 두 구를 연달아 짓지 않는 방식이 제약이 많음에도 불구하고 이 같은 시를 창작 한 것은 기본적으로 시적 재능에서 말미암은 것이지만 진정한 교분을 바탕으로 했기에 가능한 작업이라고 할 수 있다. 이에 한명이 작시한 것처럼 내용이 유기적으로 구성되었음을 볼 수 있다.

곤륜 연구시의 두 번째 특징을 확인해보면, 연작시 작시 시점이 만년에 집중되어 있어 속세를 벗어나 한가로운 삶을 영위하고자 하는 의지가 작품에 표출되어 있으며 담박한 교유를 지향하고 있다는 것이다.

(1)

…(전략)…

| | |
|---|---|
| 평생에 은거하는 것 기뻐했으니(李夏英) | 平生喜雌伏 益 |
| 머지않은 시기에 동류들과 함께 하겠네(崔守範) | 早晩拔茅茹 敍 |
| 도연명이 읊은 사부 탐했으니(崔守範) | 詞賦淹彭澤 敍 |
| 맹저에서 밭 갈고 나무하던 이에게 부끄럽네(崔昌大) | 田樵愧孟諸 孝 |
| 강호는 나의 즐거움이니(崔昌大) | 江湖余樂也 孝 |

우리 무리들 어찌 돌아가지 않으랴(李夏英)　　　　吾黨盍歸歟　益[30]

(2)

…(전략)…

만년에 함께 권면하기로 약속했으니　　　　晩途期共勉

영달함을 탐하는 마음 거의 사라졌네(宋正明)　　　　榮進庶無婪　和

무릎 맞대고 앉아 맑게 기뻐하다가　　　　促膝淸歡洽

수염 꼬며 괴로운 생각에 빠져(李眞儉)　　　　撚髭苦思覃　約

궤안에 기대어 잠 못 이루니　　　　據梧仍不寐

우습구나 어리석은 것 어찌하겠나(尹聖時)　　　　自笑爾何憨　成[31]

작품 (1)은 〈겨울밤에 이하영 최수범과 함께 연구를 짓다冬夜同益之範姪聯句〉 59~64구를 발췌한 것으로 이 시를 통해 보았을 때 함께 작시한 지식인들 모두가 은거하며 강호에서 자족하는 삶을 지향한 것을 확인할 수 있다. 61구에는 이들이 도연명의 삶과 문학세계를 추구한 사실이 드러나 있는데, 실제로 곤륜이 도연명을 스승 삼은 바 있으며[32] 시 작품 안에서도 도연명을 언급했으므로[33] 자연에서 자적하며 작시하는 삶을 추구했던 것으로 보인다. 또한 맹저에서 한가롭게 지내는 이에게 부끄럽다고 표현한 것을 보았을 때 세속에 매어있는 자신들의 처지를 안타까워한 것으로 보인다.

30 崔昌大, 〈冬夜同益之範姪聯句〉, 『昆侖集』 권5.

31 崔昌大, 〈春坊夜集聯句〉, 『昆侖集』 권5.

32 김영주, 「곤륜 최창대의 수사론 연구」, 『東方漢文學』 24, 동방한문학회, 2003, 132면.

33 崔昌大, 〈西齋〉, 『昆侖集』 권2.; 〈到金城留贈朴使君直卿〉, 권3.; 〈盆菊〉·〈酒席聞歌妓唱陶詞感而賦之〉·〈送李士珍仲約遊楓嶽〉, 권5.

작품 (2)는 〈춘방에서 밤에 모여 연구를 짓다春坊夜集聯句〉의 마지막 부분인 67~72구를 발췌한 것이다. 이들이 만년에 서로 권면하며 담박한 사귐을 이어나갔으며, 세속의 영예를 좇지 않는 태도를 견지했음을 확인할 수 있다. 연구시 창작 시기가 모두 만년에 해당함으로 대체로 비슷한 정조를 근간으로 한다는 특징이 포착된다.

세간의 진정한 즐거움 바로 한가롭게 사는 것이니　世間眞樂是閑居
밥 먹고 옷 입으며 자유롭게 지내네　喫飯穿衣得自如
병이 있으니 얼굴이 낯선 객 되돌려 보내고　有病謝還生面客
관직 없으니 옛 장서들 두루 살펴보네　無官閱遍舊藏書
홍진 세상 밖 뜰 가득 새로 자란 대나무 있고　一庭新竹紅塵外
잠깐 잠든 사이 온 나무에는 가을 매미 있네　千樹凉蟬小睡餘
말 전하노라 이 뜻 함께하는 그대들　傳語數君同此意
시 짓고 차를 품평하며 서로 소원해지지 말게나　課詩評茗莫相疎[34]

이 작품은 〈한거閑居〉로 1714년 46세 무렵에 창작된 것으로 추정된다. 앞서 살펴본 연구시와 마찬가지로 한적한 생활에서 비롯된 자유로움이 시상을 지배하고 있으며 세속에서 벗어난 자연의 맑은 운치가 그려져 있음을 볼 수 있다. 이와 같은 삶에 대한 지향은 연구시의 특징인 동시에 곤륜의 여타 만년 작품에서 포착되는 집중적인 현상이라고 판단된다. 특히 수련 부분에는 곤륜이 규정한 진정한 즐거움眞樂이 드러나 있고 한가한 삶에 대한 예찬이 담겨 있어 주목할 만하다. 또한 미련 부분에서 곤륜은 뜻을 함께 하는 이들에게 '과시課詩'와 '평명評茗'을 지속하며 교유하기를 권하고 있는데, 앞서 연구시에서

34 崔昌大, 〈閑居〉, 『昆侖集』 권5.

확인한 바 있는 담박한 교유 추구 양상이 이 시에서도 포착된다는 점에서 의미가 있다.

### 3) 동일 공간 유람에서 비롯된 흥취의 공유

곤륜 문집에는 유람시가 다수 포착되는데, 이 장에서는 여타 지식인과 함께 동일 공간을 유람하며 창작한 작품만을 대상으로 삼아 특징적 면모를 살펴보고자 한다. 이와 같은 작품은 작시 과정에서 일정 부분 정서적 영향을 주고받으며 창작되었기에 교유 양상을 가장 잘 보여준다고 할 수 있다. 시제가 주로 '동~同~', '~동~부~同~賦', '동~유同~遊'의 형식을 띠고 있어 교유 인물과 창작 경위를 유추할 수 있으므로 해당 시제를 도표화 해보면 아래와 같다.

[표 3] 곤륜 최창대의 동반 유람시 목록

| 순번 | 교유 지식인 | 관향 | 제목 | 수량 | 형식 | 권수 |
|---|---|---|---|---|---|---|
| 1 | | | 同季舅遊楓嶽到平丘得通字 | 1 | 五言律詩 | |
| 2 | | | 少憩松下同舅氏賦 | 1 | 五言排律(18구) | |
| 3 | 李寅燁 | 慶州 | 同舅氏登城譙 | 1 | 七言律詩 | 권2 |
| 4 | | | 客中秋思同舅氏賦 | 3 | 七言律詩 | |
| 5 | | | 同舅氏夜賦 | 1 | 五言排律(48구) | |
| 6 | 李夏英<br>李夏坤 | 全州 | 同益之李弟載大夏坤遊松都朴淵 | 2 | 五言律詩 | 권2 |

위 표를 기반으로 확인해보면, 시제에 동행자와 유람 내역이 대략 명시되어 있으므로 곤륜이 이인엽李寅燁(1656~1710)과 금강산을 방문했고 이하곤李夏坤(1677~1724) · 이하영李夏英(1674~?)과 함께 송도松

都 박연朴淵을 다녀왔음을 알 수 있다. 유람 시기가 각각 1691년(23세)과 1697년(29세)에 해당하므로 비교적 젊은 시절 시인이 느낀 정취를 확인할 수 있으리라 여긴다. 특정 지식인과의 집중적인 교유가 드러나므로 작품 분석을 통해 특징적인 면모를 포착할 수 있으리라 본다.

| | |
|---|---|
| 우뚝한 누대 높이 솟아 먼지 티끌 전혀 없고 | 高樓迢遞絶塵埃 |
| 비 개인 뒤 구름 안개 만 리에 열렸네 | 霽後雲煙萬里開 |
| 여러 고을 땅이 임한 곳 창해에서 다하고 | 九郡地臨滄海盡 |
| 뭇 산들의 기세 백두산에서부터 왔네 | 羣山勢自白頭來 |
| 성문에 해 지니 까마귀 깃들고 | 城譙日隱棲鴉定 |
| 변방에 바람 높아 기러기 소리 애달프네 | 關塞風高候鴈哀 |
| 그대와 함께 상락주 마시니 도리어 기쁘지만 | 却喜同君桑落酒 |
| 망향대에 오르지 못하도록 만들고 마는구려 | 教人不上望鄕臺[35] |

위 시는 〈이인엽과 함께 성초에 올라 짓다同舅氏登城譙〉라는 작품이다. 이 시기 곤륜은 이인엽李寅燁(1656~1710)과 동행해 산수를 다녔기에 유람 과정에서 작시된 작품 곳곳에는 교유의 흔적이 남아 있다. 기구와 승구는 시야에 포착된 원경을 그려낸 것으로 비가 갠 뒤 확 트인 맑은 풍경을 읊는 동시에 바다까지 펼쳐진 땅과 백두산의 기세를 타고 내려온 산들을 담아낸 것이다. 전구에서는 시간적 배경과 청각적 이미지를 활용해 당시 풍경을 드러냈음을 볼 수 있다. 결구에 이르러 곤륜이 이인엽과 상락주를 마시며 흥취를 나눈 정황을 확인할 수 있는데, 동일 공간에서 행해진 유람은 이들의 교유를 심화시키는 계기로 작용했으리라 생각된다.

35 崔昌大, 〈同舅氏登城譙〉, 『昆侖集』 권2.

길을 물으니 홍양 북쪽이라 하여　問路洪陽北
하염없이 산 비탈길 지나는데　悠悠歷山阪
산 깊어질수록 물 더욱 맑으니　山深水益淸
홀연히 은거하고 싶어지네　忽欲成嘉遯
송정이 남쪽 들 향해 있으니　松亭面陽郊
울창한 숲에는 푸른 빛 둘러싸여 있네　茂林留翠幰
깊은 뜻 호량에 있으니　深意在濠梁
훗날 기약하며 유영·완적을 말했네　遐期說劉阮
삶 고달파도 다방면으로 알고자 하니　勞生信多方
승경 찾음에 어찌 먼 길을 마다 하랴　探勝寧辭遠
바람 서늘해 나무 밑동에서 잠들었다가　風凉樹根眠
손 씻고 냇가에서 밥을 먹네　濯手川上飯
닭 울음소리 역사 그윽한 곳까지 들려오는데　雞鳴驛舍幽
매미 소리 그치자 가을 산 깊어지는구나　蟬歇秋山晚
나무꾼이 노랫소리 낮췄다 높였다 하니　樵歌互低昂
양과 송아지 떼가 각각 집으로 돌아가네　羊犢各已返
흰 구름 저물녘 빛깔 포개지는데　白雲多暮色
나를 전송하려 푸른 봉우리를 넘었구나　送我越蒼巘[36]

위 작품은 〈소나무 아래에서 잠깐 쉬며 이인엽과 함께 읊다少憩松下同舅氏賦〉라는 제목 아래 18구로 구성된 시이다. 1~4구에는 승경을 찾아 산 비탈길을 지나가는 여정이 그려져 있으며 깊은 산의 맑은 정취가 담겨있다. 또한 곤륜이 은거하고 싶은 마음이 든다고 읊을 정도로 산수에 대한 깊은 애정을 시에 표출한 것을 볼 수 있다. 5~6구는 울창하고 푸른 숲의 모습을 포착한 것으로 소나무 정자에서 쉬며

36 崔昌大, 〈少憩松下同舅氏賦〉, 『昆侖集』 권2.

바라본 풍경을 담은 것이다. 7~8구에 이르면 곤륜은 전고를 활용해 이인엽과의 교유를 언급했는데, 호량濠梁에 뜻을 두었다고 한 것은 장자莊子와 그의 친구 혜자惠子의 사귐을 인용해 속세를 떠나 자연에 동화된 상태의 차원 높은 교분을 나누고자 하는 의지를 드러낸 것이다. 또한 죽림칠현竹林七賢으로 일컬어지는 유영劉伶과 완적阮籍을 언급해 훗날 자유분방한 교유를 이어 갈 것을 기약하고 있다. 그 밖에도 곤륜의 산수취향이 잘 드러나 있는데, 9~10구를 통해 그가 적극적인 태도로 승경을 찾아 나섰음을 볼 수 있다. 그에 따라 미적 성취 측면에서 풍경의 장면화가 잘 구사되어 있는 것으로 확인된다. 이 시에서 곤륜은 유람을 통해 산수 지취를 발현하는 동시에 교유 지식인과 시적 흥취를 나누며 자신의 심회를 토로하고 있다고 생각된다.

| | |
|---|---|
| 어지러운 풍진 세상 속 | 擾擾塵世間 |
| 인생에서 누가 한가로움 얻겠는가 | 人生誰得閑 |
| 가을바람에 문을 나서서 | 秋風出門去 |
| 필마로 명산을 찾아가네 | 匹馬訪名山 |
| 바다 빛깔 하늘에 기러기 아득하고 | 海色雲鴻暮 |
| 숲속 광채 이슬 젖은 국화에 아롱지네 | 林光露菊斑 |
| 몇몇 벗들과 함께 와서 | 同來二三子 |
| 길게 읊조리니 저마다 되갈 것을 잊는구나 | 吟嘯各忘還 |

| | |
|---|---|
| 지난날 물결 보기로 약속하고 | 往者觀濤約 |
| 오늘 아침에서야 교외로 나왔으니 | 今朝出郭行 |
| 나귀 타고 완적처럼 가고 | 騎驢擕阮籍 |
| 술을 구해 도연명이 되고자 하네 | 具酒速淵明 |
| 해 떨어지자 시내와 언덕 아득하고 | 落日川原逈 |

가을 서리에 고을 풍경 맑네　　秋霜郡邑淸
앞 길 먼지 가까운지도 잊었으니　　前程忘遠近
내 뜻을 경영할 필요 없다네　　吾意自無營[37]

이는 '동~유同~遊' 형태의 제목으로 창작된 2수 연작시로 1697년에 이하곤李夏坤(1677~1724)·이하영李夏英(1674~?)과 함께 송도 박연을 유람하고 지은 시이다. 이하곤은 앞서 살펴본 이인엽의 맏아들로 곤륜과 대대로 친분을 유지한 것으로 보이며, 이하영 역시 시적 교유를 지속한 대표 지식인 중 한명으로 곤륜 집안과 깊은 관계를 맺은 것으로 확인된다.[38] 첫 번째 작품에는 가을날 명산을 찾아 떠나는 이들의 여정이 그려져 있다. 곤륜은 유람을 통해 속세에서 벗어나 한가로운 정취를 만끽하고 '망환忘還'의 경지에 들어선 것으로 보인다. 곤륜을 비롯해 같은 풍취를 만끽한 이들의 교유는 자연과 합일되는 경지 속에서 더욱 깊어졌다고 할 수 있다.

두 번째 작품을 통해서는 교유 관계 측면에서 이들이 이전부터 유람을 약속하고 이행하면서 친분을 유지한 것을 확인할 수 있다. 실제로 이하곤은 적극적으로 산수 유람을 애호한 바 있으므로[39] 문예 지향점이 일치되면서 교유가 더욱 심원해진 것으로 판단된다. 더 나아가 시에는 이들이 추구했던 이상적 인물이 그려져 있는데, 곤륜은 죽

37 崔昌大, 〈同益之李弟載大遊松都朴淵〉, 『昆侖集』 권2.

38 이하영은 곤륜의 손자인 崔守哲(1683년~1712)과도 교유를 이어온 것으로 보인다. 崔守哲, 〈寄李益之〉·〈前溪憶載大益之〉·〈贈李益之〉·〈同益之次杜律韻〉, 『淸冷子遺稿』 上.; 〈懷益之〉·〈贈益之〉·〈次東皐韻寄益之〉, 下.

39 李夏坤, 「息影亭記」, 『頭陀草』, 책16,"余素性甚迂, 無他嗜好. 獨好山水, 自八九歲時, 已有山棲之志." 윤성훈, 「澹軒 李夏坤, 산수 애호와 문예 지향의 삶」, 『태동고전연구』 24집, 2008, 174면.

림칠현 중 한 명으로 얽매임 없이 살았던 완적과 자연과 합일된 삶을 살았던 도연명의 자유분방함을 동경한 것으로 보인다.

| | |
|---|---|
| 물가 역참 푸른 연기 속에 잠기고 | 水驛蒼蒼暮 |
| 맑은 매미소리 온 숲에 울리네 | 淸蟬亂樹風 |
| 돛단배 나루 북쪽으로 가고 | 樵帆德津北 |
| 객로는 호수 동쪽에 있네 | 客路渼湖東 |
| 뭇 산들 원릉과 접해 있고 | 衆嶽園陵接 |
| 장강은 군읍과 통하네 | 長江郡邑通 |
| 누대 언덕에 물색이 남아있어 | 亭皐餘物色 |
| 경치 바라보며 노숭盧嵩을 떠올리네 | 臨眺憶盧翁[40] |

이 시는 1691년 이인엽李寅燁과 함께 금강산金剛山을 유람하고 평구平丘에 이르러 지은 작품이다. 전반적으로 해당 공간에서 바라본 풍경이 시로 형상화 되어있음을 알 수 있다. 표면적으로 이인엽과의 교유 내력이 드러나지는 않으나, 동일 공간에서 함께 같은 광경을 마주했으리라 생각된다. 또한 미련 부분을 통해 곤륜이 위응물韋應物의 〈여름밤에 노숭을 떠올리다夏夜憶盧嵩〉[41] 작품 시제를 차용한 것으로 확인되는데, 실제로 곤륜이 위응물의 시를 애송愛誦한 바 있으므로[42]

40 崔昌大, 〈同季舅遊楓嶽到平丘得通字〉, 『昆侖集』 권2.

41 韋應物, 〈夏夜憶盧嵩〉, "靄靄高館暮, 開軒滌煩襟. 不知湘雨來, 瀟灑在幽林. 炎月得涼夜, 芳樽誰與斟. 故人南北居, 累月間徽音. 人生無閑日, 歡會當在今. 反側候天旦, 層城苦沉沉."

42 崔昌大, 〈寄贈晦隱丈蘇坡江居〉, 『昆侖集』 권5, "平生愛誦韋詩, 寄全椒道人四句, 昨來早起, 積雪滿山, 興懷高韻, 杳然有山陰之思, 聊演韋詩之意奉呈, 兼以酒一尊蟹十甲, 用佐一日吟哢之趣耳."

그의 시적 경향성을 함께 살펴볼 수 있다는 점에서 또 다른 의미를 지닌다. 전원산림의 고요한 정취를 만끽하는 동시에 동행한 지식인과 함께 흥취를 시적으로 구사했음을 볼 수 있는 작품이다.

## 3. 맺음말

이 글은 곤륜 최창대 교유시를 연구 대상으로 삼아 지식인들과의 교유 양상을 파악하는 것을 목적으로 삼았다. 이에 필자는 첫 번째로 송시·증시 작품을 통해 교유 인물 상당수가 소론계 지식인에 해당하며, 드물지만 노론을 비롯해 중인과도 관계를 맺은 사실을 확인했다. 이에 수신자가 중첩되지 않고 다양하게 분포되어 있어 넓은 범주에서 교유했음을 파악한 바 있다. 추후 후속작업으로 만시까지 다뤄 교유시의 범주를 넓히는 작업도 가능할 것으로 생각되나, 직접적 친분 없이도 작시 가능하다는 점에서 이 글에서는 제외하는 것이 옳다고 판단했다. 이러한 기준으로 산정된 시 작품을 내용별로 분류해보니, 다른 지역으로 이동하는 경우를 비롯해 외직에 부임되거나 사신의 임무로 연경·일본으로 떠나는 이를 전송한 작품을 다수 확인할 수 있었으며, 유배 가는 것을 전송하거나, 유람 가는 이 혹은 승려에게 준 작품도 포착했다. 작품 분석 결과 시적 대상에 대한 충분한 이해를 전제로 한 내용으로 구성되어 있음을 확인했으며 그에 따라 곤륜이 친밀한 교유 관계를 바탕으로 작시한 사실을 도출 할 수 있었다.

두 번째로는 곤륜이 지식인들과 수창하며 연구시를 창작해 시적 교유를 시도했음을 확인했다. 연구시에서 확인할 수 있는 지식인들의 결집 원인을 구체적으로 확인하기 어려우나, 소론이라는 당색의 동질성을 기저로 했다고 해석 가능할 것으로 보인다. 참여 지식인이 지닌 문학적 지향 세계의 공통점을 논의하기에는 선행연구가 미비하므로 속단할 수 없는 실정이나, 친인척이거나 동년배에 해당하는 지식인 간에 작시가 이뤄졌으며 시기적으로 연구시 작시 시점이 만년에만 집중되어 있음을 감안했을 때 평소 맺어 온 친분이 모임 결성의 가장 큰 동인으로 작용했을 가능성이 높다고 판단된다. 이들은 담박한 교유를 지향한 것으로 확인되는데 시 내용을 통해 보았을 때 주로 연구시를 유희의 수단으로 삼아 작시 과정에서 파생되는 즐거움을 나눈 것으로 보인다. 또한 이 글에서 직접적으로 시를 인용하지는 않았으나, 사물인 벼루를 시제로 한 〈석연연구삼십이운石硯聯句三十二韻〉 작품 역시 문인의 아취를 반영한다는 점에서[43] 이들이 친밀감을 토대로 작시했음을 짐작 가능하게 한다. 그럼에도 여전히 연구시 작시 양상의 원인을 명징하게 설명할 수 없는 것이 사실인데, 필자는 연구시의 근원을 부친 최석정崔錫鼎의 작시 경향성에서 찾아보고자 한다. 최석정의 작품에서도 연구 창작 현상이 빈번하게 포착되기 때문이다.[44] 그 외에도 소론 지식인에 해당하는 남용익南龍翼(1628~

43 최석원, 「聯句 창작을 통해 본 宋代 문인의 문학적 교유」, 『중국어문논역총간』 41, 중국어문논역학회, 2014, 14면. 宋代 창작된 聯句詩 가운데 벼루, 돌, 학 등과 같은 사물을 聯句의 소재로 삼은 것은 이러한 당시 문인들의 아취를 반영하는 것이라고 하겠다.

44 崔錫鼎, 〈王硯滴聯句同李壽翁世龜李伯吉賦〉, 『明谷集』 권1.; 〈次諸學士禁中聯句〉·〈江漢聯句〉·〈禁直聯句〉, 권2.; 〈風俗通聯句五十韻〉·〈斜字聯句〉·〈陽字聯句〉, 권3.; 〈洪慶源九言宅夜酌聯句〉·〈別滄浪聯句〉·〈明谷聯句別星

1692), 오도일吳道一(1645~1703)의 시에서도 연구시가 자주 포착되므로 소론계의 작시 양상이라고도 여겨지나, 이 같은 논의는 추후 후속 연구를 통해 단계적으로 조명되어야 할 것이다.

세 번째로는 동일 공간 유람에서 비롯된 홍취의 공유 양상을 고찰하였다. 동반자가 명시된 유람시가 포착되므로 그 같은 양상을 추적해 특징적 면모를 추출하고자 했다. 이에 곤륜이 교유 지식인과 유람을 기약하고 이행하는 적극적 태도를 견지하였으며, 동행하며 산수 지취를 공유한 사실을 파악할 수 있었다. 함께 유람한 이하곤의 경우 곤륜이 '지음知音'이라고 까지 일컬은 바 있으므로[45] 이들의 교유가 깊었음을 유추할 수 있다. 곤륜의 유람시는 산수 지취의 발현을 통한 미적 성취를 이뤘다는 점에서 특징적이지만, 교유 지식인과 함께 홍취를 나눔으로써 자신의 심회를 토로했다는 점에서 더욱 큰 의미를 지닌다고 할 수 있다.

이 글은 교유시에 대한 연구가 곤륜 시세계의 일부를 조명할 수 있는 단초가 될 것이라는 기대에서 시작한 작업이라고 할 수 있다. 그에 따라 교유 양상을 조망하면서도 작품 자체가 가지는 시적 성취를 확인하기 위해 세밀한 분석을 진행했다. 아직 시작 단계에 불과하지만, 미시적 연구의 축적을 통해 최창대의 문학세계가 다방면에서 연구되기를 기대하는 바이다.

山吳使君〉·〈用聯句韻別趙晉州祥甫〉·〈次聯句送趙德而〉, 권4.; 〈直廬蒙霑宣醞聯句〉·〈貫之宅聯句〉·〈北征聯句〉, 권5.

45 김영주, 「곤륜 최창대의 수사론 연구」, 『東方漢文學』 24집, 2003, 118면.

# II. 곤륜 최창대의 악부시

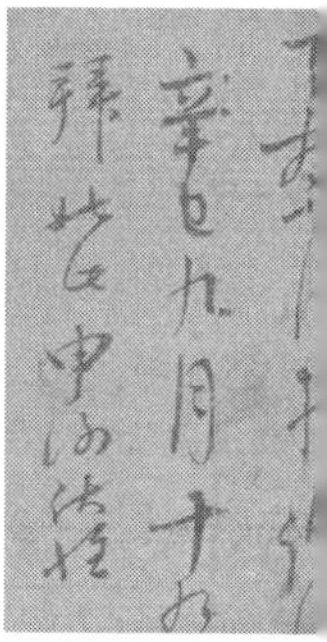

김효정

## 1. 머리말

곤륜昆侖 최창대崔昌大(1669~1720)는 지천遲川 최명길崔鳴吉(1586~1647)의 증손이자 소론少論의 영수였던 명곡明谷 최석정崔錫鼎(1646~1715)의 아들로 당대 박세당朴世堂(1629~1703)·김창협金昌協(1651~1708) 등과 견줄 만큼 명문장가로 이름이 높았던 인물이다.[1] 곤륜은 가학家學을 계승하고 남구만南九萬(1629~1711), 박세채朴世采(1631~1695)에게서 수학하였다. 곤륜은 당대 문장과 시에 뛰어난 문인으로 평가받았다. 곤륜에 대한 제가諸家들의 평을 살펴보면, 곤륜은 독서를 좋아하고 육예와 백가사상에 정통하였고,[2] 선진양한先秦兩漢과 당

1 『肅宗實錄補闕正誤』 권65, 숙종 46년 4월 22일 1번째 기사. "昌大早以文章名, 體裁均停, 辭理俱到, 可與朴世堂金昌協數人竝駕云."

2 李宗城, 「昆侖崔公文」, 『梧川集』 권13, "公之於學, 旣博而豊, 六藝百家, 宇衍棟充, 其言汗漫."

송唐宋의 시문을 전범으로 삼았다.[3] 또한 문장은 이치가 정밀하고 분명하여 근세의 문장가들이 미칠 바가 아닐 정도였고, 시는 오묘한 이치를 깨달았다고[4] 하였다. 또한 곤륜의 작품은 마음에 큰 물결을 일으킬 만큼 감동을 주었고,[5] 펼쳐놓으면 빛나는 별과 같고 늘어놓으면 쏟아지는 빗줄기 같다[6]는 평가를 받았다.

이처럼 당대 문명을 떨쳤던 곤륜은 '시란 본래 성정을 드러내어서 마음의 뜻을 나타내면 그뿐이다.'[7]라고 하였다. 다음의 글에서 곤륜이 생각하고 추구했던 시의 본질이 어떤 것이었는지 살펴볼 수 있다.

> 시란 다만 歌詠의 의의를 취하여 가슴의 답답함을 떨치고 분개한 마음을 펴내면 충분하다. 부당하게 정신을 피곤하고 힘들게 하거나 한갓 아로새겨 그리거나 조롱하여 읊조리거나 귀를 위한다면 또한 시를 짓는 도에 해가 될 것이다.[8]

> 근세의 과생들이 시를 지을 때 尖巧하고 기이함을 힘쓰며 남보다

3 申維翰, 「祭昆侖崔學士」, 『靑泉集』 권5, "文而爲兩漢語韓柳語歐曾語, 詩而爲少陵釆石三唐調宋元調, 羅則星斗, 縱則雲雨."

4 李德壽, 「弘文館副提學崔公墓誌」, 『西堂私載』 권10, "公文骨理明暢, 辭氣精鍊, 華藻外被, 韻折傍叶, 若其風雅一致, 理事兼該, 尤非近世詞翰家所能及云. 余於昔年嘗聞金農巖昌協之言以爲詩難於妙悟, 而近世惟崔某能悟妙理."

5 李宗城, 「祭昆侖崔公文」, 『梧川集』 권13, "如誦己言, 渙發胸中."

6 申維翰, 「祭昆侖崔學士」, 『靑泉集』 권5, "文而爲兩漢語韓柳語歐曾語, 詩而爲少陵釆石三唐調宋元調, 羅則星斗, 縱則雲雨."

7 崔昌大, 「答金子裕」, 『昆侖集』 권12, "詩本出於性情而心志形焉."

8 崔昌大, 「答金子裕」, 『昆侖集』 권12, "所謂詩者,特取歌詠之義, 以暢其伊菀, 以舒其感憤, 足矣. 不當疲精役神, 徒務刻畫嘲吟爲耳. 非徒無益, 抑又害於爲詩之道."

낫기를 바라지만 시체를 날이 갈수록 더욱 평정한 것에서 멀어지고 이름하여 재주가 뛰어난 이들일수록 더욱 심하여 마음으로 항상 그것을 아파하였다.[9]

하물며 근래의 재주 있는 이들 가운데 조금 두각을 나타내는 자들이 모두 奇巧를 우수한 것으로 여긴다. 그래서 和平 醇鬱한 작품을 추구하여 잘 지은 것은 한편도 취할 것이 없다.[10]

곤륜은 시는 본래 성정을 드러내는 것뿐이며, 가슴의 답답함을 떨치고 분개한 마음을 펴내면 그것으로 충분하다고 하였다. 그리고 과장된 표현, 지나친 조탁과 수식 등은 작시作詩의 도道에 해가 된다며 비판하였다. 특히 과거 응시생들이 시를 지을 때 첨공과 기공 등 지나친 조탁에 몰두하는 것을 경계하고 평정平正한 시를 지을 것을 강조하였다. 곤륜은 진정眞情을 바탕으로 한 시작詩作을 통한 풍아지도風雅之道의 구현을 목표로 하였다. 그가 작위적인 기교를 배제하고, 진정에서 우러난 자득의 묘리를 체득한 도연명陶淵明과 위응물韋應物을 존중[11]했던 것도 이와 같은 맥락에서 비롯된 것이라고 할 수 있다.[12]

---

9 崔昌大, 「答許生綖」, 『昆侖集』 권12, "近日科生輩之爲詩, 務以尖巧詭異, 求勝於人, 而文體日乖於平正, 號爲才子者尤甚, 心常病之."

10 崔昌大, 「答申生宗夏」, 『昆侖集』 권12, "况近來才子稍出頭角者, 皆以奇巧爲勝, 求其和平醇鬯而善爲之, 殆無一篇可取."

11 李宗城, 「祭昆侖崔公文」, 『梧川先生集』 권13, "公病已癃, 興言謂我, 聲塵出嚨, 樂天乘化, 我師陶翁."; 崔昌大, 〈寄贈晦隱丈蘇坡江居〉, 『昆侖集』 권5, "平生愛誦韋詩, 寄全椒道人四句, 昨來早起, 積雪滿山, 興懷高韻, 杳然有山陰之思, 聊演韋詩之意奉呈."

12 김영주, 「昆侖 崔昌大의 修辭論 硏究」, 『東方漢文學』 24, 동방한문학회,

곤륜에 대한 연구는 수사론과 문장론[13], 기문에 대한 연구가 진행되었고,[14] 삶과 시세계 전반에 대한 연구에[15] 이어 기행시[16], 교유시[17], 누정시[18], 만시[19] 등 다양한 장르의 연구가 진행되었다. 『곤륜집』에는 527제 712수의 시가 수록되어 있는데 이 중 악부시가 50여 수 수록되어 있다. 이는 전체의 약 7.8%로 많은 양이라고 할 수 없다. 하지만 스승이었던 남구만이나 박세당, 증조부 최명길, 부친 최석정 등 가계와 소론 계열의 문인들이 악부시를 거의 창작하지 않았다는[20] 점을 비교해 볼 때 곤륜의 악부시 창작은 특이하며 주목을 요한다.

---

2003, 136면.

13 김영주, 「昆侖 崔昌大의 修辭論 硏究」, 『東方漢文學』 24, 동방한문학회, 2003.; 권진옥, 「昆侖 崔昌大의 문장론 연구」, 『東洋古典硏究』 73, 동양고전학회, 2018.

14 윤재환, 「昆侖 崔昌大 記文 硏究」, 『동방한문학』 85, 동방한문학회, 2020.

15 성범중, 「昆侖 崔昌大의 삶과 시세계」, 『한국한시작가연구』 14, 2010.

16 경서율, 「昆侖 崔昌大의 紀行詩 硏究」, 성균관대학교 대학원 석사학위논문, 2019.; 이승용, 「昆侖 崔昌大의 시세계에 관한 일고찰 - 北關을 형상화한 詩作을 중심으로」, 『국어문학』 74, 국어문학회, 2020.

17 김묘정, 「昆侖 崔昌大의 交遊詩 연구」, 『人文論叢』 76-1, 서울대학교 인문학연구원, 2019.

18 이황진, 「곤륜 최창대의 누정시 연구」, 『한국고전연구』 48, 한국고전연구학회, 2020.

19 유명석, 「昆侖 崔昌大의 輓詩 硏究」, 『고전과 해석』 31, 고전문학한문학연구학회, 2020.

20 南九萬, 〈翻方曲〉, 『藥泉集』 권1.; 朴世堂, 〈塞下曲 四首〉·〈昭君怨〉, 「石泉錄」 上, 『西溪集』 권2.; 〈彗星行〉, 「石泉錄」 中, 『西溪集』 권3.; 崔鳴吉, 〈烏棲曲〉·〈竹枝歌〉, 『遲川集』 권2.; 〈遼陽歌〉·〈八卦歌〉, 『遲川集』 권3.; 崔錫鼎, 〈頭陀山歌. 敬送南先生鎭川之行〉·〈湘妃怨〉·〈次楊愼古塞下曲〉, 『明谷集』 권1.; 〈善楚吟〉·〈宇宙吟〉·〈鴻濛吟〉·〈從衡吟〉, 『明谷集』 권6.

이에 본고에서는 아직까지 연구된 바가 없는 곤륜의 악부시를 고찰하여 그의 시문학 세계에 대한 편폭을 넓혀보고자 한다.

## 2. 곤륜 악부시의 창작 배경

악부樂府는 본래 한무제 때 세워진 음악을 관장하는 기관으로 중국 전역의 민간가요를 채집하거나 새로운 악곡을 창작해서 연회, 제례 등의 궁정 오락이나 국가 행사에 제공하는 일을 하였다.[21] 악부시는 민가에서 채집한 시인만큼 관념적인 내용보다는 민간의 경험적이고 사실적인 내용이 주를 이루며, 애제哀帝 원년(BC. 7)에 악부가 폐지된 이후에도 널리 향유되어 하나의 시 형식으로 자리 잡게 되었다.[22]

우리나라의 악부시는 고려말 이제현李齊賢(1287~1367)과 민사평閔思平(1295~1359)에 의해 제시된 후 김종직金宗直(1431~1492), 성현成俔(1439~1504)에 이르러 본격적으로 발전하였다. 16~17세기에 들어서는 의고악부가 대량으로 지어졌고,[23] 18세기 들어 우리나라의 역사와 풍속을 다룬 영사악부詠史樂府, 기속악부紀俗樂府들이 다량으로 창작되면서 전성기를 맞았다.

15세기 말 김종직의 『동도악부東都樂府』를 시작으로 16세기 성현

---

21 신장섭, 『한국의 악부시와 작품세계』, 이치, 2008, 5면.

22 황위주, 「樂府詩의 개념과 양식적 특징」, 『선비문화』 12, 남명학연구원, 2007, 48면.

23 이 시기 악부시집으로는 成俔의 「虛白堂風雅錄」, 申欽의 의고악부 198수, 車天輅의 『樂府新聲』 등이 있다.

의 「허백당풍아록虛白堂風雅錄」[24], 차천로車天輅(1556~1615)의 『악부신성樂府新聲』[25] 등은 이러한 시단의 경향에 의해 탄생한 악부시집이다. 이후 17세기 허균許筠(1569~1618)의 『속몽시續夢詩』, 신흠申欽(1566~1626)의 『악시체樂詩體』 49수, 『악부체樂府體』 149수, 심광세沈光世(1577~1624)의 『해동악부海東樂府』 등은 전대의 악부시의 전통을 계승하고 자신의 개성을 더한 17세기 초의 대표적인 작품들이다.

곤륜이 살았던 17세기 시단은 16세기에 이어 당시풍唐詩風이 자리한 가운데 명대 복고주의의 영향을 받아 당唐·만당晩唐의 시와 한漢·위魏의 고시古詩를 학시學詩의 대상으로 삼아 호방豪放한 격조格調와 기상氣像을 중시하였으며, 격정激情과 비장悲壯의 낭만성이 짙었다.[26] 당시풍唐詩風의 유행과 고시古詩에 대한 재인식은 고악부古樂府에 대한 관심을 고조시켰으며, 악부시가 중요한 시 경향으로 부각되기 시작하였다.[27] 여기에 '문필진한, 시필성당文必秦漢, 詩必盛唐'을 주장하는 명대의 복고주의가 유입되고 전후칠자의 복고적 악부시가 소개되면서 악부시에 대한 관심은 더욱 커져갔다.

이와 같은 17세기 시단의 경향은 곤륜에게도 영향을 끼쳤던 것으로 보인다. 곤륜은 고문사古文詞을 무척 좋아하여 어린 시절부터 읽지 않은 책이 없을 정도였고, 선진先秦 이하 명나라까지의 문장 중에

---

24 「허백당풍아록」은 성현이 악부시를 명제별로 정리하고 150여 수의 악부시를 의작한 악부시집이다.

25 『악부신성』은 차천로(1556~1615)가 엮은 악부집으로 최경창·백광훈·임제·이달·이수광의 악부시 175수가 수록되어 있다. 『악부신성』에 수록된 시들은 중국의 악부시제를 의작한 의고악부가 대부분이다.

26 김영주, 위의 논문, 119면.

27 황위주, 「조선전기 악부시 연구」, 고려대학교 박사학위논문, 1989, 233면.

서 빼어난 것을 뽑아 『고문집성古文集成』이라는 책을 엮을 정도였다.[28] 곤륜은 선진先秦 양한兩漢과 당송唐宋의 시문을 전범典範으로 삼았으나 옛것을 그대로 표절하거나 험벽하고 기괴한 표현은 배격하였다.[29]

악부시에 대한 곤륜의 관심과 작시 경향은 진한秦漢과 당송고문唐宋古文에 대한 높은 관심과 두보杜甫와 이백李白으로 이어지는 당시唐詩를 선호했던 그의 문학 경향[30]에서 비롯된 것으로 여겨진다. 또한 곤륜은 '시는 노래하고 읊는 뜻을 취하여 가슴의 답답함과 울분을 꾸밈없이 노래하는 것'[31]이라고 여겼다. 이와 같은 시관이 형식의 제약을 받지 않고 자유롭게 성정을 발현할 수 있는 악부시의 창작 바탕이 된 것이 아닌가 한다.

악부시에 대한 곤륜의 관심은 제자인 신유한申維翰(1681～1752)에게 이어진 것으로 생각된다. 신유한은 악부시를 다수 창작하였는데 여기에는 스승인 곤륜의 영향이 있었을 것으로 짐작된다.[32]

---

28 李夏坤, 「刪補古文集成序」, 『頭陀草』 책16, "昆侖崔先生, 自少酷嗜古文詞, 於書蓋無所不窺, 而嘗病古今選文者, 多以已意去就, 而互有得失, 遂自先秦下至皇明, 擇其尤雋者三百餘篇, 略倣眞氏正宗之例, 分類排纘, 凡爲三編, 名曰古文集成." 『고문집성』은 현전하지 않는다.

29 崔昌大, 「答李仁老」, 『昆侖集』 권11, "若樊紹述孫樵, 險僻以爲奇, 李攀龍王世貞, 剽剟以爲古, 僕亦嘗深疾而力排之."

30 申維翰, 「祭昆侖崔學士」, 『靑泉集』 권5, "文而爲兩漢語韓柳語歐曾語, 詩而爲少陵釆石三唐調宋元調, 羅則星斗, 縱則雲雨."

31 崔昌大, 「答金答金子裕」, 『昆侖集』 권12, "所謂詩者, 特取歌詠之義, 以暢其伊菀, 以舒其感憤, 足矣."

32 신유한은 〈山有花曲〉을 비롯한 다수의 악부시를 창작하였다. 특히 1719년 일본 통신사 제술관으로 다녀오면서 大阪[오오사카] 유곽의 여러 가지 일과 일본의 풍속을 譯官에게 전해 듣고 악부시 「浪華女兒曲」 30수를 지었다(이

## 3. 곤륜 악부시의 형식적 특징

악부시는 자수 · 행수 · 평측 · 압운 · 대우 등 한시의 형식이 갖춰지기 이전에 출연하였으므로 형식에 얽매이지 않고, 제언체齊言體, 장단구長短句 등 다양한 형식을 수용할 수 있는 개방성을 지녔다.[33] 근체시가 확립된 당唐 이후에는 5언과 7언의 근체시 형식이 즐겨 사용됨으로써 일반적인 한시와 구분이 어려워졌다. 그렇다면 일반적인 시와 악부시를 구분할 수 있는 기준이 필요하게 된다. 그중의 하나가 명제를 통한 구분이다.

악부의 명제에 대해 명나라의 학자 서사증徐師曾(1517~1580)[34]은 다음과 같이 서술하였다.

> 악부의 명제를 살펴보면 명칭이 한결같지 않다. 대개 琴曲 이외의 정을 자유롭게 풀어 길게 말하며 말은 잡되면서도 모가 없는 것을 '歌'라고 하며, 뛰고 달리듯 하여 빨리 질주하면서 막힘이 없는 것을 '行'이라 하며, '가'와 '행'을 겸한 것을 '歌行'이라고 한다. 일의 근본과 끝을 기술하며 차례에 선과 후가 있게 하여 그 가슴속으로부터 뜻을 잡아내는 것은 '引'이라 하며, 높고 낮게 길고 짧게 상세하게 모든 정을 은밀한 것에까지 다 말하는 것을 '曲'이라 하며, 탄식하고 슬퍼하

---

효원, 「申維翰의 「浪華女兒曲」과 일본의 性 풍속」, 『한국한문학연구』 11, 한국한문학회, 2011.).

33 황위주, 앞의 논문, 2007, 54~56면.

34 서사증(1517~1580)은 명나라의 학자로 자는 伯魯, 호는 魯庵이다. 陰陽과 曆算, 의학과 점복 등에 정통했다. 1553년 37세의 나이로 진사에 급제하여 관료가 되었다. 저서로 『醫家大法』, 『禮記集注』, 『周易演義』, 『文體明辨』, 『大明文鈔』 등이 있다.

며 깊게 생각하여 그 울적함을 다 펴는 것을 '吟'이라 한다. 또 말을 이어나가는 뜻에서 기인되는 것을 '辭'라 하고, 편차를 세우는 뜻에 근본하는 것을 '篇'이라 하고, 노래를 하는 것은 '唱'이라 하고 이치를 조리있게 하는 것을 '調'라 하고 분하되 화내지 않은 것을 '怨'이라 하고, 감동하여 말을 밖으로 드러내는 것을 '歎'이라 한다. 또 '詩'라 명하고, '弄'이라고 명하고, '章'이라 명하고, '度'라 명하고, '樂'이라고 명하고, '思'라 명하고 '愁'라 명하기도 한다.[35]

이처럼 악부시의 명제는 매우 다양하고 폭이 넓다. 위에 거론된 명제 이외에도 영詠 · 창暢 · 조操 · 사詞 · 요謠 등이 더 사용되었으며, 작품의 내용과 시상에 따라 작가가 그때그때 명제를 달리 사용하였음을 알 수 있다.[36] 하지만 중국과 달리 우리나라에서는 악부시의 명제에 대한 논의가 거의 없었다. 성현은 「허백당풍아록虛白堂風雅錄」에 가체歌體 · 행체行體 · 곡체曲體 · 음체吟體 · 사체詞體 · 요체謠體 · 편체篇體 · 인체引體 · 원체怨體 · 탄체歎體 · 악부잡체樂府雜體 등의 명제를 악부시의 분류기준으로 나누고, 이에 부합하는 작품을 집중적으로 창작함으로써 우리 문단에 악부시의 명제를 전면에 부각시켰다.[37]

『곤륜집』에는 약 50 여수의 악부시가 수록되어 있다. 『곤륜집』에는 700여 수의 시가 전하는데, 간기刊記에 따르면 초고草藁의 대부분

35 徐師曾, 「樂府 1」, 『詩體明辯』 권6, "接樂府命題名稱不一, 蓋自琴曲之外其放情長言雜而無方者曰歌, 行術事本末先後有序以抽其臆者曰引, 高下長短委曲盡情以道其微者曰曲, 吁嗟慨謌悲憂深思以呻其鬱者曰吟, 因其立辭之意曰辭, 本其名篇之義曰篇, 發謌曰唱, 修理曰調, 憤而不怒曰怨, 感而發言曰歎, 又有以詩名者, 以弄名者, 以章名者, 以度名者, 以樂名者, 以思名者, 以愁名者."

36 신장섭, 앞의 책, 37면.

37 황위주, 앞의 논문, 1989, 242면.

이 산실되고 남은 1,500여 수의 시 중에서 700여 수만을 선정했다고 밝히고 있어 실제 창작한 악부시는 더 많았을 것으로 추정된다.

우리 시가에서 악부시의 명제를 붙인 시 대부분은 악부시라고 볼 수 있다. 물론 이러한 명제가 사용된 시 중에서 악부가 아닌 작품도 있지만 작가가 악부시제樂府詩題를 사용하였다는 것은 악부를 전제하고 지었거나 최소한 그것을 염두에 두고 지었을 가능성이 있다고 할 수 있다.[38] 곤륜의 문집 『곤륜집』에 수록된 시에서 위와 같은 명제를 적용하여 도출한 악부시를 살펴보면 다음과 같다.

[표 1] 『곤륜집昆侖集』 수록 악부시 목록

| 연번 | 권 | 시제 | 시수 | 형식 | 창작시기 | 비고 |
|---|---|---|---|---|---|---|
| 1 | 권1 | 竹嶺行 | 1 | 잡언45구 | 1683년 | |
| 2 | 권1 | 從軍行 | 1 | 5언8구 | 1689년 | |
| 3 | 권1 | 除夕行 | 1 | 잡언27구 | 1683년 | |
| 4 | 권1 | 超然臺歌 | 1 | 잡언28구 | 1690년 | |
| 5 | 권1 | 大捷碑歌 | 1 | 7언43구 | 1690년 | |
| 6 | 권1 | 白紵辭 | 1 | 잡언10구 | 1690년 | |
| 7 | 권2 | 江南曲 | 1 | 5언6구 | 1691년 | |
| 8 | 권2 | 問月亭歌 寄李山人 挺天 | 1 | 잡언36구 | 1691년 | |
| 9 | 권2 | 平丘行 | 1 | 5언28구 | 1691년 | |
| 10 | 권2 | 水城歌 | 6 | 7언4구 | 1691년 | |
| 11 | 권2 | 南江歌 別權汝經 緯 | 1 | 7언16구 | 1691년 | |
| 12 | 권2 | 滿月臺歌 | 1 | 잡언20구 | 1692년 | |
| 13 | 권2 | 哀柳太常俶 次石鼓歌 | 1 | 7언66구 | 1694년 | |
| 14 | 권3 | 劍客行 | 1 | 5언8구 | 1698년 | |

38 이기현, 「樂府詩의 範疇設定과 유형분류」, 『한국시가연구』 6, 한국시가학회, 2000, 85면.

| 15 | 권3 | 賞花歌 贈柳子虛 寶 | 1 | 7언28구 | 1699년 | |
|---|---|---|---|---|---|---|
| 16 | 권3 | 茯苓歌 寄茂朱李使君 德成 | 1 | 7언34구 | 1699년 | |
| 17 | 권3 | 從軍行 | 1 | 7언8구 | 1699년 | |
| 18 | 권3 | 臥病吟 示道長 | 1 | 7언30구 | 1699년 | |
| 19 | 권3 | 眞心吟 | 9 | 7언4구 | 1700년 | |
| 20 | 권3 | 鶴浦歌 | 1 | 7언4구 | 1700년 | |
| 21 | 권3 | 本宮歌 | 1 | 7언4구 | 1700년 | |
| 22 | 권3 | 六鎭歌 | 8 | 7언4구 | 1700년 | |
| 23 | 권3 | 塞下曲 用東溟韻 | 2 | 7언8구 | 1700년 | |
| 24 | 권3 | 苦寒行 | 1 | 7언28구 | 1700년 | |
| 25 | 권4 | 擣衣篇 | 1 | 7언28구 | 1700년 | |
| 26 | 권4 | 鶴浦歌 | 1 | 잡언32구 | 1701년 | |
| 27 | 권4 | 昭君怨 | 1 | 7언4구 | 1703년 | |
| 28 | 권4 | 鯉魚詞[39] | 1 | 5언12구 | 1703년 | |
| 29 | 권4 | 次宮中行樂詞 | 5 | 5언8구 | 1704년 | |
| 30 | 권4 | 詠漢宮詞 用前韻 | 1 | 7언8구 | 1707년 | |
| 계 | | | 55 | | | |

위의 표를 보면 곤륜 악부시의 명제는 가歌가 13제, 행行이 7제로 전체 30제 중 절반이 넘는다. 가歌와 행行은 가장 일반적인 악부시의 명제이므로 곤륜은 보편적인 악부시 명제를 선호했음을 알 수 있다. 그 외에 음吟·곡曲·사辭 등 다양한 명제의 악부시를 창작하였다.

곤륜의 악부시 형식을 살펴보면 5언·7언·잡언 등 다양하게 나타나는데 이는 곤륜이 형식에 크게 구애받지 않는 악부시의 특성을 잘 활용하였음을 보여준다. 곤륜의 악부시는 7언이 17제 38수로 전체의

39 악부시에 詞의 포함 여부는 연구자들 사이에서 이견이 분분하다. 하지만 서사증과 성현이 詞를 악부시의 명제에 포함하고 있으므로 본고에서는 이에 따라 詞를 악부시에 포함하였다.

80%를 차지하고, 다음으로 잡언이 7제 7수, 5언이 6제 9수로 나타나고 있어 7언시를 선호했음을 알 수 있다. 7언시 중에는 7언 4구의 절구 형식이 전체의 39%로 비중이 가장 높다. 그리고 이 중 5제는 연작시의 형식으로 창작되었다.

특히 〈진심음眞心吟〉의 경우 9수의 1, 2구가 똑같이 반복되고, 3구의 첫 구절이 '진심眞心'으로 시작하는 특이한 형식으로 구성되어 있어 리듬감을 강조하고 있다. 또한 5언 8구와 7언 8구의 율시 형식으로 창작된 경우도 각각 3제씩 나타난다.

우리나라 악부시의 특징 중 하나가 고시나 근체시의 형식을 차용하고 있다는 점인데[40] 곤륜의 악부시 역시 근체시 형식과 잡언시 형식이 혼재되어 나타난다. 또한 7언의 선호와 7언절구의 형식이 많은 것은 당시 7언절구 형식의 악부풍이 보편적이었고, 근체시가 보편화되어 잡언시보다 익숙하고 세련된 양식으로 인식되었던 것과[41] 연관이 있다고 여겨진다. 우리나라 악부의 상당한 부분을 차지하고 있는 죽지사竹枝詞나, 절양류사折楊類詞, 소악부小樂府, 기속악부紀俗樂府 대부분이 7언4구의 절구 형식을 띠고 있다.[42] 차천로가 편찬한 『악부신성』 수록 작품 중 7언절구 형식이 전체 175수 중 123수로 70% 이상을 차지한다. 곤륜의 악부시에 7언절구 형식이 많은 것은 우리나라 악부시의 보편적인 특징을 잘 따르고 있음을 보여준다.

---

40 안대회, 앞의 논문, 134면.

41 황위주, 앞의 논문, 1989, 164면.; 황위주, 「16 · 17세기 악부시의 출현동인과 전개과정」, 『한국한문학연구』 12, 한국한문학회, 1989, 255면.

42 안대회, 「한국 악부시의 장르적 성격」, 『한국시가연구』 1, 한국시가학회, 1997, 134면.

## 4. 곤륜 악부시의 표출 양상

악부시는 내용에 따라 크게 고악부古樂府와 의고악부擬古樂府, 비의고악부非擬古樂府로 나누어 볼 수 있다. 고악부는 한나라 때 악부樂府에서 채집한 민가民歌를 의미하는 것으로 곽무천郭茂倩의 『악부시집樂府詩集』 수록 작품 대부분이 여기에 해당된다.[43] 의고악부는 한위漢魏 남북조 시대의 고악부를 의작한 작품들로 중국의 정조와 의경을 담고 있다. 신라말 최치원崔致遠(857~?)부터 조선후기 이형상李衡祥(1653~1733)에 이르기까지 전 시기에 걸쳐 골고루 창작되었으며 특히 조선 전·중기에 활발하게 창작되었다. 의고악부는 시제·전고·시어·제재 등이 중국 악부시와 상당한 유사성을 지닌다.[44] 16~17세기 당풍과 복고주의의 영향으로 악부시의 창작이 활발해 지면서 삼당시인을 비롯하여 이수광李睟光(1563~1628) 등이 다양한 악부시를 남겼는데 이들의 악부시는 대개 한위漢魏의 고악부나 당唐의 의고악부를 본뜬 작품들이 많았다.

비의고악부는 의고악부 이외의 악부시를 통칭하는 것으로 중국의 악부시제를 그대로 차용하지 않고 개인의 경험과 감정, 우리 민족 고유의 정서와 신화·전설·생활풍속 그리고 역사 및 역사적 인물 등을 제재로 새롭게 창작한 악부시를 뜻한다.[45] 소악부小樂府와 민간의 풍속과 백성들의 생활 모습을 자세히 다룬 기속악부, 우리나라의 특

43 황위주, 앞의 논문, 2007, 50~51면.

44 이준식, 「韓中 擬古樂府의 主題類型 比較」, 『中國學』 22, 대한중국학회, 2004, 162면.

45 이준식, 위의 논문, 162면.

정한 역사적 사실이나 인물, 설화 전설 등을 노래한 영사악부 등이 비의고악부에 속한다.

우리나라 악부시는 의고악부보다 각 시대의 작가들이 현실에서 목격한 사실을 소재로 하여 창작한 비의고악부가 질적·양적으로 많은데 특히 18세기 이후 우리나라의 역사와 풍속을 다룬 영사악부와 기속악부의 창작이 많아진다. 곤륜의 악부시는 의고악부의 의작擬作보다 자신의 경험에 의한 사실성을 바탕으로 제목과 내용을 새롭게 구성하는 비의고악부의 창작 비율이 월등하게 높아 참신함을 보여준다. 이는 바로 이전 시기 악부시의 대가로 알려진 동명東溟 정두경鄭斗卿(1597~1673)과 상촌象村 신흠申欽(1566~1628)의 악부시가 의고악부를 주로 하고 있다는 것과 매우 다른 양상이다.

곤륜도 중국의 악부시를 모의하여 여러 수의 의고악부 시를 창작했는데 〈종군행從軍行〉·〈백저사白紵辭〉·〈강남곡江南曲〉·〈검객행劍客行〉·〈새하곡 용동명운塞下曲 用東溟韻〉·〈고한행苦寒行〉 등이 그것이다. 의고악부의 시는 님을 그리는 여인의 정한情懷을 그리거나 변방을 배경으로 지은 변새시邊塞詩가 대부분으로 전형적인 의고악부의 시제와 내용을 충실히 따르고 있는 경향을 보인다. 이 장에서는 곤륜 악부시의 진면목을 볼 수 있는 비의고악부의 시를 중심으로 살펴보고자 한다.

### 1) 역사의 회고懷古와 감개感慨의 되새김

곤륜은 역사의 현장에서 일어나는 감회를 악부의 형식으로 노래하였는데 우리나라 역사를 소재로 하고 있다는 점에서 영사악부의 성격을 지녔다고 할 수 있다. 17세기 이후 우리나라 역사에 대한 관심이 증가하면서 영사악부는 해동악부海東樂府의 창작에 이르게 된다. 곤륜은 부친의 부임지나 혹은 자신의 부임지에서 마주한 역사의 현장을 노래하며 그 의미를 새겼다.

| | |
|---|---|
| 시염성 작은 담장으로 둘러싸여 | 豉鹽之城小環堵 |
| 사는 백성들 오백 가구에 불과하네 | 居民不過五百戶 |
| 이후는 강한 오랑캐 이곳에서 격파하고 | 李侯於此破强虜 |
| 대첩비 높은 곳에서 고금을 비추네 | 大碑嵽嵲照今古 |
| 아, 지난 일 어찌 차마 말하리 | 嗟呼往事那忍說 |
| 마을 노인에게 묻구멍까지 차 묻고 싶었네 | 欲問故老語先咽 |
| 풍신수길의 승승장구 기세가 자못 교만하여 | 秀吉長驅勢頗驕 |
| 천 척의 배 바다를 휩쓸고 땅을 찢을 듯했지 | 千艘捲海地維裂 |
| 동쪽의 내산부터 전쟁은 우레 같았고 | 東自萊山戰如雷 |
| 서쪽의 용만까지 흐르는 피로 다했네 | 西至龍灣盡流血 |
| …(중략)… | |
| 적이 눈처럼 오니 감히 다그치지 못했는데 | 寇來如雲不敢逼 |
| 공이 온마음으로 죽기를 다하니 그쳤네 | 公有一心死則休 |
| 군사들 일어나 북을 치니 파도가 솟구치는 듯 | 揚兵伐鼓海波湧 |
| 전쟁터 소리 대낮에 산등성이 무너지는 듯했네 | 戰聲白日崩山丘 |
| 적의 기병 뒷걸음치다 밤중에 도망가고 | 賊騎逡巡夜遁逃 |
| 아군이 적을 죽이니 구덩이와 도랑에 가득했네 | 我軍殺賊滿坑壕 |
| 별빛이 돌아오니 운무가 사라지고 | 星辰回光雲霧滅 |
| 강에 임해 칼을 씻으니 하늘이 높아졌네 | 臨河洗劍天爲高 |
| …(중략)… | |
| 사당의 모습 다시 새롭게 한지 백여 년 | 廟貌重新百餘載 |
| 높은 비석 바닷가에 지금도 우뚝하게 있어 | 層碑海上今猶在 |

내가 진을 쳤던 곳을 물어서 오니　我來顧問營陳處
언덕과 골짜기 인물이 바뀌어도 달라지지 않았네　陵谷不殊人物改
푸른 이끼 털고 닦으니 문자는 오래되었어도　拂拭蒼苔文字古
용과 뱀이 회오리치듯 광채를 내며 오르는 것 같네　龍蛇勃鬱騰光彩
적을 격파해 나라를 일으켰다고 천하에 들리니　興邦破敵天下聞
영웅의 이름 유유히 동해로 흐르네　雄名袞袞流東海
그대 보지 못했는가 두 왕릉의　君不見二陵中寢
송백나무 슬픈 바람에 흔들리는 것을　園松栢猶悲風
어찌 공 같은 사람을 다시 얻겠는가　安得再有如公輩
섬나라 오랑캐들 짓밟아 적의 소굴 비우리　蹴踏島夷巢穴空[46]

이 시는 〈대첩비가 비재염성大捷碑歌 碑在鹽城〉으로 1690년 부친 최석정의 부임지인 황해도 연안延安에 머물 때 지은 시이다. 염성鹽城은 연안을 말한다. 연성대첩비延城大捷碑라고도 불리는 이 비석은 임진왜란 때 초토사招討使 이정암李廷馣(1541～1600)이 황해도 연안부延安府에서 승전했던 사실을 기념하기 위해 1608년에 세운 비석이다. 이정암은 1592년 임진왜란이 일어나자 황해도로 들어가 의병을 모집해 연안성延安城을 지켰다. 왜장 구로다[黑田長政]가 5,000～6,000명의 병사를 이끌고 침입하자, 4일간의 치열한 전투 끝에 승리하여 그 공으로 황해도관찰사겸순찰사가 되었다.

이 시는 작가와 작중 화자가 일치하는 1인칭 시점으로 서술되어 있는데 이러한 서술 방식은 영사악부의 서술 방법으로 많이 사용되는 기법이다.[47] 1구～4구는 서두로 현재의 시점에서 대첩비가 있는

46 崔昌大, 〈大捷碑歌 碑在鹽城〉, 『昆侖集』 권3,
47 이희목, 「우리나라 악부의 서술 방식」, 『인문과학』 27, 성균관대학교 인문학

염성의 모습을 묘사하며 이야기를 전개하고 있다. 시염豉鹽은 연안의 옛 이름으로 연안도호부가 500여 가구에 불과한 작은 규모였음을 보여준다.

5구~32구는 본장에 해당되는 부분으로 과거의 시점에서 당시 전투가 벌어졌던 상황과 이정암의 행적을 서술하고 있다. 내산萊山은 부산 동래의 옛 이름으로 임진왜란 당시 처음 전쟁이 시작된 곳이다. 용만龍彎은 의주로 중국과 국경을 맞대고 있는 서쪽 끝이다. 동쪽 끝에서 서쪽 끝까지 온 나라가 전쟁터로 변했던 상황을 묘사하고 있다.

33구~43구는 종장에 해당되는 부분으로 다시 현재의 시점으로 돌아와 이정암을 기리기 위해 지었던 사당과 비석를 두고 임진왜란의 치욕을 되새기며 왜적을 섬멸하고 싶은 의지를 보여주며 마무리하고 있다. 41구의 '군불견君不見~'은 악부시에 자주 사용되는 서술식 표현기법 중의 하나로 주위를 환기시켜 독자들을 주목시킨 후 전하고 싶은 메시지를 강조하는 시적 장치이다.[48] 침원寢園은 임금의 산소를 말한다. 이릉二陵은 임진왜란 때 일본군이 도굴한 성종과 중종의 능을 말하는 것으로 비풍悲風은 당시의 치욕과 슬픔을 상징적으로 보여준다. 시인은 독자들에게 향해 임진왜란의 치욕과 이정암을 상기시키고 왜적을 섬멸시키겠다는 의지를 보여주고 있다.

| | |
|---|---|
| 곡령 아래로 고적을 찾아 | 訪古鵠嶺下 |
| 만월대 서쪽을 오르니 | 西登滿月臺 |

연구원, 1997, 9면.

48 이 시 이외에 '君不見~'이 사용된 시로는 〈竹嶺行夏自安東還都〉·〈除夕行〉·〈超然臺歌〉·〈大捷碑歌〉, 『昆侖集』 권1.; 〈從軍行〉 권3. 등이 있다.

슬픈 바람이 사방에서 불어와　悲風四面起
참담함이 누런 흙먼지에 일어나네　慘淡生黃埃
누대 앞 송악산 부질없이 높고 우뚝한데　臺前松岳空崔嵬
누대 위 번화함은 어디에 있는가　臺上繁華安在哉
…(중략)…
다만 강 위의 달빛은　但見江上月
변함없이 하늘에서 쏟아지네　依舊從天來
옛사람 달을 보면 기쁨이 다하지 않았는데　昔人見月驩不極
지금의 사람 달을 보면 슬픔이 따르네　今人見月徒悲哀
백 대의 흥망에 눈물이 가슴 가득한데　興亡百代淚盈臆
무정한 밝은 달은 오가며 돌기만하네　明月無情往復廻
칼 두드리는 슬픈 노래 소리 격렬하니　扣劍悲歌聲激烈
나는 새도 가지 않고 구름도 배회하네　飛鳥不去雲徘徊
높은 곳 오르지 않아도 감개한 흥 일어나니　不必登高興感慨
그저 달을 마주하고 금 술잔 기울이네　且須對月傾金罍[49]

이 시는 〈만월대가滿月臺歌〉로 1697년 외사촌인 이하곤李夏坤(1677~1724), 이하영李夏英(1674~?)과 함께 송도松都를 기행할 때 지은 시이다. 만월대는 고려의 궁궐터로 고려가 멸망한 후 조선시대부터 만월대라고 불리워졌다. 폐허가 되어 흔적만 남은 고려의 궁궐터에서 밀려오는 영화榮華의 무상함을 쓸쓸한 애상으로 노래하고 있다.

이 시는 5언-7언-5언-7언으로 시형에 변화를 주며 분위기를 환기시키고 있다. 1구~4구는 만월대 주변의 쓸쓸하고 스산한 풍경을 그리고 있다. 곡령鵠嶺은 개성開城에 있는 송악산松嶽山의 다른 이름

49 崔昌大, 〈滿月臺歌〉, 『昆侖集』 권3.

으로 만월대의 위치를 알려준다. 11구 이후부터는 달을 주요 소재로 삼아 시상이 전개된다. 예나 지금이나 변함없이 늘 그 자리에서 빛을 밝히는 달의 무한함과 인간사 흥망성쇠의 유한함을 대비적으로 묘사하여 영화의 덧없음을 되돌아보게 한다.

악부시는 동일한 시어와 구절을 반복하여 리듬감을 고조시키는 표현상의 특징이 있는데[50] 13구~14구의 '昔人見月驩不極, 今人見月徒悲哀'는 비슷한 시어를 구절마다 반복적으로 배치하여 리듬감을 살리고 있다. 이처럼 구절을 달리해 시어를 반복하는 것은 한 구절 안에서 시어를 반복하는 것보다 리듬감이 강조된 느낌을 준다.[51]

### 2) 산하미山河美와 풍속風俗의 노래

곤륜은 산수 기행을 좋아하여 다양한 곳을 여행하였다. 젊은 시절 부친의 부임지인 안동과 연안을 다녀오기도 하였고, 출사 이후에는 호남좌도 암행어사, 북평사, 양주 군수를 역임하면서 곳곳을 다니기도 하였다. 곤륜은 새로 마주하는 풍경과 백성들의 삶에 깊은 관심을 두었고 이를 7언절구 형식의 연작시로 형상화하였다.

| | |
|---|---|
| 도호부의 관문 세운지 몇 년인가 | 都護官門設幾年 |
| 차유령 너머 인가의 연기 늘어가고 | 車踰嶺外漸人煙 |

50 황위주, 앞의 논문, 2007, 54~56면.

51 이 시 이외에 동일한 어휘나 비슷한 어휘를 한 구절 혹은 두 구절 이상 반복한 악부시의 시구를 살펴보면 一歲窮一歲來, 日月浩浩安終極. 〈除夕行〉; 臺前松岳空崔嵬, 臺上繁華安在哉. 〈滿月臺歌〉; 吾令吳質停玉斧, 吾令姮娥羽衣舞. 〈問月亭歌 寄李山人挺天〉; 貴不願萬戶侯, 富不願千黃金. 〈鶴浦歌〉 등이 있다.

관문의 요새 어유간에 접해 있으니　關防爲接魚游潤
부호들 박하천으로 새로 이사하네　富戶新移朴下川
右茂山

其二

오래된 풍산진에 황혼빛 들고　豐山鎭古日黃曛
쓸쓸한 오국성엔 저물녘 구름만 이는데　五國城寒但暮雲
얼음 모이는 두만강 가까이 시장이 열리니　氷合豆江開市近
온 마당에 소와 말이 천 마리나 움직이네　一場牛馬動千羣
右會寧

其七

차가운 두만강에 흰 물결 일고　豆滿江寒生白波
경원성 위로 뿔피리 소리 자주 들리네　慶源城上角聲多
밤들어 보고문이 아산진에 이르니　夜來文報阿山至
말 탄 청나라 사람 저 너머 언덕을 지나네　騎馬淸人隔岸過[52]
右慶源

이 시는 〈육진가六鎭歌〉 8수 중 1수와 2수, 7수로 1700년 북평사로 부임했을 당시 지은 시이다. 곤륜은 북관으로 가는 동안 김화金化－회양－함흥－함관령－경성－마운령－마천령－귀문관－육진에 이르기까지 시간의 흐름에 따라 이동하는 특정한 장소나 지역을 중심으로 작품을 창작하였다.[53] 육진六鎭은 함경도에 있는 종성 · 온성 · 회령 ·

52 崔昌大, 〈六鎭歌〉, 『昆侖集』 권3.

53 경서율, 「昆侖 崔昌大의 紀行詩 硏究」, 성균관대학교 석사학위논문, 2019, 60면.

경원 · 경흥 · 부령 등 여섯 개의 진을 말한다. 〈육진가〉에는 부령 대신 무산, 동관, 훈융이 추가되어 7언절구 형식의 8수 연작시로 구성되어 있다.

곤륜은 북관의 여러 지역을 다니며 북관의 풍물을 포착하여 시로 형상화하였을 뿐만 아니라 「북정기北征記」와 「진북로사의소陳北路事宜疏」를 지어 북관의 풍물과 기후, 지리 등을 담아내었다. 〈육진가〉는 함경도 변방 각 지역의 풍경과 청과 국경을 맞대고 있는 변방 특유의 긴장감이 사실적으로 묘사되어 있다. 막연한 상상으로 일관된 의고악부의 변새시가 아닌 시인의 직접 체험을 통한 사실적 묘사와 진솔한 감정이 묻어있는 독창성이 돋보이는 시이다.

육진의 풍경과 그 속에서 살아가는 백성들의 모습을 담고 있다는 점에서 기속악부의 성격을 지녔다고 할 수 있다. 기속악부는 대개 7언절구 형식의 연작 형태로 창작된 경우가 많은데 이 시도 이러한 경향을 따르고 있다.

첫째 수는 무산茂山의 모습을 그리고 있다. 무산은 두만강 중류 지역에 있는 곳으로 1684년(숙종 10)에 무산도호부로 승격하였다. 차유령은 함경북도 부령군과 무산군 사이에 있는 고개로 무산 고원과 관북의 북부지방을 연결하는 교통로 역할을 하였다. 인가의 연기가 늘어난다는 것은 인구가 늘어나는 것을 의미한다. 함경도 지역은 본래 여진족들이 살던 지역으로 세종 때 육진을 개척한 이후 지속적으로 백성들을 육진 지역으로 이주시켜 국경을 안정시키려 하였다. 백성이 살지 않는 영토는 지키기 어렵다. 박하천은 백두산의 지류로 무산의 서남 40리에 있다. 땅이 매우 기름지고 비옥하였다. 이 때문에 박하천으로 이주하는 백성들이 많았다.

둘째 수는 회령의 모습을 그리고 있다. 회령은 함경북도 북쪽 두만강 가에 있는 곳으로 풍산진을 비롯한 여러 보와 진들이 있었다. 오국성은 회령을 말한다. 인적 없는 쓸쓸한 오국성에 저무는 해는 스산함과 외로움을 더해준다. 쓸쓸함이 감도는 오국성과는 달리 두만강 가에는 소와 말을 거래하는 큰 시장이 열려 북적거리는 모습을 대비시키고 있다.

셋째 수는 경원慶源에서 겪은 일을 묘사하고 있다. 변방 성에서 들리는 뿔피리 소리는 한양과 멀리 떨어진 외지에서 근무하고 있는 시인의 외로운 마음을 더욱 돋운다. 아산阿山은 함경도 경원군에 있는 산이다. 한양에서 파발이 당도하여 밤중에도 업무를 보고 있는 시인의 모습과 지척에서 보이는 청군의 모습은 국경 지역의 긴장감을 그대로 보여준다.

곤륜은 1691년 외숙 이인엽李寅燁(1656~1710)과 함께 금강산을 기행하였는데 이때 외숙 이인소李寅熽(1637~1698)가 군수로 있는 수성水城을 방문하고 수성의 풍광과 어촌 지역 백성들의 모습을 시에 담았다.

其三

| | |
|---|---|
| 열산현은 화진포를 마주하고 | 烈山縣對花津浦 |
| 청간정은 만경대 앞에 있는데 | 淸澗亭前萬景臺 |
| 바닷가 포구의 어부집 백 리에 이어지고 | 海浦漁家連百里 |
| 물고기 잡고 전복 캐는 재주 능하다네 | 叉魚採鰒盡能才 |

其四

| | |
|---|---|
| 손에 긴 작살 들고 뒤가 짧은 옷을 입고 | 手挺長叉短後衣 |
| 성 주위에서 하나씩 물고기 잡고 돌아와 | 城邊一一捕魚歸 |
| 오늘 아침 북천에 가서 가래나무 꺾어다가 | 今朝北川行楸打 |

내일 남쪽 다리에서 다시 그물 던지겠구나 明日南橋更網圍

其五

송어 연어 은어 松魚鰱魚銀口魚
그 맛과 단내가 서해에는 없으니 厥味香甘西海無
아침이 오면 살진 고기 잡아 진상하고 擇雋朝來封進上
남은 고기 꿰어 여럿이 즐겨보세 封餘箇箇付公須[54]

이 시는 〈수성가水城歌〉로 7언절구 형식의 6수 연작시 중 3수~5수이다. 수성은 강원도 간성杆城의 옛 이름으로 현재의 강원도 고성을 말한다. 〈수성가〉의 1수~3수는 수성의 풍광을 중심으로 묘사하였고, 4수~6수는 수성에 사는 어부들의 삶을 그리고 있다.

첫 번째 시는 수성의 지리와 풍경을 묘사하였다. 열산현은 수성의 옛 이름이다. 화진포는 수성에 있는 석호潟湖로 경관이 매우 빼어나 명승지로 이름난 곳이다. 또한 청간정은 관동팔경의 하나로 기암절벽 위에 있어 이곳에서 보는 일출과 월출이 장관으로 꼽힌다. 만경대는 척주팔경陟州八景의 하나로 북평의 들과 넓은 동해가 한눈에 보인다. 1613년(광해군 5)에 김훈金勳(?~?)이 세웠으며, 1660년(현종 1)에 許穆(1595~1682)이 이곳에서 경치를 감상하고 감탄하여 정자 이름을 만경이라고 이름 지었다고 한다. 어부의 집들이 백 리에 이어질 만큼 수성이 활기 있는 곳임을 보여준다.

두 번째 시는 어부들의 일상을 묘사하고 있다. 단후의短後衣는 윗옷의 뒤쪽 옷자락을 짧게 잘라 활동하기 편하게 만든 옷이다. 일하기

54 崔昌大, 〈水城歌〉 6수, 『昆侖集』 권2.

편한 옷을 입고 작살 하나만으로도 물고기를 잡을 수 있는 능숙한 어부의 모습과 오늘 가래나무를 꺾어 그물을 덧씌운 가래그물을 만들어 내일을 준비하는 어부의 일상을 그리고 있다.

세 번째 시는 동해안에서 나는 물고기가 서해에서는 맛볼 수 없는 진미임을 자랑하는 모습과 잡아온 물고기를 임금께 진상하는 충심과 나머지는 함께 나누어 먹는 정겨운 모습을 그리고 있다. 이 시는 1구에 '魚'자가 반복적으로 사용되고 있다. 이처럼 한 구에 동일한 글자를 반복적으로 사용하는 것은 일정한 박자를 가지고 읽게 하여 리듬감을 더욱 살리는 효과를 준다.[55] 또한 4구 역시 첩어인 '箇箇'를 배치하여 리듬감을 살리고 있다.

### 3) 내적 심상心象의 토로와 흥취興趣의 발현

곤륜은 때때로 일어나는 울적한 심사나 지인과 함께 하는 자리에서 오르는 흥취를 악부시를 통해 표출하곤 하였는데 형식의 제약을 받지 않은 악부시가 다양한 내적 심상을 마음껏 풀어내는데 적합하다고 여겼던 것으로 생각된다. 출사 이전 원대한 포부나 부친의 유배와 기사환국으로 소론이 처한 정치적 위기로 인해 잠시 과거를 포기

55 이 시 이외에 한 구절 안에서 동일한 글자가 반복된 악부시의 시구를 살펴보면 '又爲玆山山不窮. 連峰合沓干太淸. …… 聽此悽然淚更垂, 一長歌一回首. 〈竹嶺行〉; 悲歌相向問千古, 古人不見今人哀 〈超然臺歌〉; 山家日長無一事, 汲泉灌花花下睡 …… 北山秀氣澄素秋, 走馬看花花滿樓. 〈賞花歌 贈柳子虛宲〉; 太白愛酒兼愛月, 有月輒進杯中物. 〈問月亭歌 寄李山人挺天〉; 靑錢三百直五百, 日日賣與嶺西賈. 〈水城歌〉 제6수; 彩虹影落澄潭滅, 丹丘羽人來不來. 〈鶴浦歌〉 등이 있다.

했을 때의 울울한 심정을 긴 장편의 노래로 달래기도 하였고, 병을 얻어 잠시 한거할 때 깨달은 진심을 읊기도 하였다.

병 때문에 한가로워짐 특별히 나쁘지 않은 것은　因病得閒殊不惡
한가로움 얻어 진심을 볼 수 있기 때문이지　得閒因得見眞心
진심은 필경 다른 것이 없으니　眞心畢竟無他物
단지 집에서 내면을 찾을 뿐이라네　只向渠家裏面尋

其三

병 때문에 한가로워짐 특별히 나쁘지 않은 것은　因病得閑殊不惡
한가로움 얻어 진심을 볼 수 있기 때문이지　得閑因得見眞心
진심은 내 몸 밖으로 나오지 않으니　眞心不出吾身外
잘난 얼굴빛과 영예가 어찌 밖으로 넘치겠는가　態色榮名豈外淫[56]

이 시는 〈진심음眞心吟〉 9수 중 1수와 3수로 1700년 북평사로 나가기 전 병을 얻어 잠시 한거할 때 지은 시이다. 곤륜은 오랜 병으로 인해 관직에서 잠시 물러나 한가해지자 비로소 진심이 보였기에 〈진심음〉을 짓게 되었다고 하였다.[57]

이 시는 7언절구 형식의 9수 연작시로 각 수의 1구와 2구가 동일하게 반복되는 특징을 보인다. 곤륜의 악부시에서 가장 독특한 구성 형식으로 이루어진 시라고 할 수 있다. 시어나 구절의 반복 표현은 악부시의 대표적인 표현 기법 중의 하나인데 이 시는 1구와 2구에 이어

56 崔昌大, 〈眞心吟〉, 『昆侖集』 권3.

57 崔昌大, 〈眞心吟〉, 『昆侖集』 권3,"久病閒居, 時驗本心之呈露, 每詠古人因病得閒殊不惡一句, 有味乎其言, 因演成眞心吟九首, 蓋閒然後可見眞心故也."

3구의 첫 어휘를 '眞心'으로 배치하고 있다. 이와 같은 표현기법은 9수가 마치 돌림노래처럼 반복되는 효과를 주어 리듬감을 살리는 것은 물론 의미를 강조하는 효과까지 주고 있다. 각 수의 3구와 4구는 '진심'에 대한 시인의 다양한 생각을 밝히고 있다.

앞서 살펴보았듯이 서사증은 『시체명변詩體明辯』에서 '吟'은 탄식하고 슬퍼하며 깊게 생각하여 그 울적함을 다 펴는 것이라고 하였다. 〈진심음眞心吟〉·〈와병음臥病吟〉 등 '吟'의 명제가 달린 곤륜의 악부시들은 대개 이러한 시상들이 전개되고 있다.

곤륜은 진심은 한가해진 이후에야 비로소 볼 수 있다고 전제한 후 진심은 내면에서 찾을 수 있으며, 몸 밖으로 나오지 않으므로 잘난 얼굴빛과 영예가 밖으로 넘치지 않는다고 하였다. 병으로 인해 얻은 한가한 시간은 곤륜에게 진심에 대해 깊이 생각할 수 있는 기회가 되었다. 직접적인 체험을 통해 얻은 깨달음은 그 진실의 정도가 크고 믿음을 줄 수 있다는 점에서 이 시가 전하는 메시지는 진정성이 있다고 할 수 있다.

| | |
|---|---|
| 번화한 큰길에 거마가 많지만 | 紛紛九陌多車馬 |
| 이 늙은이처럼 맑은 복 누리는 사람 누구인가 | 清福誰如此翁者 |
| 오사모 떨구고 백발에 자루 늘어뜨리고 | 白髮嫌垂烏帽底 |
| 솔 창 아래에서 뜬구름과 함께 묵네 | 浮雲伴宿松牕下 |
| …(중략)… | |
| 새벽비에 청문당에서 간간히 향기나고 | 曉雨淸聞陣陣香 |
| 아침안개 담영루 깊숙이 푸르르네 | 朝煙淡映深深翠 |
| 동쪽 언덕 망천은 벌써 천년이나 되었고 | 東皐輞川已千古 |
| 봄은 몇 이랑 밭 그대 집에 있네 | 春在君家數畝地 |
| …(중략)… | |

| | |
|---|---|
| 북산의 빼어난 기운 가을 들어 맑고 깨끗한데 | 北山秀氣澄素秋 |
| 말 달리며 꽃을 보니 꽃이 누대에 가득하네 | 走馬看花花滿樓 |
| 문으로 들어와 곁눈질하다 웃으며 묻기를 | 入門顧眄笑相問 |
| 제공후가 어찌하면 꽃을 얻겠는가 | 何得致花齊公侯 |
| 웃으며 말하길 제공의 집 문과 창에 만 가지 빛깔 심으면 | 笑謂侯家戶牖萬種色 |
| 수놓은 비단처럼 빛날텐데 누가 감상하지 않겠습니까 | 爛如錦繡誰賞不 |
| 그대 장차 나의 집 물건에 비교한다면 | 君將持比我家物 |
| 꽃에 정신이 있다면 응당 부끄러워하리 | 花若有神渠應羞 |
| 백로에 꽃 사이에서 술 다 마시니 | 酒盡花間有白露 |
| 누가 방황하여 갈 수 있겠는가 | 誰爲彷徨不能去 |
| 날씨 차가워져 초목이 누렇게 다 떨어져도 | 凉天草木黃落盡 |
| 국화철 천천히 해가 저물어가네 | 時菊遲遲歲將暮[58] |

이 시는 〈상화가 증유자허실賞花歌 贈柳子虛實〉로 1699년 무렵 병으로 인해 잠시 한거하고 있을 때 지은 시이다. 악부시는 토속적인 민간의 어휘나 비유 등을 과감하게 사용하거나 첩어, 대화체 기법 등을 사용하여 감정을 직접적으로 제시하거나 생생한 현장성을 전달하기도 하는데,[59] 이 시는 '紛紛'·'陣陣'·'深深' 등의 첩어를 사용하여 장면을 더욱 세밀하고 정교하게 묘사하여 전하는 효과를 주고 있다. 이 시 이외에도 악부시에 첩어와 동일한 글자와 어휘를 반복적으로 사용한 경우가 많아 음악성을 지닌 악부 특유의 성격을 살리고자 했음을 알 수 있다.[60] 19구~22구는 대화체를 활용하여 장면의 전환시키

58 崔昌大, 〈賞花歌贈柳子虛宲〉, 『昆侖集』 권3.

59 신장섭, 앞의 책, 43~44면.

60 악부시에서 첩어의 사용은 리듬감과 음악성을 살리기 위해 가장 많이 사용되는 기법 중의 하나이다. 곤륜의 악부시에도 첩어를 사용한 경우가 상당히

고 현장감을 더해주어 지루하지 않게 시상을 전개하고 있다.

이 시는 병으로 인해 울적해진 시인이 가을이 되었는데도 아직 누대 가득히 남아있는 꽃을 보고 즐거워하며 흥취를 느끼다가 점차 서늘해지는 날씨에 낙엽이 지자 국화철이 천천히 지나가길 바라는 아쉬운 마음을 담고 있다.

## 5. 맺음말

이상과 같이 곤륜 최창대를 악부시를 살펴보았다. 곤륜의 악부시는 50여 수로 전체 시 수에 비해 그리 많다고 할 수 없지만 곤륜은 악부시가 지닌 자유로운 형식과 다양한 표현기법 등을 활용하여 자

---

많이 나타난다. 이를 살펴보면 雲霞杳冥倏陰陽, 六合茫茫元氣通 …… 復有蒼蒼松桂樹, 停雲蔽日夾長路. 〈竹嶺行〉; 一歲窮一歲來, 日月浩浩安終極. 四序八節皆可惜, 及此心驚更戚戚. 〈除夕行〉; 興邦破敵天下聞, 雄名袞袞流東海. 〈大捷碑歌〉; 蘭膏明燭夜方中, 光光月出照西宮. 〈白紵辭〉; 盈盈不相近, 何以贈蘭芳. 〈江南曲〉; 然後一醉酩酊三千秋, 此外萬事徒悠悠. 〈問月亭歌 寄李山人挺天〉; 紛紛九陌多車馬, 淸福誰如此翁者. …… 曉雨淸聞陣陣香, 朝煙淡映深深翠. …… 凉天草木黃落盡, 時菊遲遲歲將暮. 〈賞花歌 贈柳子盧 宲〉; 長松千歲何靑靑, 滋液滲漉爲茯苓. …… 楚山宜土產卽良, 南人往往稱其靈. 〈茯苓歌 寄茂朱李使君。德成〉; 落日放歌心未已, 往往倚杖望北山. 故人不來飛鳥還, 滄浪滄浪數往來. 〈臥病吟 示道長〉; 層氷峩峩地慘裂, 萬木贔屓玄陰中. …… 冥冥渤海老龍宅, 一夜蟄鱗深百尺. 〈苦寒行〉; 雙雙手裏揮鳴鞘, 一一腰間插羽箭. …… 大漠蒼蒼白草衰, 朔風烈烈黃雲捲. 〈從軍行〉; 明月迢迢照玉關, 征夫萬里幾時還. 〈擣衣篇〉; 鶴浦茫茫東海邊, 紅霞翠壁連靑天. 〈鶴浦歌〉; 沉沉萬丈淵, 變化豈虛徐. 〈鯉魚詞〉; 悄看雲鵲茫茫去, 愁聽風梧摵摵吹. 〈七夕雨中, 悄然獨坐, 率口成章, 寄益之〉 등이 있다.

신이 보고, 듣고 체험한 경험들과 내면에서 일어나는 다양한 감정들을 풍부하게 그려내었다. 곤륜은 시는 성정을 표출하면 그뿐이라고 하였고, 모방과 답습을 배격하고 과도한 조탁을 반대하였다. 곤륜의 악부시가 의고악부보다 비의고악부시가 월등하게 많고, 자신의 삶과 조선을 배경으로 하고 있다는 점은 참신함과 개성을 보여준다. 이는 바로 전시기 정두경이나 신흠이 중국의 악부시를 모의한 의고악부를 주로 창작했던 것과 대조된다.

곤륜의 악부시 형식을 살펴보면 5언 · 7언 · 잡언 등 다양하게 나타나는데 이는 곤륜이 형식에 크게 구애받지 않는 악부시의 특성을 잘 활용하였음을 보여준다. 곤륜의 악부시는 7언이 전체의 80%를 차지하고 있으며, 7언시 중에는 7언 4구의 절구 형식이 전체의 39%로 비중이 가장 높다. 7언의 선호와 7언 절구의 형식이 많은 것은 우리나라 악부시의 상당수가 7언 절구 형식이었음을 볼 때 우리나라 악부시의 보편적인 특징을 잘 따르고 있음을 보여준다.

곤륜은 산수 기행을 좋아해서 다양한 곳을 기행하였는데 이러한 경험은 그의 악부시 창작의 동인이 되었다고 할 수 있다. 역사적 현장에서 마주한 유물과 유적들을 보며 일어나는 감회를 되새기기도 하고, 산수의 아름다움과 그 속에서 살아가는 백성들의 삶을 노래하기도 하였다. 또한 울적한 심사와 깨달은 바를 토로하기도 하고 지인과의 자리에서 오가는 정과 흥취를 풀어내기도 하였다.

악부시는 음악성을 살리기 위해 첩어나 동일한 시어나 어휘를 반복하여 사용하거나 대화체의 표현 기법이 자주 사용되는데 곤륜의 악부시에도 이러한 표현 기법들이 자주 사용되고 있어 악부시가 지닌 음악적 특징을 살리고자 했음을 볼 수 있다.

곤륜의 악부시 창작은 악부시가 형식에 제약을 받지 않아 성정을 마음껏 발산할 수 있다는 점과 양한兩漢과 당송고문唐宋古文을 전범으로 삼았던 문학 경향 그리고 당시풍唐詩風의 유행과 고시古詩에 대한 재인식으로 악부시가 중요한 시 경향으로 부각된 17세기 시단의 경향이 반영된 결과라고 여겨진다. 특히 곤륜의 스승인 남구만과 증조부 최명길과 부친 최석정, 숙부 최석항 등 소론 계열 문인의 시에서 악부시가 거의 보이지 않는다는 점을 놓고 볼 때 곤륜의 악부시 창작은 특징적이라고 할 수 있다.

본고는 곤륜의 악부시를 고찰하여 그의 시문학에 대한 편폭을 넓혀보고자 하였다. 그동안 근체시나 고시로 간주되었던 곤륜의 악부시를 본격적으로 조명했다는 점에서 의미가 있지만 형상화 양상을 보다 정밀하게 다루지 못한 점은 아쉬움으로 남는다. 이는 추후 연구를 통해 보완하기도 한다.

# Ⅲ. 곤륜 최창대의 기행시

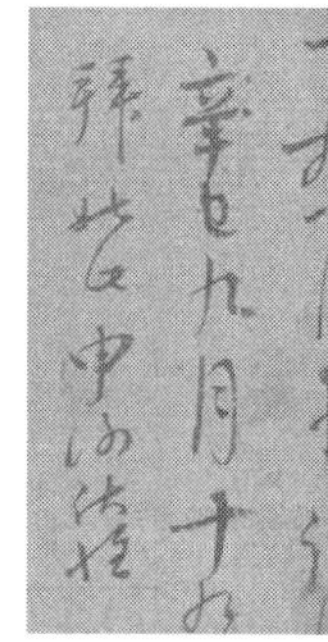

유진희

## 1. 서론

곤륜昆侖 최창대崔昌大(1654~1724)는 17세기에 활동한 소론 계열의 문인이다. 최창대는 17세기 소론 계열의 영수로 이름난 최석정崔錫鼎의 아들이다. 최창대의 시문은 그의 문집인 『곤륜집昆侖集』에 수록되어 있다. 『곤륜집』은 총 20권으로 구성되어 있는데, 그 중 1~5권에 그의 시가 실려 있다. 그런데 『곤륜집』에는 수록되어 있지 않은 최창대의 시가 있어 주목을 요한다. 최창대의 작은아버지인 손와損窩 최석항崔錫恒(1654~1724)의 문집인 『손와유고損窩遺稿』에는 최창대의 시가 10제 22수 수록되어 있다. 이 중 1수를 제외한 9제 21수의 시에서는 기행시의 성격이 포착된다.

최창대에 관한 연구는 근래에 연구가 활발하게 이루어지고 있는데,[1] 최창대의 시에 관한 연구는 대체로 기행에 관한 내용으로 집중되어 있다. 경서율의 논문은 최창대의 금강산 기행과 호남 기행, 북관 기행에 초점을 맞추었고, 이황진의 논문에서 다룬 누정시는 일정 부분 기행시와 맥을 같이 하는 부분이 있으며, 이승용의 논문에서 다룬 북관을 형상화한 작품들도 낯선 지역과 풍광에 대한 인식을 드러내고 있다는 점에서 일정 부분 기행시와 통한다고 볼 수 있다.

본고에서는 최창대의 문집 『곤륜집』에 누락된 그의 기행시에 초점을 맞추어 살펴보고자 한다. 최석항의 문집 『손와유고』에 수록된 최창대의 시 10제 22수는 1689년, 1690년, 1691년, 1706년에 지은 것이다. 1689년에 최창대가 자신의 큰아버지인 최석진과 작은아버지와 최석항과 함께 북한산을 유람할 때 지은 시 2제 8수와 1690년에 최석항이 양천현령으로 갈 때 따라가서 지은 시 1제 1수, 1691년에 수락산과 도봉산, 북한산을 유람하면서 지은 시 6제 12수, 1706년 최석정, 최석항, 최창대가 함께 한 수석壽席에서 지은 시 1제 1수가 그것이다.[2]

---

1 최창대의 문장에 관한 연구로는 김영주(「昆侖 崔昌大의 修辭論 硏究」, 『동방한문학』 24, 동방한문학회, 2003.), 권진옥(「昆侖 崔昌大의 문장론 연구」, 『동양고전연구』 73, 동양고전학회, 2018.), 윤재환 (「昆侖 崔昌大 記文 硏究」, 『동방한문학』 85, 동방한문학회, 2020.) 등의 논문이 있으며, 시에 관한 논문으로는 유호선(「17C 後半～18C 前半 京華士族의 佛敎受容과 그 詩的 形象化」, 고려대학교 박사학위논문, 2002.), 성범중(「昆侖 崔昌大의 삶과 시세계」, 『한국한시작가연구』 14, 한국한시학회, 2010.), 김묘정(「昆侖 崔昌大의 交遊詩 연구」, 『인문론총』 76, 서울대학교 인문학연구원, 2019.), 경서율(「昆侖 崔昌大의 紀行詩 硏究」, 성균관대학교 석사학위논문, 2019.), 이황진(「곤륜 최창대의 누정시 연구」, 『한국고전연구』 48, 한국고전연구학회, 2020.), 이승용(「昆侖 崔昌大의 시세계에 관한 일고찰-北關을 형상화 한 詩作을 중심으로」, 『국어문학』 74, 국어문학회, 2020.), 유명석(「昆侖 崔昌大의 輓詩 硏究」, 『고전과 해석』 31, 고전문학한문학연구학회, 2020.)의 논문이 있다.

2 이 가운데 3수의 시는 『昆侖集』 권2에 〈滯雨道峰〉, 〈曹溪〉, 〈步虛閣〉으로 수록되어 있다.

이 중 1706년 수석壽席에서 지은 시 한 수[3]를 빼고는 모두 기행시의 성격을 지닌다. 그러나 이 시들은 기존에 이루어진 최창대의 기행에 대한 연구에서 주목받지 못하였다. 기존의 연구에서 금강산, 북관, 호남지역 기행에 집중하여 근기 지역을 기행하면서 지은 시에 대한 연구가 이루어지지 않았고, 더군다나 최창대의 문집에는 이 시들의 극히 일부만이 전하고, 대부분이 누락되어 있기 때문이다.

이 시들은 『곤륜집』에서 누락되었기 때문에 최창대의 시를 연구하는 사람들에게 주목을 받지 못하였다. 또한 최석항에 대한 연구는 아직 많이 이루어지지 않았고,[4] 특히 시에 대한 연구는 연구시聯句詩에 대해서만 연구가 이루어졌기 때문에 이 시들은 최석항 연구에서도 다루어지지 않았다. 다만 이황진의 논문에서 『손와유고』에 수록된 시 가운데 『곤륜집』에 수록되어 있지 않은 최창대의 시가 있음을 지적하였다.[5]

본고에서는 이런 점에 초점을 맞추어 『손와유고』에 실린 최창대의 기행시를 일별해보고 이 시들이 왜 『곤륜집』에서 누락되었는지 그 이유에 대해 해명을 해보고자 한다. 아울러 누락된 시들이 어떤 양상

3 崔昌大, 〈壽席 號韻志喜〉, 『損窩遺稿』 권4.

4 최석항에 대한 연구는 윤재환(「損窩 崔錫恒의 「請對」의 설득 전략과 의미」, 『동양고전연구』 81, 동양고전학회, 2020.), 유명석(「損窩 崔錫恒의 聯句詩 硏究 - 詩會와의 연관성을 중심으로」, 『인문논총』 78, 서울대학교 인문학연구원, 2021.)의 논문이 있다.

5 이황진, 앞의 논문, 47면. 이 논문에서 이황진은 『昆侖集』에 수록되어 있지 않은 최창대의 시를 15수라고 하였으나 필자는 19수로 파악하였고, 〈步虛閣〉이 『昆侖集』에는 1691년에 편차되어 있고 『損窩遺稿』에는 1689년 부분에 편차되어 있다고 하였으나 필자는 『損窩遺稿』에도 1691년에 편차되어 있으며 보허각을 유람하고 시를 지은 것이 1691년임을 확인하였다.

을 띠는지 분석해볼 것이다. 본 연구를 통해 최창대의 기행을 좀 더 다채롭게 이해할 수 있고, 17~18세기 소론계 문학 연구의 외연을 넓힐 수 있을 것이다.

## 2. 『손와유고損窩遺稿』 소재 곤륜 기행시와 그 배경

최창대는 52년의 비교적 짧은 인생을 살았다. 28세에 벼슬을 시작하여 25년간의 관직 생활을 하였다. 최창대는 호남 암행어사, 북평사, 고양군수 등의 지방직을 지냈으며, 아버지인 최석정을 만나기 위해 경상도의 안동, 황해도의 연안 등을 방문하였고, 개성을 몇 차례 유람하였으며, 1691년에는 금강산을 방문하며 산수에 대한 애호를 드러내었다. 이처럼 길지 않은 삶을 살았음에도 불구하고 전국 각지를 다닌 이력은 그의 산수 취향을 대변해 주는 것이라고 볼 수 있다.

최창대는 전국의 각지를 다니면서 보고, 듣고, 느낀 바를 자신의 시에 담아내었다. 최창대의 작은아버지 최석항의 문집 『손와유고損窩遺稿』에는 1689년, 1690년, 1691년, 1706년에 지은 최창대의 시가 22수 수록되어 있는데, 이 가운데 1706년에 최석정과 최창대, 최석항이 함께 한 수석壽席에서 지은 시 1수를 제외하고는 모두 평소의 거처를 떠나 외지에서 지은 기행시의 성격을 가진다.

1689년에 최창대는 자신의 큰아버지인 최석진, 작은아버지인 최창대와 함께 북한산의 중흥사를 유람하였으며, 1690년에는 양천현령으로 부임하는 최석항을 최창대가 따랐다. 또 1691년에는 최석항과 함께 수락산과 도봉산, 북한산 일대를 유람하였다. 이때 지은 시의 일부는 최석항의 문집인 『손와유고』에는 수록되어 있으나 『곤륜집』에는 수록되어 있지 않다. 이 시들을 표로 정리하면 다음과 같다.

[표 1] 『損窩遺稿』 소재 곤륜 기행시 목록

| 연번 | 시기 | 장소 | 시제 | 형식 | 비고 |
|---|---|---|---|---|---|
| 1 | 1689년 | 북한산 | 秋日游重興 | 7언율시 | 최석항·최창대 각 6수, 최석진 1수 |
| | | | 秋日遊重興 | 5언율시 | 최석항·최창대 2수, 최석진 1수 |
| 2 | 1690년 | 양천 | 巴陵官居 | 7언율시 | 최석항·최창대(원운)·이지익(차운) 각 1수 |
| 3 | 1691년 | 수락산<br>도봉산<br>북한산 | 宿晦雲菴 | 7언율시 | 최석항·최창대 각 1수 |
| | | | 回龍寺 次前韻 | 7언율시 | 최석항·최창대 각 1수 |
| | | | 滯雨口占 | 7언율시 | 최석항·최창대 각 2수 |
| | | | 過藥泉書室 | 5언율시 | 최석항·최창대 각 1수 |
| | | | 道峯 用昌大韻[6] | 5언율시 | 최석항·최창대 각 2수 |
| | | | 步虛閣[7] | 5언율시 | 최석항·최창대 각 5수 |
| 소계 | | | 최석항·최창대 각 21수 외 3수 / 총 45수 | | |

『손와유고』에 수록된 최창대의 기행시는 총 9제 21수이다. 이 9제의 시 안에는 최창대의 시 외에도 문집의 주인인 최석항의 시 21수와 최창대의 큰아버지 최석진의 시 2수, 예조판서·형조판서 등을 지낸 이지익李之翼[8]의 시가 함께 수록되어 있다.

---

6 최창대가 지은 2번째 수가 『昆侖集』 권2에 〈滯雨道峰〉이라는 제목으로 수록되어 있다.

7 최창대가 지은 1번째 수와 4번째 수가 『昆侖集』 권2에 각각 〈曹溪〉, 〈步虛閣〉이라는 제목으로 수록되어 있다.

8 최석정의 『明谷集』 권21에 이지익의 신도비명 「禮曹判書桂村李公神道碑銘」이 수록되어 있어 그의 생애를 살펴볼 수 있다.

1689년은 최창대가 21세 되던 해로 아직 그가 벼슬을 하지 않았던 때이다. 그는 이 해 여름 아버지 최석정의 임소에 다녀왔으며, 8월에는 최석항, 최석진과 함께 북한산의 중흥사를 유람하였다. 이 셋은 8월 28일 중흥사를 방문해 유숙하였고, 이튿날 문수암을 지나 탕춘대를 경유하여 돌아왔다.[9] 1박 2일의 짧은 유람을 7언율시 1제 6수, 5언율시 1제 2수의 시로 남겨두었다. 『곤륜집』에도 이때의 유람에서 지은 시 〈방중흥사 증옥해상인訪重興寺 贈玉海上人〉[10]이 있다. 이 시는 한 수의 5언율시인데 『손와유고』에 수록된 5언율시 〈추일유중흥秋日遊重興〉의 첫수와 운자가 같은 다른 시로 최창대가 당시에 같은 운자로 여러 수의 시를 지었다는 것을 유추해볼 수 있다. 그렇다면 최창대가 이때 지은 것으로 추정되는 시는 총 3제 9수이다.

1690년도에 최창대는 22세였는데 양천으로 부임하는 작은아버지를 따라 양천에 다녀왔다. 『손와유고』 권2의 〈파릉관거巴陵官居〉에는 최창대의 시에 차운한 최석항과 이지익의 시가 실려있다.[11] 이로 보아 최석항이 양천으로 부임할 때에 최창대와 이지익이 함께한 것으로 보이는데, 이지익이 여기에 함께한 것은 〈파릉관거巴陵官居〉 다음 시에서 확인해 볼 수 있다. 〈파릉관거巴陵官居〉 다음에 수록된 시는

9 『損窩遺稿』 권2와 권5에 수록된 7언율시 〈秋日游重興〉과 5언율시 〈秋日游重興〉은 제목의 주석 내용까지 완전히 동일한데, 이 두 시의 주석에 "8월 26일에 큰형님을 모시고 창대를 데리고 중흥사를 방문하여 유숙하고, 다음 날 문수암을 지나 탕춘대를 경유하여 돌아왔다[八月二十八日, 陪伯氏携昌大, 訪重興寺留宿, 翌日, 過文殊菴, 由蕩春臺而還.]"라고 되어 있다.

10 崔昌大, 〈訪重興寺 贈玉海上人〉, 『昆侖集』 권1.

11 〈巴陵官居〉에는 '附昌大元韻', '附桂林次韻'라는 소제목 아래에 최창대의 원운시와 이지익의 차운시를 실어두었다. 그러나 최석항의 시와 최창대의 시는 운자가 같은데, 이지익의 시는 운자가 다르다.

〈계림유거만음桂林幽居謾吟〉[12]인데 이 시의 제목 주석에 이지익의 별업이 부평에 있다[13]고 한 것으로 보아 이지익은 자신의 별업에 가면서 최창대, 최석항과 함께한 것으로 보인다. 최창대가 이때에 지은 시는 『손와유고』에 수록된 7언율시 1수 이외에 『곤륜집』에 수록된 2수의 5언율시 〈종계부지양천從季父之陽川〉[14]이 있다. 이때 지은 시는 『손와유고』보다 『곤륜집』에 있는 것이 1수 더 많기는 하나 『손와유고』에 수록된 시는 『곤륜집』에 누락된 것이다.

1691년에는 최창대는 최석항과 수락산과 도봉산, 수락산 일대를 유람하였다. 이때에 산을 유람한 경위의 일부를 『손와유고』에서 찾아볼 수 있다.

> 신축년 5월 상순에 조카 창대를 데리고 상동문을 나가 수락에서 西溪 朴世堂 어른께 인사드리고 이어 明齋 尹拯 어른께 인사드리고 晡時(15~17시)에 물러나 죽은 벗 朴泰維 형제의 묘에 올랐다가 저물녘 회운암에서 유숙하였는데 碧虛 스님이 나와 보았다. 12일 새벽에 출발하여 藥泉書室에 들었다가 회룡사로 향하여 자연의 명승을 보았다. 도중에 단비를 만나 도봉서원에 들렀는데 동년 朴道彦이 찾아와 이야기를 나누었다. 이날 종일 큰 비가 내려 시냇물이 폭포처럼 불어났다. 12일 아침에 출발하여 巳時(9시~11시)에 조계에 도착하니 폭류가 크게 불어 시원한 기운이 사람에게 들어 전날에 보았던 것보다 확연히 빼어나다는 것을 문득 깨달았다. 노승 環迎은 폭수의 승경이 근래에 없었던 것이라고 하였다. 이에 바위 위에 앉아 발을 씻으며

12 『損窩遺稿』 권2에는 제목이 〈桂林幽居謾吟〉으로 되어 있으나 이지익의 호가 '桂村'인 점을 고려한다면 '桂林'은 '桂村'의 오류인 것으로 보인다.

13 崔錫恒, 〈桂林幽居謾吟〉, 『損窩遺稿』 권2, "李判書之翼別業, 在富平."

14 崔昌大, 〈從季父之陽川〉, 『昆侖集』 권1.

시를 읊으니 해가 지는지도 몰랐다.[15]

이 글은 『손와유고』 권5의 〈남록곡연부시南麓曲宴賦詩〉의 뒷부분에 실린 글이다. 〈남록곡연부시南麓曲宴賦詩〉는 제목 주석에 '오월초구일五月初九日'이라고 되어있어 이 시를 1691년 5월 9일에 지었다는 것을 알 수 있다. 이때 최석항과 최창대가 함께 수락산에 간 것은 소론계의 거두인 서계 박세당과 명재 윤증을 방문하고, 박세당의 두 아들 박태유와 박태보의 묘에 다녀오기 위한 것이었다. 그러고 나서 돌아오는 길에 수락산과 도봉산, 북한산을 다닌 것으로 보인다. 실제 이 때 지은 시를 보면 회운암에서 유숙하면서 지은 시와 약천서실에서 지은 시, 회룡사에서 지은 시, 도봉산에서 비에 발이 묶여 시간을 보내며 지은 시들이 남아있어 시들이 이 때에 지어졌다는 사실을 확인할 수 있다.

『곤륜집』에서 최창대가 이때에 지은 것으로 보이는 시는 〈체우도봉滯雨道峰〉, 〈조계曹溪〉, 〈보허각步虛閣〉, 〈문월정가 기이산인問月亭歌寄李山人〉, 〈유감有感〉, 〈우중잡흥雨中雜興〉, 〈송척대부윤공 출재고성送戚大父尹公 出宰高城〉의 7제 12수로 파악된다. 이 가운데 〈체우도봉滯雨道峰〉, 〈조계曹溪〉, 〈보허각步虛閣〉 3수는 『손와유고』에도 수록되

15 崔錫恒, 〈南麓曲宴賦詩〉, 『損窩遺稿』 권5, "辛丑五月上旬, 携家侄昌大, 出上東門, 拜西溪朴丈於水落, 仍拜明齋尹丈, 晡時辭退, 上亡友士安昆仲丘墓, 暮向晦雲庵留宿, 上人碧虛出見. 十二日, 淩晨發行, 入藥泉書室, 轉向回龍寺, 訪泉石之勝. 途中逢喜雨, 歷入道峯書院, 朴同年道彦來訪叙話. 是日, 大雨終日, 溪流瀑肥, 十二日朝發行, 巳時到曹溪, 瀑流大漲, 爽氣逼人, 與前日所見, 頓覺殊絶. 老僧環迎謂瀑水之勝, 近來所未有云, 仍坐石上, 濯足吟詩, 不知日之西也."

어 있다. 그러나 『손와유고』에는 이 시들이 각각의 단편이 아닌 여타의 시들과 함께 지어진 연작시의 일부로 나타난다. 〈체우도봉滯雨道峰〉은 〈도봉 용창대운道峯 用昌大韻〉에 실린 최창대의 시 2수 중 2번째 수이며, 〈조계曹溪〉, 〈보허각步虛閣〉은 〈보허각步虛閣〉에 실린 최창대의 시 5수 가운데 각각 1번째와 4번째 수이다. 『손와유고』에는 〈도봉 용창대운道峯 用昌大韻〉과 〈보허각步虛閣〉에 수록된 최창대의 시 7수 이외에도 〈숙회운암宿晦雲菴〉에 1수, 〈과약천서실過藥泉書室〉에 1수, 〈회룡사 차전운回龍寺 次前韻〉에 1수, 〈체우구점滯雨口占〉에 2수 총 5수가 더 수록되어 있는데, 이 시들은 모두 『곤륜집』에는 누락된 것이다.

최창대의 시 〈문월정가 기이산인問月亭歌 寄李山人〉과 〈송척대부윤공 출재고성送戚大父尹公 出宰高城〉은 최석항이 이때의 유람에서 지은 시인 〈기제이태소문월정寄題李太素問月亭〉, 〈송고성윤사군 장지임送高城尹使君 丈之任〉과 시를 지은 소재와 대상이 같아 함께 있으면서 지은 시로 추정해 볼 수 있다. 따라서 〈문월정가 기이산인問月亭歌 寄李山人〉, 〈송척대부윤공 출재고성送戚大父尹公 出宰高城〉 두 수 사이에 편차되어 있는 〈유감有感〉, 〈체우잡흥雨中雜興〉은 시간순에 따라 편차되어 있는 『곤륜집』의 편차 방식에 따라 같은 때에 지어진 것으로 추정된다.

『손와유고』에는 최창대의 시가 10제 22수 수록되어 있는데 이 가운데 19수의 시가 『곤륜집』에 누락되어 있으며, 그 가운데 18수의 시가 기행시의 성격을 가지고 있음을 확인하였다. 『손와유고』와 『곤륜집』에 모두 실려 있는 3수의 시와 『곤륜집』에 수록되어 있는 최창대의 기행시를 참고한다면 다른 시들이 왜 『곤륜집』에 누락되어 있는지 그 일단을 파악할 수 있다.

『손와유고』에는 수록되어 있는 시가 왜 『곤륜집』에는 누락된 것인지 3가지 정도의 가설을 세워볼 수 있다. 먼저, 최창대가 이 시기 지은 시에는 불교에 대한 호의가 두드러지는데, 불교에 호의가 있었다는 혐의를 피하기 위하여 의도적으로 이러한 시들을 누락시킨 것이 아닐까 추측해 볼 수 있다. 그러나 『곤륜집』에 나타난 최창대의 불교에 대한 관심은 이미 기존연구에서 연구된 바 있을 정도로 공공연한 사실이며,[16] 『손와유고』와 『곤륜집』에 동시에 수록된 〈조계曹溪〉에서도 불교에 대한 관심과 호의가 드러난다.

두 번째로 작은아버지인 최석항의 당대 평가와 관련된 이유로 누락시킨 것이 아닌지 생각해볼 수 있다. 최창대는 최석항보다 15세 연하이지만 최석항보다 4년 먼저인 1720년에 세상을 떠났다. 최창대의 문집이 나온 것은 최창대의 운명 5년 후인 1725년인 영조 1년의 일로, 최창대의 아들인 최수신이 최창대와 교유하던 인물들의 도움을 받아 문집을 간행하였다. 최석항은 1724년 2월 세상을 떠났고 그 해에 바로 관직을 추탈당했다. 영조 1년, 최석항은 사후임에도 불구하고 노론에 의해 소론의 수괴, 정국 혼란과 난정亂政의 원흉으로 지목되었다.[17] 이렇듯 최석항에 대한 여론이 상당히 부정적인 때였기 때문에 의도적으로 최석항과 함께 한 시는 배제한 것이라는 가설을 세워볼 수 있다. 그러나 『곤륜집』에는 1690년에 최창대가 최석항을 따라 양천으로 가면서 지은 시인 〈종계부지양천從季父之陽川〉, 1707년에 최석항의 어머니의 수석壽席에서 지은 〈계부댁수석지희季父宅壽席志

16 최창대의 불교수용 배경과 양상 및 시적 형상화는 유호선의 앞의 논문에서 연구된 바 있다.

17 윤재환, 앞의 논문, 2020, 87면.

喜〉[18]와 같은 시가 남아있어 최석항에 대한 부정적인 여론 때문에 최석항과 관련된 시를 의도적으로 배제했다고는 보기 어려운 부분들이 포착된다.

이처럼 불교에 대한 이유나 최석항에 대한 당시 여론 때문에 의도적으로 이 시들을 배제한 것으로 보기에는 어려운 부분들이 있다. 그렇다면 어떠한 이유 때문에 의도적으로 누락시킨 것이 아니라 미처 수습하지 못해서 누락된 것이 아닌지 생각해볼 수 있다. 최창대의 문집 간행은 1725년에 이루어졌다. 최석항이 세상을 뜬 이후였기 때문에 최창대의 시문을 수습하는 과정에서 최석항이 가지고 있던 최창대의 시문이 누락된 것으로 추측해 볼 수 있다. 최석항의 문집 『손와유고』는 최석항의 사후 55년 후에 최석항의 자손들이 집안에 보관되어 있던 초고를 바탕으로 문집을 간행한 것이다.[19] 집안에 보관하던 글 중에 최창대와 함께 지었던 시문이 있었고 이것이 『곤륜집』을 만들기 위해 최창대의 시문을 수습하는 과정 중에 누락되었다가 『손와유고』를 만들기 위해 집에 보관되어있던 최석항의 시문을 정리하다가 뒤늦게 발견되었다고 하는 것이 맞을 것으로 보인다.

또 『곤륜집』과 『손와유고』에 모두 수록되어 있는 3수의 시에도 서로 다른 글자가 몇 글자 있어서[20] 『곤륜집』에 실려있는 시가 『손와유

18 崔昌大, 〈季父宅壽席志喜〉, 『昆侖集』 권5.

19 崔昌億, 「行狀」, 『損窩先生紀實』, "先祖之沒, 已過五十有五年. 日月寢遠, 事蹟逾昧, 前輩故老, 皆已淪沒, 家藏文字, 亦多散失. 大懼先祖之德業事行無可考信, 謹摭家庭之所聞見, 略加叙次如右, 爲子孫之觀焉."

20 『昆侖集』 〈曹溪〉의 '碑版刦灰餘', '周全佛力盧', '從爾演三車'가 『損窩遺稿』 〈步虛閣〉의 곤륜시 1수에는 '册釋刦灰餘', '周王佛力盧', '從爾問三車'라고 되어 있으며, 『昆侖集』 〈步虛閣〉의 '一水如天通', '羣崖氣色同', '王孫亭榭古'은

고』에 있는 것과는 다르다는 것을 알 수 있다. 이는 이 3수의 시도 최석항의 집에서 수습한 것이 아니라 최창대가 가지고 있었던 것을 문집에 넣은 것으로 볼 수 있다.

미처 수습하지 못하여 누락되었다는 이 가설도 정확한 근거를 가지지는 못하지만 다른 이유로 보기에는 어려운 점들이 있다. 또한 최창대의 문집 간행시기와 최석항의 문집 간행시기를 고려해 본다면 의도적으로 누락시킨 것이 아니라 『곤륜집』의 시문을 정리하는 과정에서 최석항이 가지고 있던 최창대의 시문이 미처 수습되지 못했던 것으로 보는 것이 옳을 듯하다.

## 3. 『손와유고』 소재 곤륜 기행시의 양상

최창대는 아름다운 풍광으로 유명해 많은 문인들이 유람을 꿈꾸었던 금강산도 다녀왔으며, 극변 지역인 북관 지역에도 방문하여 일상과는 다른 풍토나 풍속을 경험하기도 하였다. 최창대는 이처럼 살면서 쉽게 다닐 수 없는 곳들을 유람하였다. 그리고 최창대는 1689~1691년 작은아버지인 최석항을 따라 근기 북부지역의 북한산, 도봉산, 수락산과 양천 지역을 다녀왔다. 최석항의 『손와유고損窩遺稿』에는 최창대의 시 10제 22수가 수록되어 있다. 그 가운데 9제 21수가 이때 지은 시이며, 이 가운데 3수를 제외한 나머지는 모두 최창대의

『損窩遺稿』 〈步虛閣〉의 곤륜시 5수에는 '一水與天通', '羣崖散落同', '王孫臺榭古'으로 되어있어 글자의 출입이 있음을 확인할 수 있다.

문집인 『곤륜집昆侖集』에는 수록되어 있지 않다. 그러므로 『손와유고』에 수록된 최창대 기행시를 통해 최창대 기행시의 일면을 살필 수 있고, 그의 기행시를 좀 더 풍부하게 살펴볼 수 있다.

### 1) 사찰 공간에서 취하는 마음의 평정

1689년과 1691년 최창대가 최석항과 함께 유람한 곳은 서울 북쪽에 위치한 북한산과 도봉산, 수락산이다. 산에는 기본적으로 절과 암자가 많고 이 산들에서도 예외는 아니다. 1689년에 최창대는 최석항과 함께 북한산의 중흥사를 찾아 유숙하였고, 문수암을 지났다고 한다. 또 1691년에는 회운암에서 스님을 만나 회룡사를 소개받고 그곳에 스님을 따라 방문하기도 하였다. 이 내용은 최석항의 〈서회룡상인시書回龍上人詩〉의 인引에서 확인할 수 있다.

> 내가 평소에 도봉산과 수락산의 승경을 좋아하였는데 회룡사가 있다는 것은 몰랐다. 신미년(1691년) 여름, 회운암의 벽허스님 덕에 처음 그곳의 산수가 아름답다는 것을 듣고 따라갔다. 골짜기가 그윽하고 고요하며 숲이 고리처럼 에워싸고, 한줄기 날리는 샘이 층진 벼랑 사이에서 쏟아져 나옴에 은은하게 패옥의 울림이 있는 듯 하여 마음이 몹시 즐거워 비로소 전에 들었던 것이 허언이 아님을 믿게 되었다.[21]

21 崔錫恒, 〈書回龍上人詩〉, 『損窩遺稿』 권5, "余生平愛道峰水落之勝, 而未知有回龍寺也. 歲辛未夏, 因晦雲僧碧虛, 始聞其水石之佳而往從之. 洞府幽靚, 林木環合, 一道飛泉, 瀉出于層崖之間, 隱隱有環珮響, 心甚樂之, 始信前聞之不虛也."

이 글은 최석항이 자신의 개인적인 감상을 드러낸 것이지만 최창대도 최석항과 함께 유람을 하며 시를 주고 받으면서 비슷한 감정을 느낀 것으로 보인다. 이 글에서 알 수 있는 것은 최석항이 불교 자체에 대한 관심을 드러낸 것은 아니지만 절과 암자에서 볼 수 있는 자연의 승경과 그 속에서 느껴지는 정취를 좋아했던 것으로 보인다. 이런 이유에서 산에 갈 때마다 절이나 암자를 방문하여 그곳에서 유숙했던 것으로 보인다. 하지만 이는 불가에 대한 어느 정도의 호의를 가지고 있었기 때문에 가능했었던 것으로 보인다. 최석항이 산 속의 사찰을 찾아다니기 좋아했었던 것처럼 최창대도 사찰에 방문하여 그 속에서 마음의 평정을 취하는 모습을 찾아볼 수 있다.

(1)

우연히 중흥사를 찾으니　偶訪重興釋子居
몇 떨기 산 국화는 섬돌을 둘렀으며　數叢山菊遶階除
시내 가운데 바위는 오래도록 물길에 젖어왔고　溪心巖石流溥久
산 꼭대기 사찰은 태초부터 있었던 듯하며　峰頂伽藍結搆初
온 골짝의 가을빛 짙어 방울질 듯하고　萬壑秋光濃欲滴
삼경의 밤기운 고요하게 펴지며　三更夜氣靜仍舒
때로 들려오는 맑은 경쇠소리에 세상 미련 다 잊으니　時聞淸磬消塵慮
촛불 돋워 잠들지 않고 불서를 읽네　剪燭無眠看佛書

(2)

중흥봉 골짜기 별 사는 곳 가까워　重興峰壑近辰居
지팡이 짚고 서풍 맞으며 온갖 근심 사라지니　倚杖西風百慮除
산은 육정이 길을 낸 후에 깎은 것이고　山鑿六丁通道後
바위는 여와씨가 하늘을 메우기 전부터 있었네　石留媧帝補天初
안개 놀 눈에 가득해 때묻은 마음 깨끗해지고　烟霞滿眼塵襟靜

쇳송 소리 마음 맑게 해 도기가 펴지니 鍾磬澄心道氣舒
눈 앞의 아득한 긴긴 세월에 헤맸지만 目下茫茫迷浩刦
용당에서는 한가롭게 불경을 읽는구나 龍堂閑讀梵王書[22]

이 시는 1689년 최창대, 최석진, 최석항이 함께 북한사 중흥사에서 묵으면서 지은 시이다. (1)은 최석항이 지은 시이고 (2)는 같은 운자로 최창대가 지은 시이다. (1)에는 늦은 밤 절의 평화로운 풍경 속에서 자신의 마음에 평정을 얻고 있는 최석항의 모습이 나타나 있다. 최석항은 시 전반에서 자신의 모습을 드러내지 않고 절에서 보이는 것들을 차례로 묘사하고 있다. 섬돌을 두른 꽃처럼 작은 곳에서부터 골짜기에 짙게 드리운 가을빛과 같은 먼 풍경까지 시를 통해 묘사하고 미련에서는 잠들지 않고 불서를 읽는 스님이 모습까지 담아내고 있다. 최석항은 이 스님의 모습을 보고 세상 미련을 다 잊은 듯하다고 말하고 있는데, 이는 속세에서 느꼈던 감정들이 해소되는 자신의 기분을 스님에게 이입하여 표출하고 있는 것이다.

(2)에서 최창대는 최석항의 시에서 본 것보다 더 적극적으로 근심을 해소하고 마음의 안정을 찾고 있다. 이 시의 첫 구에서 최창대는 중흥사를 별들이 사는 곳이라고 표현하였다. 그만큼 중흥사가 높은 곳에 위치해 있다는 것을 말해주는 것이다. 높은 산에 위치한 절에서 바람을 맞으니 온갖 근심이 잊혀진다고 하였다. 당시에 최창대는 21세의 젊은 나이로 아직 출사하기도 전이었지만 우계牛溪와 율곡栗谷의 철향輟享과 관련해 쟁론하다 죄를 얻어 과업을 포기하였고, 장인이 장살杖殺당하는 아픔을 겪었다. 이러한 일들에서 비롯된 근심들을

22 崔昌大, 〈秋日游重興〉, 『損窩遺稿』 권2.

잊고있는 것이다.

함련은 북한산과 그 곳에 위치한 중흥사를 신비한 곳으로 만들어 주고 있다. 3구는 "용문을 옛적 우임금이 깎았으니, 육정의 도끼 흔적 아직도 생생하네.[龍門昔經神禹鑿, 六丁斧痕猶岸嶀.]"라는 왕수王燧의 〈하청河淸〉의 시구절에서 나온 것이다. 우임금이 용문을 깎은 것처럼 북한산의 가파르고 험준한 모습을 묘사한 것이고, 4구는 여와씨가 오색의 돌은 단련하여 하늘을 메우고 자라의 다리를 잘라 사극四極을 세웠다는 고사를 가지고 온 것이다. 북한산과 중흥사를 상고 시대 여와씨가 하늘을 메울 때부터 있었다고 함으로써 이곳을 태고의 순수함을 갖춘 신비로운 곳으로 만들어주고 있다.

경련에서는 안개와 노을과 같은 자연의 풍광과 절에서 울리는 쇳송소리를 통해 자신의 마음을 정화하고 있다. 세상을 살면서 겪은 풍파들로 쌓였던 마음속 때가 씻겨 나가는 듯하고 쇳송소리를 들으면서 맑아진 마음에는 도기가 펴진다고 하였다. 미련에서 최창대는 눈앞의 아득한 긴긴 세월을 헤맸다고 하였는데, 이는 세상을 살면서 힘든 일들을 겪으며 괴로워했던 지난 시간들을 말한다. 절에서 평온한 모습으로 불경을 읽고 있는 스님의 모습은 세상일에 힘겨운 자신의 처지와 대조되어 더욱 한가롭게 보여지고 한편으로는 스님을 부럽게 바라보는 최창대의 시선을 느낄 수 있다.

두 시에서 모두 중흥사의 모습을 묘사하고 그 공간에서 마음의 평정을 취하는 모습이 그려진다. 하지만 최석항보다 최창대가 더 직설적으로 자신의 감정을 노출하고 있음을 발견할 수 있다. 이는 최창대가 당시에 겪고 있던 문제가 결부된 것일 수도 있고, 최석항은 30대 후반의 나이였던 것에 비해 최창대는 20대 초반의 혈기가 있던 나이였기 때문에 조금 더 직설적으로 나타난 것이라고 볼 수도 있다.

사찰은 향계를 열었고 蓮宇開香界
붉은 노을 비치자 적성산처럼 보이네 霞標認赤城
첩첩 산들은 좌우에 늘어서고 糾紛山左右
돌아 맞닿은 숲은 흐렸다 개네 廻合樹陰晴
여러 골짜기는 구름 기운과 통하고 衆壑通雲氣
빈 바위에는 물소리가 응하네 虛巖應水聲
뭇 존재하는 것들의 너머를 아득히 바라보니 玅觀羣有外
생겼다 사라짐에 감정에 동요되지 않네 生滅了忘情[23]

이 시는 1691년 도봉산에서 지은 시이다. 이때도 최창대는 최석항과 함께 회운암과 회룡사 등의 절과 암자를 방문하였다. 제목에서는 단순히 도봉道峯이라고만 제시되어 있어 이 시를 도봉산에서 지었다는 것은 알 수 있지만 제목을 통해 구체적으로 어느 곳에서 지은 것인지는 확인이 어렵다. 다만 첫구에서 사찰은 향계를 열었다고 한 부분에서 당시 최창대가 절에 있었다는 것을 파악할 수 있다. 향계는 18계의 하나인데, 인식을 성립시키는 요소 가운데 하나로 코로 인식할 수 있는 대상인 향기를 말한다. 사찰이 향계를 열었다고 한 것은 절에 향 내음이 가득해 절을 향기로 인식하고 있었다는 것을 말한다. 이 절은 붉은 노을에 잠겨 적성산으로 보이는 듯하다. 적성산은 도교에서 말하는 선경의 하나로 최창대는 향 내음이 가득한 이 공간을 선계로 인식하고 있었음을 알 수 있다.

함련과 경련은 원경에서 근경으로 시선을 옮겨가며 절 주변의 풍경을 묘사하고 있다. 먼저 함련은 이 절의 원경을 조망한다. 절에서 보이는 첩첩 산들이 주변으로 늘어선 풍경과 절을 둘러싼 숲이 흐렸

23 崔昌大, 〈道峯用昌大韻〉, 『損窩遺稿』 권5.

다 개었다 하는 모습을 시로 옮겼다. 경련에서는 최창대는 골짜기에 잔뜩 낀 구름의 모습을 보며 바위에 흐르는 물이 부딪혀 나는 소리를 듣고 있다. 함련에서는 시각적 이미지를 통해 절 주변의 풍경을 묘사하고, 미련에서는 청각적 이미지를 동원하여 묘사함으로써 절 주변의 풍경을 자세하게 그려내고 있다. 이러한 자연의 풍경은 최창대의 마음을 편안하게 하는 요소로 작용하고 있다.

함련과 경련에서 시각적, 청각적으로 인식 가능한 것들은 묘사했다면 미련에서는 시・청각적으로 인식되지 않는 세계를 관찰하고자 하는 모습이 나타난다. 여기서는 창대가 불교의 연기설緣起說에 대한 이해가 있었음을 확인할 수 있다. 연기설은 "이것이 있으면 그것이 있고, 이것이 없으면 그것도 없는 것이다. 이것이 생김으로써 그것이 생기고, 이것이 멸함으로써 그것도 멸한다"라는 말로 이해되는데 생성과 소멸이 끊임없이 이루어진다는 것이다. 연기설에 대한 이해를 통해 일어나고 사라지는 어떤 것에 감정을 동요하지 않겠다고 하였다. 최창대는 절에서 보이는 자연의 풍경을 감상하고 인식 가능한 존재의 너머를 관찰하면서 자신의 마음에 평정을 얻고 있는 것이다.

| | |
|---|---|
| 복도는 양왕의 땅이었고 | 複道梁王地 |
| 연궁은 혜원의 거처였는데 | 蓮宮惠遠居 |
| 종소리는 흐르는 물에 실려 가고 | 歌鐘流水去 |
| 비석도 잿더미로 남았네 | 碑版刦灰餘 |
| 복식으로도 신선될 기약은 그르쳤고 | 服食仙期誤 |
| 온전함은 불력으로도 헛된 것이네 | 周全佛力虛 |
| 가만히 생멸을 느끼니 | 居然感生滅 |
| 그대 따라 삼거에 마음을 두겠네 | 從爾演三車[24] |

이 시도 앞서 살펴본 시와 마찬가지로 1691년에 지은 시인데 『손와유고』와 『곤륜집』에 모두 실려 있다. 제목은 〈보허각步虛閣〉과 〈조계曹溪〉로 각기 다르지만 조계동에 있는 인평대군의 별장인 송계별업에 보허각, 영휴당 등이 있었다. 조계에 보허각이 있었기 때문에 두 문집에 수록된 시제詩題가 다르지만 같은 곳에서 지은 시임을 알 수 있다. 보허각을 사찰 공간으로 보기에는 어려운 부분이 있지만, 이 시에서 최창대는 앞서 살펴본 시에서와 마찬가지로 불가의 이론을 통해 마음의 평정을 취하고 있다.

이 시의 수련~경련에는 전체적으로 최창대가 느끼는 무상함, 허무함들이 잘 담겨 있다. 이 시는 1, 3, 5구가 이어지고 2, 4, 6구가 이어지는 것으로 볼 수 있다. 먼저 1구에서 말하는 양왕은 두태후竇太后의 막내아들인 양효왕梁孝王을 말하는데 두태후의 총애를 받아 궁실을 키워 복도가 30여 리나 되었다고 한다. 그러나 그러한 총애와 부도 종소리와 함께 사라졌고 단약을 먹어 신선이 되지도 못한 채 흩어져 버렸음을 말한다. 또 동진東晉의 스님 혜원은 동림사에 살면서 이름이 났었다. 하지만 당시의 명성도 잿더미가 된 비석에나 남아있을 뿐이다. 불교의 힘으로도 당시의 명성을 온전하게 유지할 수는 없었던 것이다.

미련에서는 〈도봉 용창대운道峯 用昌大韻〉의 1수에서 본 생멸生滅이라는 용어가 다시 사용되고 있음을 볼 수 있다. 생멸은 불교에서 말하는 생성과 소멸이 끊임없이 일어나는 연기설의 논리인데 최창대는

24 崔昌大, 〈曹溪〉, 『昆侖集』 권2. (『損窩遺稿』 권5의 〈步虛閣〉에 수록되어 있다. 『곤륜집』과 『손와유고』에 글자의 출입이 있는데 『곤륜집』의 글자가 더 타당한 것으로 보인다.)

앞에서 화려함과 명성을 자랑하던 것들도 모두 무상한 것임을 깨닫고 허무함을 느꼈기 때문에 여기서 생멸을 느낀다고 한 것이다. 많은 문인들의 시에서 무상감과 허무함을 발견할 수 있지만 최창대는 여기서 이러한 무상감을 바로 불교의 연기설로 연결지었다. 마지막 구절에 나오는 삼거三車는 당나라 자은대사의 불경을 실은 수레를 말하기도 하며, 대승大乘을 말하는 보살승菩薩乘과 중승中乘을 말하는 연각승緣覺乘, 소승小乘을 말하는 성문승聲聞乘을 말하기도 한다. 이 삼거를 마음에 두겠다고 한 것은 세상의 무상한 것들에 허무함을 느끼면서 그 마음을 불교에 대한 관심으로 돌리는 것이다. 이 관심이 불교에 대한 귀의나 몰두로 이어지는 것은 아니지만 이러한 허무함을 불교에서 조금이나마 해소하고 평정을 찾고자 한 것이다.

이 시들에서 발견할 수 있는 것은 사찰 공간에서 마음의 평정을 취하고 있다는 것이다. 사찰이라는 공간에서 느껴지는 자연 속에서의 편안함 뿐만 아니라, 불교에 대한 이해를 통해 자신의 마음에 평정을 취하려 하고 있다는 점이 특징적이라고 할 수 있다. 또 이러한 불교에 대한 이해는 최창대가 불교에 대해서는 어느 정도 관심을 가지고 있었다는 것으로 이해할 수 있다.

### 2) 산중에서 경험한 속세와의 단절감

산은 일상적인 공간과는 단절된 공간이며 이런 이유에서 자신이 생활하던 공간과 아주 멀리 떨어진 공간이 아니라 하더라도 속세와는 단절된 공간으로 받아들인다. 최창대가 이 시기 방문했던 곳들이 대체로 산이기 때문에 속세와 단절되었다는 인식이 두드러지게 나타난다. 이는 신선 세계에 대한 묘사로 나타나거나 직접적인 언급을 통해 드러난다.

(1)
좋은 계절은 중양절에 가까워 와　佳節重陽近
맑은 서리 벌써 숲에 가득하니　淸霜已滿林
텅 빈 뜰에는 어두운 빛 일어나고　空庭生暝色
묵은 우물에는 가을 기운 내려앉네　古井落秋陰
길 굽어들자 풍진세상 멀어지고　路轉塵寰隔
종 울리자 부처 자리는 깊어진 듯하네　鍾鳴佛坐深
산 누각에 달 뜰 훗날　山樓他夜月
한 쌍 나막신으로 다시 찾아볼까　雙屐擬重尋

(2)
온종일 맑은 내 굽이에서　盡日淸溪曲
소나무 계수나무 숲 다니며 노래하는데　行歌松桂林
가을 바람은 땅에 가득 일어나고　西風滿地起
온 골짝 층층이 엉겨 그늘졌네　萬壑結層陰
나그네 길에 가을 구름 저무는데　客路秋雲暮
절문에는 낙엽이 깊네　僧門落葉深
무릉의 물에 복사꽃 뜨는　桃花武陵水
봄날 다시 찾을 만 하겠네　春日可重尋[25]

이 시는 1689년 중흥사를 유람했을 때에 지은 5언율시 〈추일유중흥秋日游重興〉으로, (1)은 최석항의 시이고, (2)는 최창대의 시이다.

25 崔昌大, 〈秋日游重興〉, 『損窩遺稿』 권5.

두 시는 같은 운자로 지어졌으며, 시에서 느껴지는 분위기와 내용 역시 비슷하다. 최창대의 시와 최석항의 시에서 모두 중흥사를 속세와 단절된 공간으로 여기고 있으며, 나중에 이곳에 다시 방문하려는 기약을 남기고 있음을 확인할 수 있다. 이렇게 시의 분위기와 내용이 유사하게 전개되는 것은 최석항과 최창대가 유람을 함께 하면서 비슷한 것을 느끼고 서로에게 공감하고 있었음을 방증하는 것으로 볼 수 있다.

함련에서 최석항과 최창대는 모두 가을을 맞은 중흥사를 묘사하고 있다. 최석항은 '어두운 빛[暝色]', '가을 기운[秋陰]'로, 최창대는 '가을 바람[西風]' 등의 표현으로 가을을 표현하였다. 이러한 가을의 분위기는 유람의 들뜸과는 달리 차분하게 가라앉은 모습이다. 하지만 이러한 가을의 분위기를 최석항과 최창대는 모두 긍정적으로 인식하고 있다. 최석항은 경련에서 풍진세상과 멀어진다고 표현하였고, 최창대는 최석항처럼 속세와의 단절을 직접적으로 언급하지는 않았으나 구름이 진다고 한 표현이나 낙엽이 깊이 쌓였다고 한 것에서 최창대가 이곳을 속세와 의도적으로 분리하고 있음을 알 수 있다. 길에 구름이 진다고 한 것은 날이 저무는 시간을 말해주는 것과 동시에 이 길이 높은 곳에 있음을 아울러 보여주는 것으로 보인다. 또 절문 앞에 떨어져 깊이 쌓인 낙엽들은 이곳이 인적이 드문 곳임을 보여주는 요소이다.

마지막 미련에서는 최석항과 최창대 모두 이곳에 다시 방문할 것을 기약하며 시상을 마무리를 짓고 있다. 최석항이 산 누각의 달 뜨는 날 다시 찾겠다고 하였고, 최창대는 무릉의 물에 복사꽃 뜨는 봄날에 다시 찾겠다고 하였다. 최창대는 여기서 자신이 다니면서 묘사한 공간을 선계로 만들고 있다. 무릉의 물에 복사꽃 뜨는 봄에 다시 이곳에 찾아오겠다고 한 것은 이곳이 무릉도원과 이어지는 곳이라는 것이다. 봄에 이곳을 찾으면 마치 무릉도원과 같은 모습일 것이라고 상상하는 것이다. 이는 앞서 이 공간을 속세와 단절된 공간으로 만들고자 했던 것의 연장선상에 있는 것으로 이해할 수 있다. 최창대는 최석항과 달리 직접적으로 속세의 단절을 언급하지 않았지만, 저물녘이라는 시간과 인적이 다니지 않아 깊게 쌓인 낙엽, 그리고 이곳을 묘사한 무릉도원은 이 곳을 선계로 인식하게 하며 저절로 속세와는 단절된 공간이라는 느낌을 주고 있다.

| | |
|---|---|
| 가을바람에 신발 신고 게으름 떨쳐 | 秋風雙屐起余慵 |
| 말 달려 서쪽으로 와 푸른 봉우리를 보니 | 策馬西來看碧峰 |
| 도성문 밖 수십 리를 달려 나와 | 馳出闉闍數十里 |
| 몇천 겹 속세를 벗어났네 | 脫離塵俗幾千重 |
| 돌구멍의 날리는 샘은 언제의 눈이며 | 飛泉石竇何年雪 |
| 절 문 앞 깊은 숲에는 저물녘 종소리 들리네 | 深樹禪門薄暮鍾 |
| 붉은 낙엽 쓰는 스님에게 말을 전하노니 | 傳語居僧掃紅葉 |
| 나무꾼이 신선의 자취 밟지 말도록 하게나 | 莫敎樵子躡仙蹤[26] |

이 시는 7언율시 〈추일유중흥秋日游重興〉의 3번째 수이다. 이 시의 수련에서는 중흥사까지 오게 된 과정을 아주 신속하게 보여주고 있다. 가을바람에 흥이 일어 신을 신고 빨리 말을 달려 서쪽의 북한산 중흥사에 도착하여 푸른 봉우리를 보고 있는 모습을 두 구절에 압축하여 보여준다. 출발부터 도착까지 두 구절로 보여주었지만 그 거리가 그리 가까운 것은 아님을 함련에서 설명하고 있다. 도성문에서 빠

26 崔昌大, 〈秋日游重興〉, 『損窩遺稿』 권2.

져나와 수십 리를 달려와 자신이 생활하던 속세와는 몇천 겹이나 간극이 있다는 것을 설명하였다. 여기서 최창대는 몇천 겹이라는 구체적인 말을 통해 속세와의 거리감을 형성하였다.

경련에서는 중흥사를 시각적, 청각적으로 묘사하고 있다. 먼저 시각적으로는 돌구멍에서 솟아나 날리는 샘물을 표현하였다. 샘물을 언젠가 내린 눈이 녹아 날리는 것으로 생각하였다. 이때가 8월이라는 것을 감안한다면 언젠가 내린 눈이 녹았다고 한 것은 이곳이 내렸던 눈이 잘 녹지 않을 만큼 차갑고 깨끗한 공간임을 표현한 것으로 보인다. 또 어디선가 종소리가 들려오는데 문 앞으로는 깊은 숲이 나 있어 어디서 들려오는 것인지 불분명하게 표현하고 있다. 이는 숲을 통해 바깥세상과의 차단을 공고히 하고 이를 통해 눈이라는 깨끗한 자연물을 통해 이 공간을 더욱 단절된 공간으로 만들어준다.

미련에서 최창대는 중흥사의 스님에게 나무꾼이 신선의 자취를 밟지 못하도록 해달라고 당부의 말을 전하고 있다. 최창대는 이곳을 신선이 다니는 곳이라고 생각하여 마당을 쓰는 스님에게 혹시 다니는 나무꾼이 있다면 신선의 자취는 없애지 말도록 해달라고 요청한 것이다. 이는 이 절이 선계로 인식될 만큼 숲으로 차단된 공간인데 이곳을 나무꾼이 와서 그 자취를 다 없애버린다면 신선이 다시 찾아오지 못할까 우려하는 모습으로 보인다.

| | |
|---|---|
| 텅 빈 누각에선 옷을 입어도 저녁의 서늘함이 드는데 | 虛閣被衣借夕凉 |
| 석양의 붉은빛 푸른빛은 앞의 산등성이로 져가네 | 斜光紫翠赴前岡 |
| 달빛이 회나무 그림자를 옮기니 창으로 조금 얽히고 | 月移槐影縈牕細 |
| 바람이 송화가루 흔드니 정원에는 향기 가득하네 | 風攪松花滿院香 |
| 흐르는 물소리 속 범인과 성인은 멀어지니 | 流水聲中凡聖隔 |

| | |
|---|---|
| 속세로 돌아간 후의 꿈은 길어져 | 紅塵歸後夢魂長 |
| 산음에서 수레 함께 타려던 약속 잃고나면 | 山陰一失同車約 |
| 별서의 처사의 상에는 구름이 깊어지겠지 | 別墅雲深處士床[27] |

이 시는 1691년에 회운암에서 묵으면서 지은 시이다. 이 시는 전반부에서는 회운암에 있는 현재 상황을 보여주고 후반부에는 속세에 돌아갔을 때의 상황을 상정하고 있다. 먼저 수련에서는 회운암의 누각에서 시를 짓는 최창대의 모습이 나온다. 이 시를 지은 때는 5월로 여름인데 옷을 입고 있어도 저녁에는 서늘함이 든다. 그렇게 그 자리에서 지는 해를 바라보니 붉고 푸른 빛이 바라다보이는 산등성이로 지고 있다. 달빛이 움직임에 따라 회나무는 그림자를 옮겨 창에 비쳐 들고 바람에 날린 송화가루에 정원에는 향기가 가득해졌다고 하였다. 이곳은 범인들이 살고 있는 속세와는 다른 곳이다. 범인들이 사는 곳과 성인들이 사는 공간은 흐르는 시냇물 소리로 나누어진다. 지금은 성인들의 공간에 있지만 속세로 돌아간 뒤에는 꿈이 길어질 것 같다고 말하였다.

| | |
|---|---|
| 하늘가의 아침 빛에 몇 봉우리 드러나고 | 天際朝光露數峰 |
| 바위 사이의 새벽 기운은 천겹으로 흩어지네 | 岩間曉氣散千重 |
| 숲의 안개 해가 비쳐 맑았다가도 비가 오고 | 林霏照日晴猶滴 |
| 숲의 빛은 구름과 어우러져 가깝다가 되려 깊어지네 | 樹色和雲近却濃 |
| 한 골짝에서 속세의 그물에서 벗어날 기약하여 | 一壑將期逃俗網 |
| 잠깐 동안 사람 자취 멀어져 조금 기뻤는데 | 片時差喜遠人蹤 |
| 문을 나서니 꾀꼬리 맞이하며 불러대며 | 出門黃鳥迎相喚 |

27 崔昌大, 〈宿晦雲菴〉, 『損窩遺稿』 권5.

돌아가려는 마음 끌어다 머물러 두니 걸음마다 게으르네 牽住歸心步步慵[28]

이 시는 〈체우구점滯雨口占〉에 최석항이 지은 시은 시 2수 가운데 2번째 시로, 1691년 5월 12일에 큰 비를 만났을 때에 지은 시이다. 앞서 살펴본 최석항의 〈남록곡연부시南麓曲宴賦詩〉에서 새벽에 출발하여 약천서실에 들렀다 회룡사에 가면서 도중에 단비를 만나 도봉서실에 들렀다고 하였는데 이때 지은 시로 보인다. 수련과 함련에서는 비 내리는 새벽 풍경을 시로 묘사하였다. 해가 뜨기 시작하자 산봉우리의 모습이 보이기 시작하고 바위 사이에서는 새벽 기운이 흩어진다. 숲에는 해가 떠 맑았다가도 비가 오고 숲의 빛은 구름에 어려 가까운 듯하다가도 어느새 멀어져 있다. 여기서 묘사한 산봉우리, 바위, 숲의 안개와 빛 같은 풍경들은 산에서나 만날 수 있는 풍경들이다. 산속에서 자연의 흥취를 느끼고 있었는데 속세로 돌아갈 생각을 하니 아쉬운 마음이 가득하다. 세상의 그물을 벗어나 사람 자취와 멀어져 기뻐했는데 문을 나서며 문득 돌아가야 할 생각을 하니 아쉬운 마음이 드는 것이다. 문을 나서니 꾀꼬리가 지저귄다. 꾀꼬리도 여기서는 자연을 상징하는 것으로 산봉우리, 바위, 산과 같이 속세와 분리된 존재이다. 꾀꼬리가 떠나는 자신을 자꾸 불러서 속세로 돌아가야 하는 자신의 마음을 계속 붙잡아 두고 있어 걸음을 더디하며 미련을 보이는 것이다.

이 시에서는 '속세의 그물에서 벗어나[逃俗網]', '사람의 자취에서 멀어져[遠人蹤]'라는 말을 통해 자신이 현재 위치한 자연과 돌아가야 하는 공간인 속세를 대비시켰다. 앞서 살펴본 시에서도 최창대는 의도

28 崔昌大, 〈滯雨口占〉, 『損窩遺稿』 권3.

적으로 속세와 자연을 대비시키는 말을 통해 자신을 속세에서 분리시키고 있음을 볼 수 있다. 이는 자신이 돌아가야하는 세상에 염증을 느끼고 있기 때문에 의도적으로 시어를 통해 자신이 현재 위치한 산을 세상으로부터 분리시키고 있는 것이라고 이해할 수 있다.

## 4. 결론

본고에서는 『손와유고損窩遺稿』에 수록된 곤륜시를 중심으로 곤륜 기행시의 일단을 살펴보았다. 최창대의 작은아버지인 최석항의 문집 『손와유고』에는 최창대의 시가 10제 22수 수록되어 있다. 이 22수 가운데 3수만이 『곤륜집昆侖集』에 수록되어 있고 나머지는 모두 『곤륜집』에 누락되어 있다. 또 22수 가운데 1689~1691년에 지은 시가 9제 21수인데 이 21수는 모두 기행시의 성격을 띤다.

1689년~1691년에 최창대는 최석항과 종종 시간을 함께 보내며 시를 주고 받은 것으로 보인다. 1689년에 최창대는 큰아버지 최석진, 작은아버지 최석항과 함께 북한산의 중흥사를 유람하였다. 이때 지은 시가 『손와유고』에 2제 8수 수록되어 있다. 최석항은 1690년 양천현령에 제수받았다. 부임하는 길에 최창대와 이지익이 함께 하였다. 이때 지은 시가 『손와유고』에 1제 1수 남아있다. 『곤륜집』에도 이때 지은 시가 1제 2수로 남아있지만 『손와유고』에 수록된 것과는 다른 시이다. 1691년에는 최석항과 최창대가 박태유, 박태보 형제의 묘소에 다녀오면서 수락산과 도봉산, 북한산 일대를 유람한 것을 확인할 수 있다. 이때의 유람에 남긴 시는 1689년, 1690년보다 더 많다. 『손와유고』에 최창대의 시가 6제 12수 남아 있으며 이 중 3수는 『곤륜집』에도 전한다. 이때의 유람에서 최창대는 꽤 많은 시를 남겼고, 그것이 『곤륜집』에도 많이 남아 있는데도 불구하고 최창대가 이때 수락산, 도봉산, 북한산들을 유람한 것에 대해서는 밝혀둔 바가 없다. 때문에 이때 지은 시들을 1689년에 지은 시로 오해하는 경우도 있다. 이러한 이유 때문에 이 시기 최창대의 시에 조금 더 주목해야 할 것으로 보인다.

본고에서 살펴보고자 하는 시들은 『손와유고』에 수락된 곤륜의 시들인데, 이 시들은 대체로 최창대의 문집 『곤륜집』에는 누락되어 있다. 때문에 이 시들이 왜 『곤륜집』에 누락되어 있는 것인지에 몇 가지 가설을 세워보았다. 먼저 불교에 대한 호의가 혐의가 될 수 있기 때문에 누락시켰다는 점을 생각해볼 수 있다. 그러나 『곤륜집』에서도 최창대 시의 불교적 성격을 찾아볼 수 있고 『손와유고』와 『곤륜집』에 모두 수록된 시에서도 비슷한 정도의 불교에 대한 호의가 나타나기 때문에 배제하였다. 또 작은아버지인 최석항에 대한 당시의 여론과 정치적 입지를 고려해 최석항과 함께 있으면서 지은 시를 의도적으로 배제한 것은 아닐까 가정하였다. 그러나 『곤륜집』에서 최석항과 함께 하면서 지은 시를 약간 발견할 수 있어 이것도 아니라고 보았다. 마지막으로 의도적인 배제가 아니라 수습이 온전히 이루어지지 않아서 누락된 것이라고 보았다. 최석항이 운명한 시기와 최창대와 최석항의 문집이 이루어진 시기를 고려해 봤을 때, 『손와유고』에 수록된 최창대의 시는 최석항의 집안에 보관 중이던 것을 『곤륜집』을 만들 때에는 미처 수습하지 못하였고 『손와유고』의 간행을 위해 정리하는 과정에서 발견한 것으로 보는 것이 맞다고 생각하였다.

본고에서는 이 시기 최창대 기행시의 양상을 사찰 공간에서 취하는 마음의 평정과 산중에서 경험한 속세와의 단절감으로 보았다. 이때 유람이 대체로 산속에서 이루어지기 때문에 그만큼 절과 암자를 많이 방문하는 것을 볼 수 있다. 최창대는 자신이 방문한 사찰에서 마음의 평정을 취하고 있다. 이것은 단순히 절이 산, 자연에 위치해 있기 때문에 편안함을 느끼는 것이 아니라 불교에 대한 이해를 통해 평정을 얻고 있기에 특징적이다. 또 이때 방문한 산들이 서울에서 아주 먼 곳에 떨어져 있는 산들이 아님에도 불구하고 산이라는 공간 자체가 주는 단절성을 이용해 속세와의 단절을 나타내고 있다. 이는 속세와의 단절을 직접적으로 언급하거나, 신선 세계에 대한 묘사로 이루어지고 있다. 의도적으로 시어에서 속세와 자연을 분리시키고 있음을 확인할 수 있는데 이는 자신이 처해있는 현실에 대한 강한 염증에 대한 반감을 나타내는 것이라고 보았다.

『곤륜집』에 수록된 최창대의 기행시에 관한 연구는 어느 정도 축적되었다. 하지만 본고에서는 『곤륜집』에 누락된 최창대의 시를 연구함으로써 최창대 연구의 외연을 넓히고, 최창대의 기행시를 보다 깊이 있게 이해할 수 있었다. 추후 최창대의 시문학에 관한 연구가 더 이루어진다면 최창대의 시문학을 보다 다채롭게 이해할 수 있을 것이다. 아울러 최석항의 『손와유고』에 관한 연구도 활발하게 이루어진다면 17~18세기 소론 계열 인물의 시문학을 보다 깊이 이해할 수 있을 것으로 기대된다.

# Ⅳ. 곤륜 최창대의 누정시

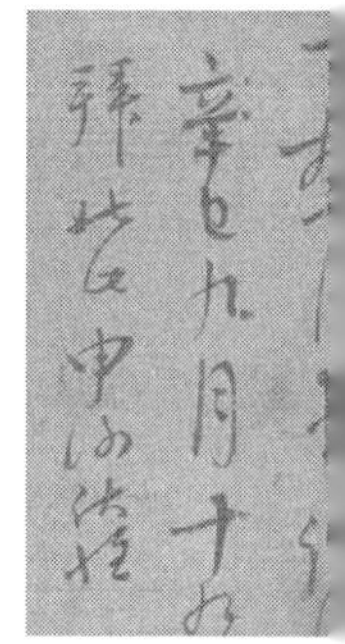

이황진

## 1. 서론

어느 한 작가의 누정시에 대한 연구는 적어도 연구를 진행할 수 있을 만큼 어느 정도의 분량이 되어 그 작가의 시세계의 일부로 간주될 수 있어야 이루어질 수 있다. 그러므로 문집에 전하는 누정시가 일정 분량이 되는 작가일 경우 그 작가의 누정시에 대한 연구가 이루어진 바가 적지 않으며, 아직 연구가 진행되는 않은 작가의 경우에는 앞으로 연구될 가능성 또한 크다. 이는 누정시에 대한 연구 또한 만시에 대한 연구나 유배시에 대한 연구처럼 한 작가의 시세계를 좀 더 깊이 살펴볼 수 있는 하나의 방법이 될 수 있기 때문일 것이다. 그리고 이러한 각각의 연구가 모이면 동시대 문인과의 공통점이나 차이점도 발견할 수 있게 되고, 더 나아가 시대의 흐름에 따른 변화의 양상 또한 포착할 수 있게 된다. 따라서 필자는 그러한 특정 주제에 대한 연구가 꾸준히 진행되는 것도 바람직한 연구 방법의 하나라고 생각한다. 그런 의미에서 필자는 본고에서 곤륜 최창대(1669~

1720)의 누정시에 대해 고찰해 보고자 한다.

최창대는 약천 남구만(1629~1711)을 이어 소론의 영수로 활약한 명곡 최석정(1646~1715)의 아들로 소론계의 핵심 인물 중 한명이다. "최창대는 일찍이 문장으로 이름이 났는데, 체재體裁가 균정均停하고 사리辭理가 구도俱到하여 박세당·김창협 등 몇 사람과 서로 경쟁할 수 있다고 한다."[1]고 할 만큼 당대에 그 문학적 재능을 인정받은 인물이다. 그리고 그의 문집 『곤륜집』에 수록된 시는 527제 712수인데, 필자가 누정시로 분류한 시는 45제 54수이다. 따라서 최창대의 누정시 연구가 이루어질 수 있는 조건은 충분히 갖추어져 있다고 여겨진다.

21세기에 들어 최창대의 문학 관련 연구가 활기를 띠고 있다.[2] 선행 연구 중 특히 경서율의 「곤륜 최창대의 기행시 연구」는 일면 필자가 본고에서 고찰하고자 하는 누정시의 내용을 일정 부분 포함하고 있기는 하다. 최창대의 누정시 상당수가 유람을 하면서 읊은 것이기에 이 역시도 기행시에 포함될 여지가 클 수밖에 없기 때문이다. 하지만 경서율의 연구는 최창대의 금강산 기행, 호남 기행, 북관 기행에 초점이 맞춰져 있는데다가 누정(시)에 대한 언급은 거의 없다. 게다

1 『肅宗實錄補闕正誤』 권65, 46년 4월 22일 1번째 기사, "昌大早以文章名, 體裁均停, 辭理俱到, 可與朴世堂·金昌協數人竝駕云."

2 김영주, 「곤륜 최창대의 수사론 연구」, 『동방한문학』 24, 동방한문학회, 2003.; 성범중, 「곤륜 최창대의 삶과 시세계」, 『한국한시작가연구』 14, 한국한시학회, 2010.; 권진옥, 「곤륜 최창대의 문장론 연구」, 『동양고전연구』 73, 동양고전학회, 2018.; 김묘정, 「곤륜 최창대의 교유시 연구 - 지식인들과의 교유 양상을 중심으로」, 『인문논총』 76-1, 서울대학교 인문학연구원, 2019.; 경서율, 「곤륜 최창대의 기행시 연구」, 성균관대학교 일반대학원 석사학위논문, 2019.

가 본고는 최창대의 누정시만을 대상으로 하여 17세기 후반부터 18세기 초반 최창대의 누정시가 갖는 의의를 찾아보고자 하는 데 그 목적이 있으므로 그 연구 방향과 주제도 서로 다르다 하겠다.

누정에 대한 개념으로 보편적으로 제시되는 것은 "누정이란 누각과 정자의 약칭으로 『신증동국여지승람』의 누정조에서는 누樓, 정亭, 당堂, 대臺, 각閣, 헌軒, 청廳, 관館, 관觀, 방房등을 범칭한 개념"[3]이라는 것이다. 그리고 누정시는 누정을 창작 공간으로 하여 누정의 경물과 관련된 정서를 형상화한 시라고 요약 정의할 수 있다.[4] 누정시에 대한 그간의 연구는 크게 시기, 지역, 인물을 중심으로 비교적 활발히 진행되어 왔으며, 한·중 비교 연구도 이루어진 바 있다.[5]

누정문학과 관련된 선행 연구를 통해 17세기까지의 누정에 대한 인식의 변화를 간략히 살펴보면 다음과 같다. 15세기까지 관영官營의 공간에 머물던 누정과는 달리 16세기에는 사림파나 은자들의 집단적 중심지 내지는 사영私營으로까지 기능이 확대되어 가며 문화 창조의 중심이 중앙의 관학으로부터 지방 사림으로 전환되었다. 이로 말미암아 16세기 누정문학은 정치적 혼란과 사림의 자기 정립 과정에서

3 박준규, 「韓國의 樓亭攷」, 『호남문화연구』 17, 전남대학교 호남문화연구소, 1987, 2면.

4 이강렬, 「오음 윤두수의 누정시에 나타난 시공간 인식」, 『한문학논집』 24, 근역한문학회, 2006, 28면.

5 지면 관계상 선행연구를 일일이 다 나열할 수 없으므로, 대표적인 것 하나씩만 적기로 한다. 김동준, 「16세기 누정한시 연구」, 서울대학교 석사학위논문, 1994.; 송기섭, 「천안의 누정시 고찰」, 『한문고전연구』, 한국한문고전학회, 2012.; 정무룡, 「송순 누정시 연구」, 『인문학논총』 14, 경성대학교 인문과학연구소, 2009.; 류려택, 「한중 악양루 소재 누정시 비교 연구」, 중앙대학교 대학원 석사학위논문, 2015.

더욱 융성하게 되었으며 낙향하거나 은둔한 이들의 이념적, 문학적 중심지로 새롭게 부상하게 되었다.[6] 그리하여 16세기의 누정문학은 엄숙한 도학적 분위기가 지배하던 시대에 시적 개성과 다양한 정감을 시창작에 도입하여, 17세기 한시 창작에 영향을 주게 된다.[7] 17세기에 들어서면 정치 현실과의 대립 구도 속에서 누정을 세속과 격절된 개인적 공간으로 인식하는 경향이 강해진다. 17세기 후반부터는 누정을 개인적 일상을 즐기는 공간으로 보는 경향이 두드러지게 나타나는데, 여기서는 16세기 후반에서 17세기 전반에 보였던 정치현실과의 대립적 설정이 약화되고 자락自樂의 공간이 강조된다.[8]

필자는 이러한 선행 연구의 분석을 염두에 두고 본고에서는 17세기 말부터 18세기 초반에 걸쳐 활동한 최창대의 누정시를 고찰해 보

6 이강렬, 앞의 논문. 31면. 참고로 16세기 문인의 누정시에 대한 연구를 간략히 정리하여 제시하면 다음과 같다. 이정화는 「퇴계시에 나타난 누정문화 연구」(『한국사상과 문화』 49, 한국사상문화학회, 2009, 33~65면)에서 이황(1501~1570)에게 누정은 1.학문의 문화 공간, 2. 소통의 문화 공간이었으며, 문화적 감성을 통해 본 누정시의 세계는 1. 聖代의 希願, 2.眞樂의 志向, 3.民福의 실현으로 분석하였으며, 이강렬은 「오음 윤두수의 누정시에 나타난 시공간 인식」(25~56면)에서 윤두수(1533~1601)의 누정에 대한 인식을 1.樂道와 求道의 時空間, 2.兼善과 再起의 時空間 3.憧憬과 欽慕의 時空間(① 蘇軾의 仙趣 憧憬 ②歐陽修에 대한 人格的 欽慕)으로 분석하였다.

7 박종우, 「16세기 누정의 공간적 특성과 누정제영의 문학사적 의미 - 호남지역 누정제영을 중심으로 -」, 『우리어문연구』 32, 우리어문학회, 2008, 281면. 박종우는 16세기 누정의 공간적 특성을 '1.物과 我의 소통 공간 : 자연 경물과의 심미적 교감, 2.세속과 탈속의 漸移 공간 : 현실적 고민의 낭만적 정화, 3.개인과 집단의 연대 공간 : 동료 의식의 결집과 제고'라고 정리하였다. (264~276면)

8 안세현, 「조선후기 누정기의 특징적 면모」, 『동양한문학연구』 31, 동양한문학회, 2010, 149면.

고자 한다. 다만, 최창대의 누정시를 그 내용만 가지고 분석하고 특징을 찾다보면 선행연구에서 다루어졌던, 특히 17세기 이후 문인들의 그것과 차별화된 면모를 찾기 쉽지 않을 것이라 예상된다.[9] 따라서 본고에서는 그 내용적인 요소 이외에 최창대가 누정시를 창작한 시기와 그 창작배경에도 주목하여 최창대에게 누정은 어떠한 의미를 갖는가를 먼저 살펴볼 것이다. 그리고 최창대가 그 이전의 문인들의 누정시에서는 좀처럼 볼 수 없었던 악부시라는 형식으로 누정시를 창작하였다는 사실에 주목하여 악부시로 지은 시 두 수를 별도로 살펴보며 그 의의를 찾아보고자 한다.

## 2. 곤륜의 누정시 목록과 그 창작 배경

『곤륜집』의 간기刊記에 의하면, 초고가 대부분 산실되고 겨우 부 4수, 시 1500여 수, 문 400여 수만 남았는데, 그중 부 2수, 시 712수, 문 227수를 선정하여 『곤륜집』을 간행하였다고 한다.[10] 『곤륜집』에

9 송기섭은 「백곡 김득신의 누정시 연구」(『한문고전연구』 32-1, 한국한문고전학회, 2016, 197~224면)에서 金得臣(1604~1684)의 누정시의 특징을 1.시상을 발하기 위함, 2.수심을 달래기 위한 공간, 3.정자 주변의 풍경을 즐기기 위함, 4.이별과 만남의 공간으로 분석하였으며, 이심권은 「삼연 김창흡의 누정시 연구」(영남대학교 일반대학원 석사학위논문, 2016, 22~70면)에서 김창흡(1653~1722)에게 누정은 1.역사 인식 공간으로서의 누정, 2.인물 추모 공간으로서의 누정, 3.사상 성찰 공간으로서의 누정, 4.시문 창작 공간이었으며, 그의 누정시는 그의 역사적 비판 의식에 대한 발로로 작용했다고 분석하였다. 최창대의 누정시는 내용면에서만 본다면 김창흡보다는 김득신의 그것과 더욱 가깝다는 것이 필자의 견해이다.

는 최창대가 15세(1683년)에 지은 시 〈동우 보한맹연구운冬雨 步韓孟聯句韻〉부터 47세(1715년)에 지은 〈홍정만선만洪正萬選輓〉까지 43년 동안 지은 시 527제 712수가 권1부터 권5까지에 시체詩體 구분 없이 저작 연대순으로 편차되어 있으며, 그 해에 창작된 첫 시에 그 해의 간지가 명시가 되어 있어 그 창작시기를 구분할 수 있다. 필자가 '누정시'로 분류한 시는 45제 54수이다. 먼저, 『곤륜집』에 수록된 연도별 편수를 전체적으로 확인해 보며 동시에 누정시의 목록을 간략히 살펴보고, 이어서 그 창작 배경(창작시기, 동행자, 장소 등)을 간략히 정리하여 서술하기로 한다.

[표 1] 『곤륜집』 「시」(권1~권5) 수록 시 편수 및 누정시 목록

| 권 | 간지 | 연도 | 나이 | 시제 | 편수 | 누정시 | | 詩體 | 편수 |
|---|---|---|---|---|---|---|---|---|---|
| 권1 | 계해 | 1683 | 15세 | 2 | 2 | - | | | |
| | 병인 | 1686 | 18세 | 1 | 1 | - | | | |
| | 정묘 | 1687 | 19세 | 2 | 2 | - | | | |
| | 무진 | 1688 | 20세 | 4 | 7 | - | | | |
| | 기사 | 1689 | 21세 | 24 | 25 | ① | 蒼槐臺 | 五古 | 1 |
| | | | | | | | 江夕 登侯家亭子 | 七律 | 1 |
| | 경오 | 1690 | 22세 | 57 | 65 | ②-1 | 龍湖江閣對雨 | 七律 | 1 |
| | | | | | | ②-2 | 敬次家君觀射君子亭韻 | 七律 | 1 |
| | | | | | | | 夜登平遠堂 | 五律 | 1 |
| | | | | | | | 詠平遠堂 | 五律 | 1 |
| | | | | | | | 閣夜 同道長賦 | 五律 | 1 |
| | | | | | | | 登北樓 | 五律 | 2 |
| | | | | | | | 超然臺歌 | 樂府 | 1 |

10 崔昌大, 「刊記」, 『昆侖集』, "草藁多所亡失, 而詩律之失尤多. 存者僅賦四首, 詩一千五百餘首, 文四百餘首. 選者賦二首, 詩七百十二首, 文二百二十七首."

| | | | | | | | | | |
|---|---|---|---|---|---|---|---|---|---|
| | | | | | | | 登平遠堂 | 五律 | 1 |
| | | | | | | | 登四僊臺 | 五律 | 1 |
| | | | | | | | 將出寺上東臺 | 五古 | 1 |
| | | | | | | | 道長將去 攜上平遠堂 | 七絶 | 1 |
| | | | | | | | 又賦古體三首 書贈 | 五古 | 3 |
| | 소계 | | | 90 | 102 | | | | |
| 권2 | 신미 | 1691 | 23세 | 89 | 112 | ③-1 | 步虛閣* | 五律 | 1 |
| | | | | | | ③-2 | 問月亭歌 寄李山人挺天 | 樂府 | 1 |
| | | | | | | ③-3 | 白雲樓 | 五古 | 1 |
| | | | | | | | 泛波亭 | 五古 | 1 |
| | | | | | | | 濃香亭 夜飮聞歌 | 七絶 | 1 |
| | | | | | | | 雨宿濃香亭 | 五律 | 1 |
| | | | | | | | 雨坐濃香閣 | 七律 | 1 |
| | | | | | | | 微雨登樓 | 七律 | 1 |
| | | | | | | | 同舅氏登城譙 | 七律 | 1 |
| | | | | | | | 同諸君登樓 | 七律 | 2 |
| | | | | | | | 海山亭 和主人翁 尹公坪宰高城 | 七律 | 1 |
| | | | | | | | 海山亭 | 七律 | 1 |
| | | | | | | | 題歇惺樓 | 七絶 | 1 |
| | 임신 | 1692 | 24세 | 6 | 6 | | - | | |
| | 계유 | 1693 | 25세 | 10 | 14 | ④ | 寄題高象卿效鼎亭子 | 五古 | 1 |
| | 갑술 | 1694 | 26세 | 1 | 3 | - | | | |
| | 을해 | 1695 | 27세 | 10 | 11 | - | | | |
| | 병자 | 1696 | 28세 | 1 | 1 | - | | | |
| | 정축 | 1697 | 29세 | 16 | 21 | ⑤ | 登花石亭 | 五律 | 1 |
| | 소계 | | | 133 | 168 | | | | |
| 권3 | 무인 | 1698 | 30세 | 34 | 38 | ⑥ | 槐亭小坐 | 五律 | 1 |
| | | | | | | | 廣寒樓 次簡易韻 | 七律 | 1 |
| | 기묘 | 1699 | 31세 | 8 | 8 | - | | | |
| | 경진 | 1700 | 32세 | 79 | 117 | ⑦ | 登慶陽樓 | 五律 | 1 |
| | | | | | | | 樂民樓 示通判崔明擧寔 | 七律 | 1 |
| | | | | | | | 樂民樓 | 五絶 | 1 |
| | 소계 | | | 121 | 163 | | | | |

| | | | | | | | | | |
|---|---|---|---|---|---|---|---|---|---|
| 권4 | 신사 | 1701 | 33세 | 16 | 22 | ⑧ | 元春上旬 登南城樓 | 七律 | 1 |
| | 임오 | 1702 | 34세 | 22 | 34 | | - | | |
| | 계미 | 1703 | 35세 | 29 | 44 | ⑨ | 上元前夕 踏雪訪載大于雙梧亭 仍宿焉 癸未 | 五律 | 4 |
| | | | | | | | 又賦 | 七律 | 2 |
| | | | | | | | 又得一絶 | 七絶 | 1 |
| | 갑신 | 1704 | 36세 | 5 | 10 | | - | | |
| 권4 | 을유 | 1705 | 37세 | 6 | 9 | | - | | |
| | 병술 | 1706 | 38세 | 7 | 11 | | - | | |
| | 소계 | | | 85 | 130 | | | | |
| 권5 | 정해 | 1707 | 39세 | 28 | 48 | | - | | |
| | 무자 | 1708 | 40세 | 29 | 35 | ⑩ | 月夜攜益之諸君 訪天柱寺 仍登西將臺 | 七律 | 1 |
| | | | | | | | 西將臺 | 五律 | 1 |
| | 기축 | 1709 | 41세 | 10 | 21 | | - | | |
| | 임진 | 1712 | 44세 | 7 | 10 | ⑪ | 陪家君到岫雲亭 敬次 | 七絶 | 2 |
| | 계사 | 1713 | 45세 | 0 | 0 | | - | | |
| | 갑오 | 1714 | 46세 | 3 | 3 | | - | | |
| | 을미 | 1715 | 47세 | 21 | 32 | ⑫-1 | 平朝呼船 乘潮泝上 少憩爛柯亭 卽愼氏來蘇亭小構 眺詠良久 又登船至臨津 取陸路 | 五律 | 1 |
| | | | | | | | 來蘇亭 | 七絶 | 1 |
| | | | | | | ⑫-2 | 水僊亭 敬次家君韻 奉主人兄 從氏昌演 時宰天安 | 七律 | 1 |
| | | | | | | | 水僊亭 用板上韻 答範姪勉其史學 | 五絶 | 1 |
| | 소계 | | | 98 | 149 | | | | |
| 총계 | 527제 712수 | | | | | (누정시 45제 54수) | | | |

위의 표에서 보다시피 누정시가 창작된 해는 모두 열두 해이다. 그 시가 창작된 시기와 그 누정에 가게 된 계기 및 특이사항을 간략히 살펴보기로 하겠다. 이 부분에서 다루어지는 최창대(『곤륜집』, 한국문집총간 183)의 행적은 그뿐만 아니라 부친 최석정(『명곡집』, 한국

문집총간 153-154), 숙부 최석항(『손와유고』, 한국문집총간 169), 외삼촌 이인엽(『회와시고』, 한국문집총간 172)과 그의 아들 이하곤(『두타초』, 한국문집총간 191) 등의 행적과도 부분부분 밀접한 관련이 있다.[11] 이 부분은 다음 장에서 논할 최창대 누정시의 특징의 근거가 되기도 할 것이다.

① 기사년(1689, 21세) : 2제 2수 (부친 최석정 안동부사)

최석정은 2월 2일 안동 부사로 특출 되고[12] 6월 체임되는데, 최창대는 이 기간에 부친 최석정의 임소인 안동에 다녀온다. 누정시 〈창괴대蒼槐臺〉와 〈강석 등후가정자江夕 登侯家亭子〉는 최창대가 부친의 임소에 가는 길에 지은 〈숭선역촌야음 시부가군안동임소崇善驛村夜吟 時赴家君安東任所〉와 인현왕후 폐위에 반대하는 상소를 올렸다가 친국을 당하고 유배를 가는 도중 5월 5일 사망한 박태보를 애도하는 시 〈비박정재태보悲朴定齋泰輔〉 사이에 편차되어 있다. 따라서 이 누정시는 안동으로 오가는 길에 지은 것임을 알 수 있다.

② 경오년(1690, 22세) : 1제 1수 + 11제 14수 (부친 최석정 연안부사)

최석정은 1690년 여름 연안 부사로 부임하여 이듬 해 여름 파직된다. 이 시기에 지은 최석정(1646~1715)의 시는 『명곡집』 권4 「염성록鹽城錄」(庚午夏 赴延安任 受由往來京中 明年夏遞 延安號鹽城)에 수록되어 있다. 이 때 최창대도 함께 따라가 있었는데, 이 당시에 지은 시

11 해당 행적은 각 문집의 내용과 한국문집총간 각 문집의 해제를 참고하였다. 한국고전번역원, 한국고전종합DB http://db.itkc.or.kr/

12 『肅宗實錄』 권20, 숙종 15년 2월 2일 7번째 기사.

67제 73수가 권1 경오년 부분에 편차되어 있으며, 누정시도 11제 14수로 비교적 많은 편이다. ②-1 〈용호강각대우龍湖江閣對雨〉에 "봄빛이 천리를 와 누대를 감싸네[春光千里繞樓臺]"라는 내용에서 이 시는 연안으로 가기 전인 봄에 지은 것임을 알 수 있다. 이 시를 제외한 나머지, 즉 ②-2는 모두 연안에 갔을 때 지은 것이다. 특히 오음 윤두수(1533~1601)가 연안 부사로 있을 때 창건한 평원당[13]에 몇 차례에 걸쳐 올라갔으며 그곳에서 지은 시가 7수 편차되어 있다. 이 당시에는 도장 홍세태(1653~1725)도 한동안 같이 머물러 있었다. 당시 홍세태가 지은 시는 『유하집柳下集』 권2에 수록되어 있다. 연안에서 지은 누정시 중에는 〈초연대가超然臺歌〉도 있는데 악부시라는 특징을 가진다. 악부시로 된 누정시에 대해서는 다음 장에서 별도로 살펴보도록 하겠다.

③ 신미년(1691, 23세) : 2제 2수 + 11제 12수 (가을 외삼촌 이인엽과 금강산 유람)

③-1 〈보허각步虛閣〉이 신미년(1691)에 편차되어 있는데, 숙부 최석항(1654~1724)의 문집 『손와유고』 권2와 권5에는 기사년(1689) 부분에 편차되어 있다. 『손와유고』에는 최석항이 기사년 8월 28일 큰형 최석진과 조카 최창대와 함께 삼각산 중흥사에 유람을 가서 지은 시가 상당수 수록되어 있으며, 그중에는 『곤륜집』에 수록되어 있지 않은 최창대의 시 15수가 병기되어 있다.[14] 특히 권5에 편차되어 있는 〈보

13 평원당의 창건과 건립 취지 등에 대해서는 尹斗壽, 「延安志序」, 「平遠堂上樑文」, 『梧陰遺稿』 권3.; 李珥, 「平遠堂記」, 『栗谷全書』 권13, 참조.

14 崔錫恒의 『損窩遺稿』 권2(七言)에는 〈秋日游重興 (八月二十八日 陪伯氏携

허각〉이란 제목 아래 최창대의 오언율시 5수도 함께 병기되어 있는데 『곤륜집』에 수록된 시는 그중 제4수이다.[15] 『곤륜집』에는 1689년에 〈방중흥사 증옥해상인訪重興寺 贈玉海上人〉이 편차되어 있다. 따라서 〈보허각〉은 1691년이 아닌 1689년에 편차되어야 맞는다. ③-2 〈문월정가 기이산인정천問月亭歌 寄李山人挺天〉은 내용 중에 "궤에 오월의 송풍을 감춰두었네[隱几五月松風起]"라는 표현이 있어 5월에 지은 것임을 알 수 있으며, 악부시라는 특징을 가진다. 최석항의 『손와유고』 권3의 신미년 부분에 〈기제이태소문월정寄題李太素問月亭〉이 수록되어 있다.

③-3의 11제 12수는 1691년 가을 막내외삼촌[季舅] 이인엽(1656~1710)과 금강산 유람을 하면서 지은 시이다. 이 금강산 기행은 과거를 포기하고 지내던 그에게 현실에서의 고뇌와 괴로움을 해소하기 위한 선택이기도 하였을 것이다.[16] 그리고 금강산을 유람하면서 반가운 일가친지를 만날 수 있다는 사실도 큰 몫을 차지했을 것으로 보인다. 금강산 유람을 하며 지은 시에 앞서 편차된 〈송송백구이공인소지임간성伯舅李公寅燨之任杆城〉을 통해 큰외삼촌[伯舅] 이인소(1637~

---

昌大 訪重興寺留宿. 翌日 過文殊菴 由蕩春臺而還)〉에 칠언율시 6수, 〈巴陵官居〉에 칠언율시 1수 그리고 권5(五言)에는 〈秋日游重興〉에 오언절구 2수, 〈道峯 用昌大韻〉에 오언절구 2수, 〈步虛閣〉에 오언율시 5수 등 최창대의 시 16수가 병기되어 있다. 이 중 〈步虛閣〉 제4수를 제외한 나머지 15수는 최창대의 『곤륜집』에는 수록되어 있지 않은 시이다.

15 그런데, 『곤륜집』에 수록된 것은 '一水如天通, 眞源了莫窮, 半空飛作雪, 初日照成虹, 尺步炎寒變, 羣崖氣色同. 王孫亭榭古, 山桂長新叢.'인데 『손와유고』에는 제1구의 '如'가 '與'로, 제6구의 '氣色'이 '散落'으로 되어 있어 문자의 출입이 있다.

16 경서율, 앞의 논문, 33면.

1698)가 1691년 강원도 간성 군수로, 〈송척대부윤공평출재고성送戚大父尹公坪出宰高城〉을 통해 이인엽의 외삼촌인 윤평이 강원도 고성 군수로 부임해 갔음을 알 수 있으며, 실제로 이들을 찾아뵙고 이들과 나눈 시(〈도수성 봉백구到水城 奉伯舅〉, 〈해산정 화주인옹 윤공평재고성海山亭 和主人翁 尹公坪宰高城〉 등)도 문집에 편차되어 있다. 이인엽의 『회와시고』「동유록東遊錄」(辛未秋 作覲行於杆城 仍游楓岳 崔兄孝伯亦從往)은 금강산 유람 당시의 시만을 모아놓은 것으로, 여기에는 77제 100수의 시가 수록되어 있으며 그중 19제 21수의 시가 누정시이다. 『곤륜집』 권2에는 이 당시에 지은 시65제 80수가 편차되어 있는데 필자는 그중 10제 11수를 누정시로 분류하였다.[17] 곤륜은 금강산을 기행과 풍류의 공간으로 인식하고 금강산의 진경實景과 자신의 심정을 시로 그려내었다는 점에서 조선후기 기행문학의 새로운 경향을 잘 보여주고 있다고 평가받는데,[18] 누정시에도 그러한 양상이 잘 드러나 있다.

④ 계유년(1693, 25세) : 1제 1수 (고효정의 요청으로 누정시 창작)

이 해에 창작된 〈기제고상경효정정자寄題高象卿效鼎亭子〉은 최창대가 그 정자에 직접 가서 지은 시는 아니다. 권12 「서書」에 수록되어 있는 「답고상경 계유答高象卿 癸酉」에 "작년에 사중思仲 심제현沈齊賢

17 이인엽의 시 제목에 등장하는 '杉亭', '蓮堂', '觀海亭', '六松亭亭', '詠月樓', '四岕亭', '山映樓'는 최창대의 시제목으로는 사용되지 않았는데, 이것과 시의 내용을 통해 최창대의 시 중 〈杉亭浦〉와 〈觀海〉 6수는 누정시로 분류할 수도 있을 듯싶다.

18 경서율, 앞의 논문, 31면.

이 가림加林에 있을 때 편지를 통해 '족하께서 새로운 정자를 건립하시고, 저의 시를 얻어 벽에 걸고 싶어하신다.'고 들었습니다."[19]라는 내용이 있다. 가림은 충청도 임천군林川郡의 백제 때 이름이다. 그리고 이 시에 앞서 가림으로 돌아가는 심제현을 송별하는 시 〈송사중환가림送思仲還加林〉가 편차되어 있는 것으로 보아 이 시를 지어 심제현 편에 보냈을 것으로 보인다.

⑤ 정축년(1697, 29세) : 1제 1수 (외사촌 이하곤과 송도, 박연폭포 등을 유람)

이 해 가을에는 익지益之 이하영李夏英, 재대載大 이하곤李夏坤과 함께 송도와 박연폭포 등을 유람하였는데, 『곤륜집』에는 이때 지은 〈동익지이제재대하곤유송도박연同益之李弟載大夏坤遊松都朴淵〉 2수 등 12제 13수의 시가 편차되어 있다. 이하영은 최석정이 연안 부사로 있을 당시 그의 문하생이 되었으며,[20] 최창대와는 계속해서 친밀한 관계를 유지하고 있었다. 『곤륜집』에는 권1-5까지 익지와 나눈 시 19제 27수가 수록되어 있으며, 권12에는 그에게 보낸 서신 7편이 수록되어 있다. 이하곤(1677~1724)은 이인엽의 아들이며, 옥오재玉吾齋 송상기(1657~1723)가 그의 장인이다. 이하곤의 『두타초』 권1에도 이 당시에 지은 시가 다수 수록되어 있는데, 〈김천도중 별최형효백창대金川途中 別崔兄孝伯昌大〉을 보아 박연폭포를 유람한 이후 금천에서 헤어

19 崔昌大, 「答高象卿癸酉」(1693), 『昆侖集』 권12, "前歲, 思仲在加林, 有書云足下新起亭子, 欲得僕詩而揭諸壁."

20 崔錫鼎, 〈夜坐 示問字諸生 (三首○李夏英, 李世瑊兩童子從學)〉, 「鹽城錄」, 『明谷集』 권4.

져 각자 유람을 계속한 듯하다. 최창대는 이 당시 파주를 지나며 화석정에 들러 〈등화석정登花石亭〉을 읊었다. 화석정은 율곡 이이가 선조先祖의 정자를 중수한 것으로 임진왜란 때 의주로 피란 가던 선조가 한밤중에 강을 건너기 위해 이 정자를 태워 불을 밝혔는데, 1673년에 이이의 종증손이 중건하였다.[21] 이러한 사실이 고려된 때문인지 이 시에는 나라를 근심하는 마음이 담겨져 있다.

⑥ 무인년(1698, 30세) : 2제 2수 (암행어사로 호남 순찰)

최창대는 3월 암행어사가 되어 호남 순찰을 가게 되는데, 이 당시에 지은 시들은 '백성의 삶의 가치를 재인식하고 이들의 현실을 작품으로 형상화하여 시의 깊이를 더하였다.'는 평가를 받는다.[22] 이 시기에 지은 시 20제 21수가 편차되어 있으며 애민의식이 담겨있는 시가 여럿 있는데, 누정시 〈괴정소좌槐亭小坐〉와 〈광한루 차간이운廣寒樓次簡易韻〉에서는 그것이 드러나 있지는 않다.

⑦ 경진년(1700, 32세) : 3제 3수 (북평사로 북관지역에서 근무)

최창대는 6월 북평사가 되어 평안도와 함경도 등 북관지역에서 관직생활을 한다. 문집에는 이 당시에 지은 시 63제 85수가 수록되어 있는데, 이는 금강산을 유람하며 지은 시와 더불어 가장 많은 분량이다. 최창대는 이 시기에 북관의 광활하고 웅장한 산하, 험하고 혹독한 자연환경을 포착하여 생동하게 묘사하는가 하면 당대 현실의 정치적 문제와 다양한 시대적 난제도 두루 시로 담아내었다는 평가를

21 화석정에 대한 내력은 宋時烈, 「坡州花石亭記」, 『宋子大全』 권145. 참조.
22 경서율, 앞의 논문, 60면.

받는다.[23] 또한 이 시기의 시는 함경도 관찰사로 있으며 지은 다수의 시와 저술을 통해 북새北塞문학을 창작한 남구만의 뒤를 잇는 것으로 평가할 수 있다.[24] 이 시기에 창작한 누정시는 〈등경양루登慶陽樓〉, 〈낙민루 시통판최명거식樂民樓 示通判崔明擧寔〉, 〈낙민루樂民樓〉 3수인데 이 시에는 누정의 아름다운 풍광과 낙민루에서 느끼는 당시의 평화로운 모습이 담겨져 있다.[25]

⑧ 신사년(1701, 33세) : 1제 1수 (북평사로 북관지역에서 근무)

〈원춘상순 등남성루元春上旬 登南城樓〉는 최창대가 북관지역에서 새해를 맞은 정월 초에 남성루에 올라 읊은 시이다. 이 시를 포함한 1701년 앞부분에 편차된 9제 9수의 시 역시 최창대가 북평사로 있으면서 북관지역에서 지은 시로 분류할 수 있다.

⑨ 계미년(1703, 35세) : 3제 7수 (외사촌 이하곤이 있는 쌍오정 방문)

최창대는 정월대보름 전날 밤 충청도 진천의 쌍오정에 있는 이하곤을 방문하여 〈상원전석 답설방재대우쌍오정 잉숙언 계미上元前夕 踏雪訪載大于雙梧亭 仍宿焉 癸未〉 4수를 읊고 이어서 〈우부又賦〉 2수와 〈우득일절又得一絶〉를 지었다. 이 당시에 이인엽은 쌍오정에 같이 있지 않아 그를 그리워하는 마음도 표현돼 있다. 쌍오정은 이인엽이 창

23 경서율, 앞의 논문, 82면.

24 경서율, 앞의 논문, 83면.; 성당제, 「약천 남구만의 고토 회복의지 - 변방 음영시를 중심으로」, 『한문학보』 10, 우리한문학회, 2004.

25 낙민루의 창건과 건립 취지 및 의의에 대해서는 申欽, 「樂民樓記」, 『象村集』 권23. 참조.

건하였으며, 쌍오정이란 이름은 이인엽의 할아버지인 이시발李時發의 호 벽오碧梧와 증조부 이대건李大建의 호 오촌梧村에서 따온 것이라 한다.[26] 이하곤은 후에 쌍오정을 도연명의 시에서 뜻을 취해 '열운정悅雲亭'으로 개명하였다.[27]

⑩ 무자년(1708, 40세) : 2제 2수(이하영, 최수범과 남한산성 유람)

익지 이하영, 군서君敍 최수범崔守範 등과 함께 남한산성에 갔다가 천주사, 서장대, 국청사國淸寺에 들러 지은 시 8제 10수가 무자년 부분에 편차되어 있다. 최수범은 이하곤의 매제, 즉 이인엽의 사위이다. 이 중 누정시는 2수로 〈월야휴익지제군 방천주사 仍登西將臺月夜攜益之諸君 訪天柱寺 仍登西將臺〉와 〈서장대西將臺〉이다.

⑪ 임진년(1712, 44세) : 1제 2수 (부친 최석정과 수운정 방문)

부친을 모시고 신여철(1634~1701)의 정자인 수운정에 올라 부친의 시에 차운한 〈배가군도수운정 경차陪家君到岫雲亭 敬次〉 2수가 임진년 부분에 편차되어 있다. 신여철에 대한 제문 「판서신여철치제문 신사判書申汝哲致祭文 辛巳」(1701)이 권15에 수록되어 있다. 최석정의 『명곡집』 권6 「청교록青郊錄」에 1710년 수운정에서 읊은 시 두 편(〈소좌수운정 즉신판서여철교정小坐岫雲亭 卽申判書汝哲郊亭〉, 〈구월십삼일 휴신생종하 서종석화 부유수운정九月十三日 携申生宗夏 庶從錫華 復游岫雲亭〉)이 수록되어 있지만, 1712년에 지은 최석정의 시는 문집에 수록

26 「쌍오정 터」, 『향토문화전자대전』 (http://www.grandculture.net/)

27 李夏坤, 「悅雲亭記」, 『頭陀草』 책14, "亭始名雙梧, 其後先君自沁都歸, 有會于陶隱居詩語, 乃改以今名, 卽悅雲是也."

되어 있지 않다.

⑫ 을미년(1715, 47세) : 2제 2수 + 2제 2수 (부친 최석정과 천안 수선정 방문)

⑫-1은 내소정에서 지은 시 2수(〈평조호선 승조소상 소게난가정 즉신씨내소정소구 조영량구 우등선지임진 취육로平朝呼船 乘潮泝上 少憩爛柯亭 卽愼氏來蘇亭小構 眺詠良久 又登船至臨津 取陸路〉, 〈내소정來蘇亭〉)이다. 호곡 남용익(1628~1692)의 시 〈내소정 희서벽상 시주인신백순 정재파주來蘇亭 戲書壁上 示主人愼伯順 亭在坡州〉[28]을 통해 내소정의 주인은 신백순이란 사람이며 파주에 있는 정자임을 알 수 있다. 내소정이란 명칭에서 '내소來蘇'는 '후기기소后來其蘇'의 준말로, 『서경』 〈중훼지고仲虺之誥〉의 "우리 임금님 오시기를 기다렸는데, 임금님이 오셨으니 우리는 이제 살아났다.[徯予后, 后來其蘇.]"라는 구절에서 유래한 말이다.

⑫-2는 봄에 부친 최석정을 모시고 천안부사로 있는 최창연을 방문한 후 헤어짐을 아쉬워하며 부친의 시를 차운해 지은 시 〈수선정 경차가군운 봉주인형 종씨창연 시재천안水僊亭 敬次家君韻 奉主人兄 從氏昌演 時宰天安〉와 수선정현판의 운을 이용해 지은 시 〈수선정 용판상운 답범질면기사학水僊亭 用板上韻 答範姪勉其史學〉이다.[29] 최창연은 최창대의 큰아버지 최석진의 차남이다.[30]

---

28 南龍翼, 〈來蘇亭 戲書壁上 示主人愼伯順 亭在坡州〉, 『壺谷集』 권6.

29 수선정에 대해서는 李恒福(1556~1618)의 『白沙集』 권2에 수록되어 있는 「天安水仙亭記」 참조.

30 朴世堂, 「完陵君崔公墓誌銘」, 『西溪集』 권12, "男長錫晉縣令 …… 縣令四男, 昌憲生員, 昌演司議, 昌敏, 昌億."

## 3. 일가친지를 만나 함께 할 수 있는 공간-누정

최창대는 1694년 26세에 별시 병과에 급제하며 관로에 들어서게 된다. 이 해는 갑술환국으로 남인이 물러나고 서인이 다시 정권을 잡은 해이다. 그가 한동안 과거를 포기하고 지낸 데에는 1689년 기사환국 이후 남인이 정권을 차지고 있던 당시의 정국 상황이 주된 이유이기는 하였겠지만 기사년에 인현왕후 폐위를 반대하는 상소를 올렸던 장인 오두인이 화를 입고 사망한 것도 적잖은 영향을 미쳤을 것으로 보인다. 최창대는 관직에 나아가기 전까지 부친 최석정의 임소(안동, 연안)에 따라가거나, 이인엽과 함께 금강산 유람을 가는 등 기행을 통해 조국의 산하를 즐기고 새로운 세계를 경험함으로써 혼란한 현실 상황을 극복하고자 하였다.[31] 45제 54수의 누정시 중 3/5 가량인 28제 32수가 그 기간 동안에 지어진 것이라는 사실에서도 그러함을 엿볼 수 있다. 하지만 누정시에서는 그러한 현실에 대한 비판적인 내용이나 그러한 시대 상황으로 인한 침울함이 직접적으로 드러나지는 않는다.

앞 장을 통해 최창대의 누정시 창작시기와 그 창작 배경을 보면, 최창대가 누정을 찾는 주된 목적은 그곳이 자신의 가족 · 친척 · 지우 등 일가친지一家親知를 만나러 가서 볼 수 있다거나 또 함께 할 수 있다는 사실에 있는 것처럼 비쳐진다. 그리고 실제로 최창대의 누정시는 그가 암행어사로 호남순찰을 갔을 때와 북평사로 북관지역에 있을 때 지어진 6수를 제외한 나머지 대부분이 부친 최석정, 숙부 최석항, 외삼촌 이인엽, 외사촌 동생 이하곤 등의 일가친척이나 홍세태,

31 경서율, 앞의 논문, 33면.

이하영 등 지우와 함께 하며 지은 것들이다. 이러한 사실에 근거해 필자는 최창대에게 누정은 일가친지를 만나 함께 할 수 있는 공간으로 인식되었다고 판단한다. 이는 최창대의 시세계 특징 중 하나로 '친인척과의 우애와 충정'이 꼽힌다는 사실과도 일맥상통하는 것이다.[32] 물론 그 내용만으로 본다면 최창대의 누정시에서도 누정은 소통의 공간, 시문 창작의 공간, 자연경관을 즐기는 공간, 풍류를 즐기는 공간, 이별과 만남의 공간 등으로 작용한다. 하지만 16세기 누정시에서 흔히 볼 수 있었던 엄숙한 도학적 분위기는 찾아볼 수 없다.

최창대는 1690년(22세) 부친의 임소인 연안에 따라 가 있으면서 한동안 홍세태와 함께 유람을 다녔다. 다음 시는 홍세태가 떠나갈 무렵 평원당에 올라 이별의 아쉬움을 적은 시로, 〈도장장거 휴상평원당道長將去 攜上平遠堂〉에 이어 글로 써 준 시 〈우부고체삼수 서증又賦古體三首 書贈〉 3수 중 제 1수[33]이다.

| | |
|---|---|
| 강해가에 술자리 마련하였는데 | 置酒江海上 |
| 친애하는 벗 나를 떠나려 하네 | 親愛將我違 |
| 이별은 본래 정회가 많으니 | 離別固多懷 |
| 마음을 같이 하는 것 유독 어찌 드물겠는가 | 同心獨何希 |
| 다른 곳에서 서로 만나니 | 相見在異方 |
| 아무리 궁한 때라도 즐겁고 편안하다오 | 娛樂安窮時 |

…(중략)…

32 성범중은 「곤륜 최창대의 삶과 시세계」에서 최창대의 시세계를 '1) 돈독한 교유와 우정의 확인(① 사회적 교유와 우정의 지속 ② 친인척과의 우애와 충정), 2) 여행 경험과 산하미의 발견, 3) 관료 경험과 애민 정신의 체현, 4) 한거와 자유로운 삶의 추구'라는 4가지 측면으로 개괄한 바 있다.

33 崔昌大, 〈又賦古體三首書贈〉, 『昆侖集』 권1.

혹독한 추위에 길에서 얼마나 고생할지　　中路多苦寒
그대 껴입을 옷 없을까 걱정되네　　念子無兼衣
가야만 하는 곳이 있어 붙잡을 수 없으니　　有往不可留
누군들 마음 슬프지 않을 수 있겠소　　誰能不心悲
진실된 말 받들어　　惟當奉誠言
따뜻한 봄에 다시 만나길 기약하오　　陽春以爲期

홍세태는 중인계층의 인물이었지만 일찍부터 시재詩才가 뛰어나 사대부 문인들에게 높이 평가되며 사대부들과 교류를 가졌던 인물로, 최창대보다 16세 연상이었지만 이들은 망년지교를 맺어 나갔다. 이 시에는 이별의 슬픔과 추운 겨울 길 위에서 고생할 홍세태를 걱정하는 마음이 애절하게 담겨져 있지만, 따뜻한 봄에 다시 만날 기약으로 시적 분위기는 밝게 전환된다. 이 시에서는 누정이 만남과 이별의 공간으로 작용하고 있다. 필자는 이 시에서 특히 5, 6구 "다른 곳에서 서로 만나니, 아무리 궁한 때라도 즐겁고 편안하다오."라는 구절에 주목해 보고자 한다. 평소에 만났던 한양이 아닌, 황해도 연안에서 만나니 시대적 상황이나 당시 자신들의 어렵던 상황에도 그 모든 것을 잊고 즐거워하며 편안함마저 느끼게 된다. 그리고 지금의 그 공간이 그저 평원당일 뿐이다. 즉, 최창대에게는 그곳이 평원당이 아니어도 상관은 없는 것이지만, 지우知友인 홍세태와 함께 하는 공간이기에 평원당은 그러한 즐거움과 편안함을 느끼게 하는 공간이 되는 것이다.

다음은 최창대가 외삼촌 이인엽과 금강산 유람을 하다 도중에 함께 성 위의 망루에 올라 읊은 〈동구씨등성초同舅氏登城譙〉[34]이다.

| | |
|---|---|
| 높이 솟은 누대는 속세를 저 멀리 벗어났고 | 高樓迢遞絶塵埃 |
| 비 갠 뒤 구름 안개 끝없이 펼쳐져 있네 | 霽後雲煙萬里開 |
| 아홉 고을은 푸른 바다 끝에 맞닿아 있고 | 九郡地臨滄海盡 |
| 뭇 산세는 백두로부터 비롯되네 | 羣山勢自白頭來 |
| 성 위의 망루에 해가 지니 갈가마귀 깃들고 | 城譙日隱棲鴉定 |
| 변방 가을의 거센 바람 드높으니 기러기 소리 슬프네 | 關塞風高候鴈哀 |
| 그대와 함께 마시는 상락주에 즐거우니 | 却喜同君桑落酒 |
| 사람으로 하여금 망향대에도 오르지 못하게 한다네 | 教人不上望鄕臺 |

최창대의 금강산 기행은 1687년 생원진사시를 합격하고 한동안 과거를 포기하고 지내야 했던 그에게 일면 현실에서의 고뇌와 괴로움을 해소할 수 있는 방안이 되기도 하였을 것이다. 속세를 벗어난 높은 누대에 올라와 바라보는 국토의 장엄함과 진경眞景에 감개하니 자신의 시름과 번뇌는 절로 잊게 된다. 하지만 가을의 거센 바람과 기러기 소리에 이내 가족과 고향이 그리워지려 한다. 그러나 외삼촌과 함께 미주美酒 상락주를 마시며 즐거운 시간을 갖다보니 가족과 고향을 그리워할 겨를과 생각조차 없어지게 된다. 이 시에서 누정은 국토의 아름다움을 감상할 수 있는 공간이면서, 외삼촌과 함께 맛 좋은 술을 마시며 풍류를 즐기는 공간이기도 하다.

다음은 최창대가 1703년 정월대보름 전날 쌍오정에 있는 이하곤을 방문하여 읊은 〈상원전석 답설방재대우쌍오정 잉숙언 계미上元前夕踏雪訪載大于雙梧亭 仍宿焉 癸未〉 4수에 이어 지은 〈우부又賦〉[35] 2수 중 제 1수이다.

34 崔昌大, 〈同舅氏登城譙〉, 『昆侖集』 권2.

35 崔昌大, 〈又賦〉, 『昆侖集』 권4.

| | |
|---|---|
| 잠이 적어지니 누정에서 홀로 서성이다 | 樓因少睡獨移時 |
| 유난히 빼어난 오늘밤 경치에 넉넉히 취하였네 | 剩取今宵景絶奇 |
| 설산은 사계절을 항상 잊지 않고 간직하는 기둥 같고 | 四立雪山參倚柱 |
| 홀로 밝은 시내의 달은 시를 읊는 이를 비추네 | 孤明溪月照吟詩 |
| 십년의 수심 걱정 어떤 일을 이루었는가 | 十年愁病成何事 |
| 임천을 한 눈 가득 담아 돌아갈 수만 있다네 | 滿目林泉只可歸 |
| 적적하게 연거하며 나랏일 걱정하다 | 寂寂燕居憂國念 |
| 정자에 올라오니 문득 외삼촌이 그리워지네 | 登臨忽起渭陽思 |

쌍오정은 이인엽이 충청도 진천에 창건한 정자이다. 최창대가 1703년 새해를 진천에서 보낸 것은 부친 최석정이 당시 진천에 머물러 있었기 때문이다. 최석정은 1701년 장희빈이 저지른 인현왕후의 저주를 조사하는 옥사에서 세자를 보호해야 한다는 차자를 올렸다가 진천으로 중도부처 당한다. 1702년 1월 방면된 이후 1703년 2월 영의정에 제수[36] 되기까지 줄곧 이곳에 머물러 있었다. 이 시는 최창대의 보통 누정시와는 달리 줄곧 다소 어둡고 침울한 분위기를 풍기는데 이것은 부친이 그 충정에도 불구하고 유배형에 처해졌던 당시의 상황도 영향을 미쳤을 것으로 보인다. 정월대보름을 맞아 이하곤이 있는 쌍오정을 찾아 그 빼어난 경치에 취해보지만, 자신이 관로에 오른 지 이제 10년이 되어 가는데 도대체 어떠한 일을 이루었는지 회의도 든다. 새해를 맞아 한가한 시간을 보내고는 있지만 그래도 이래저래 나라가 걱정스럽기만 하다. 최창대의 여타 누정시는 그곳의 풍경을 즐기거나 함께 한 사람과의 즐거운 시간을 시로 읊은 것이 대부분인

36 『肅宗實錄』 권35, 27년 10월 1일.; 『肅宗實錄』 권36, 28년 1월 5일.; 『肅宗實錄』 권38, 29년 2월 11일.

데 이 시에서는 나라를 걱정하는 마음을 직접 드러내었다는 점에서 주목해볼 만하다. 하지만, 시의 끝맺음은 당시 자리에 함께 하지 못한 위양渭陽[37] 즉, 쌍오정의 주인인 외삼촌 이인엽을 그리워하는 것이다. 따라서 이 시에서의 누정은 자신을 돌아볼 수 있게 하는 성찰의 공간이며, 일가친지와 함께 할 수 있기를 소망하는 공간인 것이다.

## 4. 자락自樂의 공간 : 악부시로 창작된 누정시 2수-〈초연대가〉, 〈문월정가〉

최창대 누정시의 특징을 내용 말고 형식적인 면에서 그 특징을 찾는다면 그가 잡언체의 악부시로도 누정시를 지었다는 사실을 제일 먼저 꼽을 수 있다. 악부시로 된 누정시는 최창대 이전의 다른 문인들에게서는 쉽게 찾아볼 수 없다. 최석정(1646~1715)의 『명곡집』에 40여제, 김창협(1651~1708)의 『농암집』에 30여제, 김창흡(1653~1722)의 『삼연집』에는 140여제, 최창대와 함께 금강산 유람을 한 이인엽(1656~1710)의 『회와시고』 「동유록」에 19제의 누정시가 수록되어 있으나 악부시로 된 누정시는 찾아볼 수 없다. 그런데, 홍세태(1653~1725)의 『유하집』에는 상당수의 악부시가 수록되어 있으며 80여제의 누정시가 수록되어 있는데 그 중 〈통군정가統軍亭歌〉(권3, 1700년작), 〈북등단우대가北登單于臺歌〉(권4, 1705년작), 〈적취대가積翠臺歌〉(권5,

---

37 渭陽은 춘추 시대 秦康公이 태자로 있을 적에 장차 본국인 晉나라로 돌아가는 외삼촌 重耳, 즉 晉文公을 전송하였던 곳으로, 그 당시 강공이 이별을 아쉬워하면서 읊은 노래가 〈渭陽〉이다. (『시경』 「國風·秦風」)

1713년작), 〈서운각가棲雲閣歌〉(권8, 1723년작) 4수가 잡언체의 악부시로 지어진 누정시이다.

안대회는 18세기 한시의 새로운 경향 중의 하나로 '개성의 추구와 변화의 시도'를 제시하였다. 그러한 양상은 시의 내용이나 서정, 시체詩體의 선택, 작풍作風 등 여러 가지 측면에서 나타났는데, 악부시, 영사시詠史詩와 같은 특별한 형식의 시가 많은 작가들에 의해 선호되어 조선의 역사를 음영하고 독특한 자연풍토, 인정세태, 풍속생활을 읊은 작품이 출현한 것을 그 하나의 특징으로 꼽았다.[38] 그리고 우리나라에서 악부시는 조선전기에는 간헐적으로 창작되다가 조선 중엽 이후부터 큰 발전을 이루어, 조선후기에는 다양한 형식과 내용을 보여주며 가장 발전된 양식이라 할 수 있다.[39] 최창대의 『곤륜집』에는 40여제의 적지 않은 악부시가 수록되어 있으며, 그중에는 잡언체의 악부시로 지어진 누정시 2수 즉, 〈초연대가超然臺歌〉(권1, 1690년작), 〈문월정가問月亭歌〉(권2, 1691년작)가 포함되어 있다. 이러한 사실을 통해 18세기 한시의 새로운 경향이 최창대의 시에서도 이미 드러나고 있음을 엿볼 수 있다. 또한 최창대의 기행시는 모의나 답습에서 탈피하여 견문한 사실과 자신의 정감을 개성적이고 진솔하게 드러내려는 경향을 추구하였다는 특징을 보이는데[40] 그러한 특징은 악부시 누정시에서도 잘 드러난다.

38 안대회, 『18세기 한국한시사 연구』, 소명출판, 1999, 37~48면.
39 안대회, 「한국 악부시의 장르적 성격」, 『한국시가연구』 1, 1997, 122면.
40 경서율, 앞의 논문, 2면.

### 1) 〈초연대가〉

최창대는 1690년 부친 최석정이 황해도 연안 부사로 부임해 갔을 때 함께 따라가 있었다. 이 당시에 홍세태도 일정 기간 함께 머물러 있었는데, 〈초연대가超然臺歌〉 전후로 〈각야 동도장부閣夜 同道長賦〉, 〈군재 동도장부郡齋 同道長賦〉가 편차되어 있는 것으로 보아 함께 초연대에 올랐던 것으로 보인다.[41]

| | |
|---|---|
| 옛 성 아래 말고삐를 매어두고는 | 緤馬古城下 |
| 술 들고 황량한 누대에 왔네 | 擧酒臨荒臺 |
| 쑥대는 들판에 널려있는데 | 飛蓬捲野起 |
| 참담하고 슬픈 바람 불어오네 | 慘澹悲風來 |
| …(중략)… | |
| 그대는 시를 읊고 나는 곁에서 듣고 있는데 | 君誦詩我側耳 |
| 푸른 하늘 돌연 어두워지니 새가 날아 돌아오네 | 靑天晝陰鳥飛廻 |
| 슬픈 노래로 서로를 향해 천고를 묻지만 | 悲歌相向問千古 |
| 옛사람은 지금 사람의 슬픔을 보지 못하네 | 古人不見今人哀 |
| …(중략)… | |
| 인생은 한 번 취하면 오악도 가벼우니 | 人生一醉輕五嶽 |
| 내게는 그대에게 권할 술병 하나 있다네 | 我有一壺將勸君 |
| 황금을 다 던져서라도 즐거운 웃음을 사고 싶구나 | 黃金擲盡買歡笑 |
| 내일 백발 어찌 다시 적어질 수 있겠는가 | 明日白髮那再少 |
| …(중략)… | |
| 감개 일어나게 하려 높이 오를 필요 없다네 | 不必登高興感慨 |
| 아침마다 말 달려 池上으로 돌아간다오 | 朝朝走馬池上歸 |

41 崔昌大, 〈閣夜同道長賦〉·〈超然臺歌〉·〈郡齋同道長賦〉, 『昆侖集』 권1.

'초연대'는 노자의 『도덕경道德經』 26장에 나오는 "비록 영화로움이 보이더라도, 한가로이 처하며 그러함을 뛰어 넘는다.[雖有榮觀, 燕處超然.]"고 한 구절에서 '초연超然'이란 두 글자를 따서 명명한 것이라 한다. 누정으로서의 이 명칭은 소식蘇軾(1037~1101)이 지은 누대 '초연대'에서 비롯된다. 소식이 1076년 산동山東 고밀高密의 태수로 있을 때 폐허가 된 누대를 중건하였는데, 그때 마침 아우 소철蘇轍이 제남齊南에 있다가 이 소식을 듣고서 부를 짓고, 이 누대의 이름을 초연이라고 명명하였다.[42] 소식은 "어떤 것이든 모두 볼 만한 데가 있다. 참으로 볼만한 데가 있다면 사람들이 즐거워할 수 있으니 꼭 이상하거나 신기하거나 웅대하거나 아름다운 것이 아니어도 된다. 술지게미를 먹거나 싱거운 술을 마셔도 모두 취할 수 있고, 과일이든 초목이든 모두 배를 불릴 수 있다. 이로써 유추하건대 내가 어디를 가든 즐겁지 않을 수가 있겠는가?"[43]라며 자신이 삶을 즐길 수 있는 이유를 설명하였는데, 이러한 사실을 익히 알고 있던 동생 소철은 형 소식과 심심상인心心相印하여 그 누대를 '초연대'라 명명한 것이다.

위의 시는 전반부에는 당시 과거를 포기하고 연안에 와 있는 자신의 처지가 누대의 황량한 주변 환경과 맞물려 비애에 젖은 탓에 다소 어두운 분위기로 시작하지만, 좋은 사람(홍세태)과 함께 시를 읊고 술을 마시며 지금을 즐기려 애쓰는 모습으로 인해 전반의 어두운 분위기는 감춰지게 된다. 최창대가 오른 초연대는 비록 주변에 쑥대가 너

42 蘇軾, 「超然臺記」, 『東坡全集』 권36, "方是時, 予弟子由, 適在濟南, 聞而賦之. 且名其臺曰超然, 以見予之無所往而不樂者, 蓋游於物之外也."

43 위의 글, "凡物皆有可觀. 苟有可觀, 皆有可樂, 非必怪奇偉麗者也. 哺糟啜醨, 皆可以醉; 果蔬草木, 皆可以飽; 推此類也, 吾安往而不樂."

부러져 있는 황량한 누대이지만, 주변 환경이야 어찌되었든 그것을 초연하여 즐길 수 있음을 최창대는 초연대에서 몸소 증명해 보이고 있는 것이다. 그에게는 함께 하는 좋은 사람이 있고, 그와 술을 마시며 시를 읊을 수 있는 지금이 충분히 즐겁고 행복하고 소중하다. 그러하기에 내일이라고 백발이 다시 적어질 수 있는 것도 아니니 황금을 다 던져 즐거운 웃음을 사서라도 지금을 즐기고 싶은 것이다. 그러므로 굳이 감개를 일어나게 하려 풍광 좋은 곳을 찾아 더 높이 오를 필요조차 없다. 최창대는 이러한 초연의 즐거움과 감흥을 절제되고 압축적으로 표현해야 하는 시 형식보다는 잡언체로 된 악부시를 활용해 서슴없이 자유롭게 표출해 낸 것이다. 이 시에서 누정은 만남의 공간이고, 시 창작의 공간이고, 풍류를 즐기는 공간이다. 또한 지우知友와 함께 하며 스스로 즐거움을 찾을 수 있는 자락自樂의 공간이기도 한 것이다.

### 2) 〈문월정가〉

〈문월정가 기이산인정천問月亭歌 寄李山人挺天〉은 최창대가 신미년(1691) 문월정의 주인인 이정천에게 지어 보낸 작품이다. 최창대는 계미년(1703) 그의 죽음을 접하고 〈이회덕정천만李懷德挺天輓〉[44]을 지었는데 거기서 "술 한 말에 백 편의 시를 짓는 분도 이제 가시었으니, 높은 문월정은 누런 먼지가 되겠구나."라며 이백과 비견할 만한 이정

44 崔昌大, 〈李懷德挺天輓〉, 『昆侖集』 권4, "一斗百篇今已矣, 高亭問月欲黃塵. 老來蘿石從吾好, 歸去淵明只許貧. 積禍摧心猶曠達, 沉痾消肺尙精神. 青天有月來依舊, 長憶當歌對酒人."

천의 죽음을 애도하고 사라질 문월정을 안타까워하였다.

이태백은 술도 사랑하고 달도 사랑했다오　太白愛酒兼愛月
달이 문득 잔 안으로 들어와 있네　有月輒進杯中物
누대에 올라 머리를 긁적이며 푸른 하늘을 향해　登樓搔首向靑天
갑자기 다시 소리 높여 노래하며 밝은 달에게 묻노라　忽復高歌問明月
높은 노래 소리 다 끝나기도 전에 사람은 취해 쓰러졌는데　高歌未終人醉倒
밝은 달은 말없이 빈 하늘에 걸려있구나　明月無言挂空闊
이태백이 고래를 타고 채석강에서 달을 낚은 이후부터　自從采石騎鯨後
인간은 몇 번이나 달이 차고 기우는 것을 보았는가　人間幾度看圓缺
…(중략)…
지금 사람은 아직 옛날의 달을 볼 수 있는데　今人還見古時月
옛사람은 없으니 그 누가 슬퍼하는가　古人不在其誰哀
술 만 말에 시 백편　斗酒十千詩百篇
이태백과 비교해 나는 어떠한가　太白與我何如哉
술을 부어 그대를 불러내 술이라도 올리고 싶은데　澆酒招君欲酹君
구름은 혼을 배회하러 가지 않네　碧雲不去魂徘徊
감개한 일은 버려두고 말하지 말고　棄置勿言感慨事
오늘 밤도 동창이 밝도록 술을 마셔보자　今宵且盡東牕醉
달이 차고 이지러지는 것 물어볼 것 없다네　盈虧往來不須問
밝은 달이 언제 사람의 뜻을 이해한 적이 있는가　明月何曾解人意
내 오질의 옥도끼 질을 멈추게 하고　吾令吳質停玉斧
항아가 예상우의무를 추게 하리　吾令姮娥羽衣舞
흰 토끼 꿇어앉아 빻고 있는 약환　白兎跪捧所擣之藥丸
그것 먹으면 천년을 넘도록 죽지 않을 수 있다 하네　服之可以不死超千古
그런 후 한 번 정신도 못 차릴 정도로 취하면 삼천 년이라네　然後一醉酩酊三千秋
이 외에는 만사에 아무 생각이 없다오　此外萬事徒悠悠
술 마시며 노래 부를 때 밝은 달이 있는데　對酒當歌有明月

봉황대니 황학루니 굳이 따질 필요 있겠는가　　何必問鳳凰臺黃鶴樓

문월정이란 이름은 이백의 시 〈파주문월把酒問月〉에서 유래한 것이다. 최창대는 달과 관련된 이백의 이야기와 〈파주문월〉 중의 시구를 적절히 응용하고, 달과 관련된 오질吳質,[45] 예상우의무霓裳羽衣舞,[46] 토끼가 빻는 약환 등의 전설을 적절히 활용해 흥미롭게 문월정을 읊었다. 그런데 이백은 본래 "지금 사람은 옛날의 달을 보지 못하였지만, 지금의 저 달은 일찍이 옛사람을 비췄으리.[今人不見古時月, 今月曾經照古人.]"라고 읊었는데, 최창대는 오히려 "지금 사람은 아직 옛날의 그 달을 볼 수 있는데, 옛사람이 없으니 그 누가 슬퍼하는가."라며 사고의 전환을 보여준다. 그리고 두보가 〈음중팔선가飮中八仙歌〉에서 "이백은 술 한 말에 백 편의 시를 쓴다[李白一斗詩百篇]"라 하였는데, 자신은 그래도 술 만 말에 시 백 편은 쓴다면서, 이백에게 제주祭酒라도 따라주고 싶다 한다. 하지만 달은 그저 자연의 이치대로 차고 기울기를 반복할 뿐 사람의 뜻을 이해해 준 적이 없으니 만사 제쳐두고, 세상일 개의치 말고 술 마시며 즐기면 그뿐인 것이다. 따라서 술 마시고 노래 부를 때 밝은 달이 있으면 더 이상 바랄 것은 없으니 그곳이 이름난 봉황대니 황학루니 따질 필요는 없는 것이다. 기존의 생각

45 吳質은 전설상의 仙人인 吳剛으로, 그의 자가 質이므로 오질이라고 칭한 것이다. 한나라 때 西河 사람으로, 일찍이 仙道를 배우다가 잘못을 하고 달 속으로 귀양 가서 항상 계수나무만 찍고 있다고 한다.

46 당나라 현종이 도사 葉法善의 도술로 월궁에 올라가 보았는데, 월궁 항아들이 무지개같은 치마와 새털로 된 옷을 입고 춤추고 노래하는 것을 보고 와서 그 곡조대로 霓裳羽衣曲과 예상우의무를 창작하여 그것을 양귀비에게 추게 하였다고 한다.

과 표현을 답습하지 않고 최창대 자신의 정감을 악부시를 활용해 개성적으로 자유롭게 표현해 내었음을 이 시에서 엿볼 수 있다. 이 시에서도 누정은 스스로 즐거움을 찾는 자락自樂의 공간이다.

이렇듯 〈초연대가〉와 〈문월정가〉에서 누정은 최창대 자신이 즐거움을 찾고 즐기는 자락의 공간으로 인식된다. 최창대는 그러한 즐거움과 감흥을 자유롭게 표출해 내기 위해 절제되고 압축적으로 표현해야 하는 시 형식보다는 좀 더 자유로운 형식인 잡언체로 된 악부시를 활용한 것으로 보인다. 그리고 그럼으로써 누정은 현실과 단절된 낭만적, 환상적 공간 같은 색채를 풍기며 자락의 공간으로서 더욱 뚜렷하게 부각되는 효과까지 얻게 된다.

## 5. 결론

누정시에 대한 연구는 한 작가의 시세계를 좀 더 깊이 있게 살펴보는 방법 중의 하나가 되기도 하고, 혹은 시대에 따른 자연관의 변화 및 누정에 대한 인식의 변화 등을 확인할 수 있는 방법 중의 하나가 되기도 한다. 그러하기에 상당량의 누정시를 창작한 작가라면, 그러한 작가들의 누정시에 대한 연구가 지속적으로 이루어져 왔다. 필자는 본고에서 당대에 그 문학적 재능을 인정받은 인물이며, 문집에 45제 54수라는 적지 않은 누정시가 수록되어 있는 최창대의 누정시를 고찰하였다.

먼저 최창대가 누정시 전체를 창작 시기 및 그 창작 배경을 중심으로 살펴보았으며, 그것을 근거로 최창대에게 누정은 어떠한 의미를 갖는가를 찾아보았다. 최창대의 누정시 창작시기와 그 창작 배경을 보면, 그 대부분이 부친 최석정, 숙부 최석항, 외삼촌 이인엽, 외사촌 동생 이하곤 등의 일가친척이나 홍세태, 이하영 등 지우와 함께 하며 지은 것들이다. 이러한 사실에서 최창대에게 누정은 일가친지一家親知를 만나 함께 할 수 있는 공간으로 인식되었음을 알 수 있다. 17세기에 들어서면 정치현실과의 대립 구도 속에서 누정을 세속과 격절된 개인적 공간으로 인식하는 경향이 강해지고, 17세기 후반부터는 누정을 개인적 일상을 즐기는 공간으로 보는 경향이 두드러지게 나타나며 자락自樂의 공간이 강조된다.[47] 이러한 면모는 최창대의 누정시에서도 선명하게 드러난다.

다음으로 최창대가 그 이전의 문인들의 누정시에서는 좀처럼 볼 수 없었던 악부시라는 형식으로 누정시를 창작하였다는 사실에 주목하여 악부시로 지은 시 두 편, 즉 〈초연대가〉와 〈문월정가〉를 살펴보았다. 최창대는 누정에서 느끼는 자신의 정감을 악부시를 활용해 좀 더 자유롭게, 모의나 답습에서 탈피한 개성적인 표현과 내용으로 시를 지었다. 여기에서 누정은 최창대에게 스스로 즐거움을 찾는 자락의 공간으로 인식된다. 18세기 한시의 새로운 경향 중의 하나는 개성의 추구와 변화의 시도이며 그러한 양상은 시의 내용이나 서정, 시체의 선택, 작풍 등 여러 가지 측면에서 나타나는데,[48] 최창대가 악부시로 지은 누정시에서 그러한 일면을 찾아볼 수 있다.

이처럼 최대창의 누정시는 17세기 후반의 누정에 대한 변화된 인식을 보여주고 있을 뿐만 아니라, 18세기 한시의 새로운 경향의 일면

47 안세현, 앞의 논문, 149면.
48 안대회, 앞의 책, 37~48면.

을 엿볼 수 있게 한다. 이후로 최창대와 동시대 또는 그 전후 세대 문인들의 누정시가 지속적으로 연구된다면, 서로간의 공통점이나 차이점을 발견할 수 있게 될 것이며, 더 나아가 전 시대 혹은 다음 시대와는 다른 자연관 및 누정에 대한 변화된 인식 또한 더 분명해질 것이라 여겨진다.

# Ⅴ. 곤륜 최창대의 만시

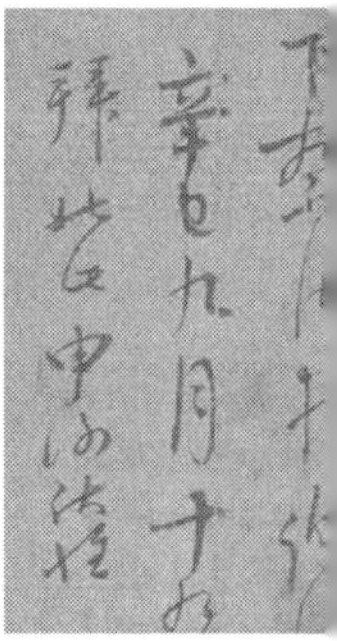

유명석

## 1. 머리말

생로병사生老病死 이 네 글자는 인간의 삶을 집약시켜 표현한 말이라고 할 수 있다. 세상에 태어난 인간은 살아간다고 인식하지만 실상 죽음을 향해 나아간다. 이렇듯 인간에게 죽음은 떼려야 뗄 수 없는 근원적 현상으로 한 사람의 죽음은 그의 사회적 상황과 위치에 따라 개인적·사회적으로 정서적 상실감을 안겨주게 된다. 우리 전통 문학에서는 이러한 구체적 대상의 죽음에 대하여 개인의 내면 정서를 언어로 형상화한 것을 만시輓詩라고 하였다.[1]

만시는 기본적으로 인간의 죽음이라는 인류보편의 것을 창작의 동인으로 삼는다는 점에서 관습적慣習的이고 의례적儀禮的이라는 비판에서 자유롭지는 못하다. 특히 조선 중기 이후 보편화된 상례喪禮와

1 최재남, 『한국애도시연구』, 경남대학교출판부, 1997, 28면.

일반화된 만장輓章의 사용으로 인해 만시는 비탄에서 칭양 위주로 변화되고 상투적이고 의례적인 문학양식으로 변모되어 문학적 감동을 주지 못하는 경우가 적지 않았다.[2] 조선 후기에 이르러 만시가 지나치게 의례화되고 보편화되자 이학규李學逵는 사람들의 만시 청탁에 대한 어려움을 토로할 정도였다.[3] 그러나 가까운 사람의 죽음을 마주하고 느낀 슬픔과 애도의 정감을 곡진한 언어로 풀어낸다[4]는 만시의 문학적 가치까지 폄하할 수는 없다. 누군가의 죽음을 마주하고 진솔한 감정을 담아 창작된 만시는 분명 독자에게 공감과 감동을 주기에 충분하다.

17세기 후반부터 18세기 전반을 살았던 관료문인인 곤륜昆侖 최창대崔昌大(1669~1720)는 총 712수의 시 가운데 91수의 만시를 자신의 문집에 남겼다. 곤륜의 증조부는 병자호란 당시 주화론主和論을 주장했던 지천遲川 최명길崔鳴吉(1586~1647)이고, 그의 부친은 소론의 영수로 영의정을 10차례나 지냈던 명곡明谷 최석정崔錫鼎(1654~1724)이다. 곤륜은 소론 가문의 명맥을 이은 인물로 『조선왕조실록朝鮮王朝實錄』에 실린 곤륜의 졸기를 보면 그는 일찍이 문장으로 이름이 나서 박세당, 김창협과 경쟁할 정도였다[5]는 기록이 있고 이덕수李德壽

2 윤재환, 「옥동 이서의 만시를 통해 본 조선조 만시의 일양상」, 『한민족어문학』 65, 한민족어문학회, 2013, 349~350면.

3 李學逵, 「與」, 『洛下生集』 책10, "此鄕之人, 每遇鄰里喪死, 不論樵翁牧豎餠師酒婆, 動費一張紙本 ,東西奔馳, 乞爲輓詩. 其有衣冠舊族, 城府良家, 不惟乞爲輓詩, 仍復乞爲祭文. 三家邨中稍解訓蒙者何限, 而都是胡叫杜撰, 動謂應擧時文, 或請點改, 或乞評語, 至如問喪慰疏, 求婚訊簡, 擧謂京華人定識體面, 點簿按實, 具牒紀詳, 亦謂文翰家必有見聞, 鱗集蟻附, 牢不可拒."

4 안대회, 「韓國 漢詩와 죽음의 문제 - 조선 후기 만시의 예술성과 인간미」, 『한국한시연구』 3, 한국한시학회, 1995, 53면.

가 지은 곤륜의 묘지명에 김창협이 곤륜을 일컬어 시의 오묘한 이치를 깨달았다[6]고 한 언급이 있는 것을 보면 곤륜이 문인들 사이에서 문재文才를 인정받았다는 사실을 알 수 있다. 이러한 곤륜에 대한 평가로 볼 때 그의 시문은 충분히 연구할 만한 가치가 있다.

곤륜의 이와 같은 문학적·정치적 위상에도 불구하고 그를 향한 학계의 관심은 미진한 실정으로 그의 만시에 대한 연구 역시 아직까지 이루어진 적이 없다. 2000년대 초반 김영주가 곤륜의 문학론에 대한 연구[7]를 진행한 것으로부터 시작하여 곤륜의 문학 작품에 대한 연구는 근래에 들어 본격화되었다고 할 수 있다. 그리하여 현재 곤륜의 시작품과 문장론에 대한 연구로 확장되어가고 있으며[8], 본 연구는 선행연구들의 성과를 뒤이어 곤륜의 만시를 연구하여 그의 시세계를 한층 더 면밀히 살펴보고자 기획된 것이다.

만시가 비록 의례적이고 상투적이라는 비판에서 자유롭지 못한 문학양식이기는 하나 수많은 문인들은 만시를 창작해왔고, 그중에는 수

5 『肅宗實錄補闕正誤』 권65, 숙종 46년 4월 22일 1번째 기사, "昌大早以文章名, 體裁均停, 辭理俱到, 可與朴世堂金昌協數人竝駕云."

6 李德壽, 「弘文館副提學崔公墓誌銘」, 『西堂私載』 권10, "余於昔年, 嘗聞金農巖昌協之言以爲詩難於妙悟, 而近世惟崔某能悟妙理. 及其弟三淵昌翕, 則又言崔某文, 如洪有人哀辭, 歐陽生哀辭, 後始見者, 具眼之奬許如此."

7 김영주, 「곤륜 최창대의 수사론 연구」, 『동방한문학』 24, 동방한문학회, 2003.

8 성범중, 「곤륜 최창대의 삶과 시세계」, 『한국한시작가연구』 14, 한국한시학회, 2010.; 권진옥, 「곤륜 최창대의 문장론 연구」, 『동양고전연구』 73, 동양고전학회, 2018.; 경서율, 「곤륜 최창대 기행시 연구」, 성균관대학교 석사학위논문, 2019.; 김묘정, 「곤륜 최창대의 교유시 연구」, 『인문논총』 76, 서울대학교 인문학연구원, 2019.; 이황진, 「곤륜 최창대의 누정시 연구」, 『한국고전연구』 48, 한국고전연구학회, 2020.

작으로 손꼽히는 작품도 존재한다. 곤륜의 문학적 역량을 확인할 수 있는 문인들의 평가를 보았을 때 그가 창작한 만시 역시 문학적 역량이 반영된 창작물이라는 것은 분명한 사실이다. 따라서 본고에서는 기존의 연구에서 다루지 않았던 곤륜의 만시를 살펴 그의 만시를 개관하고 문학적 형상화 방법을 확인하여 곤륜의 문학적 역량을 구체적으로 확인하는 계기로 삼고자 한다. 이 작업은 단순히 곤륜에 대한 연구로 끝나는 것이 아니라 넓게는 17세기~18세기 만시 문학의 일단을 확인하는 계기로 작용할 수 있을 것이라고 생각한다.

## 2. 곤륜昆侖 만시輓詩의 개관

곤륜은 자신의 문집인 『곤륜집昆侖集』에 527제 712수의 시를 남겼다. 『곤륜집』의 간기刊記에 "산실된 초고가 많은데 시詩가 그중에 특히 많았다. 남은 것은 겨우 부賦 4수, 시詩 1500여수, 문文 400여 수이다. 이 가운데 선정한 것이 부 2수, 시 712수, 문 227수이다."[9]라고 한 것으로 보아 본래 현재 문집에 남아있는 시보다 두 배가 넘는 양의 시가 있었던 것으로 보인다. 그러나 산삭의 과정을 거치며 현재의 문집이 구성되었고 그 가운데 만시는 53제 91수를 차지한다. 『곤륜집』에 수록된 만시의 비율은 전체 수량 가운데 13%에 해당한다. 조선 후기가 되면 만시의 창작이 점차 늘어났으므로 곤륜이 아주 특별히 많은 양의 만시를 남겼다고는 볼 수 없다. 그러나 『곤륜집』은 간

9 崔昌大, 「刊記」, 『昆侖集』, "草藁多少亡失, 而詩律之尤多. 存自僅賦四首, 詩一千五百餘首, 文四百餘首. 選者賦二首, 詩七百十二首, 文二百二十七首."

행되기 이전에 한 번의 선정과정을 거쳤고 그 과정을 통해 남은 만시의 비율이 이 정도라면 일정 부분 의미가 있다고도 말할 수 있을 것이다.

만시는 상대방이 부재인 상태에서 창작되므로 작자와 상대방 간의 교유를 직접적으로 확인할 수 있는 문학이라고 보기에는 어려운 지점이 있다.[10] 그러나 시를 받는 대상이 설정된 상태에서 창작된다는 점에서 간접적으로 교유관계를 확인할 수 있게 하는 형식이기도 하다. 특히 상대방의 부재 속에서 지어지는 만시는 작자와 상대방 간의 교유 실상 혹은 작자의 상대방을 향한 평소 의식을 좀 더 가깝게 지켜볼 수 있는 형식이라고 생각된다.

곤륜은 아버지 최석정의 뒤를 이은 소론의 중심인물이었다. 곤륜은 비록 수를 누리지는 못했으나 26세에 관직생활을 시작하여 52세의 나이로 세상을 떠나기 2년 전까지 약 25년 간 관직생활을 하였다. 이러한 사실을 볼 때 곤륜의 기본적 속성은 수학기를 제외하고는 아버지 최석정과 같이 소론의 주요 인물로서 평생 관직에 몸을 담은 관료에 가깝다고 말할 수 있을 것이다. 그리하여 그는 관직생활을 하며 평생에 걸쳐 여러 인물들과 시를 통해 교유하였고, 그에 대한 실상은 『곤륜집』에 수록된 시작품들을 통해 확인할 수 있다.[11] 앞서 언

10 특히 조선 후기에 많이 나타나는 代作 만시의 형태는 청탁에 의해 일면식도 없는 대상을 두고 창작된다는 점에서 만시 창작을 교유의 흔적으로 직접 연관시키기는 어렵다고 할 수 있다.

11 곤륜의 교유에 대해 확인할 수 있는 연구로는 경서윤(「곤륜 최창대 기행시 연구」, 성균관대학교 석사논문, 2019.), 김묘정(「곤륜 최창대의 교유시 연구」, 『인문논총』 76, 서울대학교인문학연구원, 2019.)의 연구가 있다. 경서윤은 곤륜이 교유했던 인물들과 기행을 통해 관계를 더욱 돈독하게 유지하고자

급했듯 만시는 송시나 전별시와 같은 층위의 교유시라고 말하기에는 어렵지만 선행연구에서 다룬 교유시에서 확인되지 않는 다양한 문인들과의 간접적인 교유 양상을 포착할 수 있다.[12]

이렇듯 곤륜에게 시창작은 문학적 활동이었으며 한편으로는 사회적 활동이기도 하였다. 곤륜의 시창작에 대한 특징을 염두에 두고 곤륜의 시작품 가운데 그의 만시 전체 현황을 도표화하여 살펴보면 다음과 같다.

[표 1] 곤륜집 소재 만시 현황표

| 연번 | 제목 | 형식 | 시수 | 대상 | 본관 | 구분 | 비고 |
|---|---|---|---|---|---|---|---|
| 1 | 松壑李丈 時興 輓 | 5절/7절 | 2 | 李時興 | 全州 | 미상 | |
| 2 | 莊烈王后輓詞 | 5율 | 4 | 莊烈王后 | - | 왕족 | 代作 |
| 3 | 悲朴定齋 泰輔 | 5율 | 1 | 朴泰輔 | 潘南 | 소론 | |
| 4 | 尹和甫 志淳 輓 | 5고 | 1 | 尹志淳 | 漆原 | 소론 | |
| 5 | 金原城 必振 輓 | 5고 | 1 | 金必振 | 慶州 | 소론 | 代作 |
| 6 | 崔營將 以球 輓 | 5율 | 1 | 崔以球 | 미상 | 무신 | |
| 7 | 沈季行 景賢 輓 | 5고 | 3 | 沈景賢 | 青松 | 소론 | |
| 8 | 趙直長 祺壽 輓 | 7율 | 1 | 趙祺壽 | 風陽 | 소론 | |

한 것으로 보았다. 김묘정은 곤륜이 교유시와 연구시를 통해 지식인들 간에 교유를 이어나간 것으로 파악하였으며, 곤륜의 교유시를 『곤륜집』 소재 전체 시 가운데 9%에 해당하는 42제 62수로 파악하였다.

12 김묘정이 파악한 송시・증시 목록표(「곤륜 최창대의 교유시 연구」, 『인문논총』 76, 서울대학교인문학연구원, 2019, 186면.)를 참조하여 만시 대상과 비교를 해보면 겹친다고 볼 수 있는 인물은 南九萬과 李光佐 두 사람이라고 할 수 있다. 하지만 이광좌와 관련되는 만시는 이광좌의 대부인에게 써준 작품이기 때문에 확실한 대상을 두고 곤륜이 교유시와 만시를 지어준 인물은 남구만 한 사람뿐이다. 따라서 교유시의 대상과 만시의 대상을 아우른다면 곤륜과 관계가 되는 인물이나 집안의 범위는 훨씬 넓어지게 된다.

| | | | | | | | |
|---|---|---|---|---|---|---|---|
| 9 | 羅平康 良佐 大夫人輓 | 5고 | 2 | 羅良佐의 大夫人 | - | 여성 | |
| 10 | 哀柳太常 俰 次石鼓歌 | 7고 | 1 | 柳俰 | 全州 | | |
| 11 | 滄溪林副學輓 | 5고 | 1 | 林泳 | 羅州 | 소론 | |
| 12 | 沈監司 權 輓 | 7율 | 1 | 沈權 | 靑松 | 소론 | |
| 13 | 誠齋閔永平 以升 輓 | 5율 | 3 | 閔以升 | 驪興 | 소론 | |
| 14 | 德浦尹副學 揞 輓 | 5고 | 2 | 尹揞 | 坡平 | 소론 | |
| 15 | 趙參判 亨期 輓 | 5고 | 1 | 趙亨期 | 林川 | 소론 | 代作 |
| 16 | 李承旨 鼎命 輓 | 7율 | 1 | 李鼎命 | 全州 | 소론 | |
| 17 | 李判校 日三 輓 | 5고 | 1 | 李日三 | 舒川 | 소론 | |
| 18 | 尹從叔 世憲 輓 | 7율 | 1 | 尹世憲 | 미상 | 소론 | |
| 19 | 養窩李掌令 世龜 輓 | 5율 | 4 | 李世龜 | 慶州 | 소론 | |
| 20 | 柳子虛 宲 輓 | 7고 | 1 | 柳宲 | 晉州 | 소론 | |
| 21 | 李判書 世華 輓 | 7율 | 2 | 李世華 | 富平 | 소론 | |
| 22 | 申判書 汝哲 輓 | 7율 | 2 | 申汝哲 | 平山 | 소론 | |
| 23 | 仁顯王后輓詞 | 5율 | 4 | 仁顯王后 | - | 왕족 | |
| 24 | 權知事 說 輓 | 5고 | 2 | 權說 | 미상 | 미상 | |
| 25 | 高監察 益亨 輓 | 7절 | 2 | 高益亨 | 開城 | 미상 | |
| 26 | 申兵使 益恬 輓 | 7절 | 4 | 申益恬 | 平山 | 무신 | |
| 27 | 愼同知 景尹 輓 | 7율 | 1 | 愼景尹 | 居昌 | 소론 | |
| 28 | 申相國 琓 子婦輓 | 7율 | 1 | 申琓의 며느리 | - | 여성 | |
| 29 | 李希敬 燔 輓 | 5고 | 1 | 李燔 | 咸平 | 소론 | |
| 30 | 李懷德 挺天 輓 | 7율 | 1 | 李挺天 | 碧珍 | 미상 | |
| 31 | 吳新溪 斗龍 輓 | 7율 | 1 | 吳斗龍 | 海州 | 노론 | |
| 32 | 西坡吳判書 道一 輓 | 7율 | 1 | 吳道一 | 海州 | 소론 | |
| 33 | 李監司 德成 輓 | 7고 | 1 | 李德成 | 全州 | 소론 | |
| 34 | 洪參判 受疇 輓 | 7율 | 1 | 洪受疇 | 南陽 | 소론 | |
| 35 | 芝浦朴榮川 鐔 輓 | 5고 | 4 | 朴鐔 | 高靈 | 소론 | |
| 36 | 李進士 眞休 輓 | 5절 | 2 | 李眞休 | 全州 | 소론 | |
| 37 | 李宜寧 志奭 輓 | 7절 | 2 | 李志奭 | 碧珍 | 노론 | |
| 38 | 沈秀才鏷輓 | 5고 | 1 | 沈鏷 | 靑松 | 미상 | |
| 39 | 徐判書 文裕 輓 | 5율 | 1 | 徐文裕 | 達城 | 소론 | |
| 40 | 朴生光震輓 | 7절 | 1 | 朴光震 | 미상 | 미상 | |
| 41 | 李尙輔大夫人輓 | 7율 | 1 | 李光佐의 大夫人 | - | 여성 | |

| | | | | | | | |
|---|---|---|---|---|---|---|---|
| 42 | 李參判 東郁 輓 | 7율 | 1 | 李東郁 | 慶州 | 남인 | |
| 43 | 金判官 輔臣 輓 | 7율 | 1 | 金輔臣 | 미상 | 소론<br>추정 | |
| 44 | 李江西 眞養 輓 | 7율 | 1 | 李眞養 | 全州 | 소론 | |
| 45 | 愼勉哉 懋 輓 | 5고 | 1 | 愼懋 | 居昌 | 서얼 | |
| 46 | 藥泉南相國輓 | 5율 | 6 | 南九萬 | 宜寧 | 소론 | |
| 47 | 姜都正 錫範 輓 | 5율 | 1 | 姜錫範 | 晉州 | 소론 | |
| 48 | 李新溪 齊說 輓 | 7절 | 4 | 李齊說 | 全州 | 소론 | |
| 49 | 曹進士 遇 輓 | 5율 | 1 | 曹遇 | 靈巖 | 미상 | |
| 50 | 李參奉 烶 輓 | 7절 | 3 | 李烶 | 慶州 | 소론 | |
| 51 | 沈奉事廷熙輓 | 5고 | 1 | 沈廷熙 | 靑松 | 소론 | |
| 52 | 鄭僉樞 寅賓 輓 | 7율 | 1 | 鄭寅賓 | 延日 | 소론 | |
| 53 | 洪正 萬選 輓 | 7율 | 1 | 洪萬選 | 豊山 | 소론 | |
| 총 53제 91수 | | | | | | | |

[표 1]을 보면 곤륜의 만시가 가지고 있는 몇 가지 특징을 확인할 수 있다. 첫 번째 특징은 만시의 대상이다. 곤륜 만시의 대상은 주로 소론의 인물들로 정승, 판서, 참봉, 수령과 같은 관직을 맡았던 인물들이다. 특히 영의정을 역임했던 남구만南九萬(1629~1711)과 병조판서를 역임했던 오도일吳道一(1645~1703)은 각각 부친 최석정의 스승과 오랜 동료로 소론을 이끈 인물들이고, 박태보朴泰輔(1654~1689)는 부친 최석정의 스승이었던 박세당朴世堂의 아들이다. 이처럼 곤륜 만시의 대상들을 살펴보면 곤륜은 부친 최석정이 교유를 맺었던 인물들과 대를 이어 교유를 이어나간다는 사실을 파악할 수 있다.

그러나 소론계 인물들에만 국한되지 않고 왕족인 장열왕후와 인현왕후, 부인, 노론, 중인과 같은 인물들도 만시의 대상이라는 점을 통해 곤륜 만시의 창작 대상이 다양한 편폭을 지님을 알 수 있다. 이 점은 곤륜의 교유관계가 소론의 인물들을 위주로 하기는 하였으나 당파나 신분에 구애받지는 않았음을 알게 한다.

두 번째로 대작의 비중이 낮다는 것이다. 조선후기로 가면서 만시의 창작이 관습화·의례화되면서 나타나는 경향이 '대인만代人挽'이라는 제목의 만시가 많이 창작된다는 점이다.[13] 그러나 곤륜의 만시 53제 가운데 3제를 제외한다면 모두 자신이 알고 있고 직접적인 관계를 맺고 있는 인물을 위해 창작된 만시이다. 3제의 '대인만代人挽' 작품 가운데 1제의 대상은 장열왕후이고 나머지 두 작품은 모두 소론의 인물들이라는 점으로 본다면 곤륜과 일면식도 없는 인물들이라 말하기에는 어려운 부분이 있다. 곤륜에게 만시의 창작은 관습적인 행위가 아니었던 것이다. 따라서 곤륜 만시는 실질적인 관계 속에서 지인들의 죽음을 마주하고 애도의 마음을 담아 창작했다는 것이 기본적인 특징이라고 할 수 있다.

곤륜 만시를 형식과 시체별 수량에 따라 좀 더 자세히 살펴보면 다음과 같다.

[표 2] 곤륜집 소재 만시 시체별 구분표

| 형식 | 시제 | 시수 | 연작시(제) | 비율 | 비고 |
|---|---|---|---|---|---|
| 5언절구 | 1 | 2 | 1 | 2% | |
| 5언율시 | 8 | 19 | 4 | 29% | |
| 5언고시 | 16 | 29 | 6 | 24% | |
| 7언절구 | 6 | 16 | 5 | 18% | |
| 7언율시 | 18 | 20 | 2 | 22% | |
| 7언고시 | 3 | 3 | - | 3% | |
| 5·7언절구혼합 | 1 | 2 | 1 | 2% | |
| 계 | 53 | 91 | 19 | 100% | |

13 윤재환, 앞의 논문, 348면.

[표 2]를 보면 곤륜의 만시에서 가장 많이 활용된 시체는 율시임을 알 수 있다. 5언율시와 7언율시의 비율이 50%를 차지한다는 점을 볼 때 곤륜은 망자를 애도하고 행적을 담아내기에 절구에 비해 율시가 더욱 적합하다고 생각했던 것으로 보인다.

특이한 점은 7언시 보다 5언시의 비율이 우세하고 그중에 5언고시의 비율이 상대적으로 높다는 점이다. 대체로 우리나라의 문인들은 5언 보다 7언, 절구 보다 율시를 선호하는 경향이 있다. 그러나 곤륜 만시의 시체별 비율은 5언시가 56%, 7언시가 44%이다. 곤륜은 만시 창작에 있어 5언시, 그 중 5언 고시를 적극적으로 활용한 것을 볼 수 있는데, 고시는 작자의 생각을 솔직하게 풀어낼 수 있다는 특징이 있고 5언시는 수사修辭에 용이하기 때문에 5언시와 5언 고시에 주목한 것으로 보인다. 또한 19제의 연작시 중 5언시가 11제를 차지한다는 점도 주목할 만한 점이다.

또 한 가지의 특징으로 연작시의 비중이 높다는 점을 들 수 있다. 총 53제 91수 중 19제 57수가 연작시로 지어졌다. 문집에 수록된 527제 712수의 시 가운데 만시를 제외하면 474제 621수로 1제당 1.3수의 비율이다. 그러나 만시에서는 1제당 3수의 비율로 연작시를 지은 것을 확인할 수 있는데 여타의 작품에 비해 연작시의 비중이 급격히 늘어난 것을 볼 수 있다. 연작시의 대상과 수량을 살펴보면 이시홍李時興(2수), 장렬왕후莊烈王后(4수), 심경현沈景賢(3수), 나양좌羅良佐 대부인大夫人(2수), 민이승閔以升(3수), 윤진尹搢(2수), 이세귀李世龜(4수), 이세화李世華(2수), 신여철申汝哲(2수), 인현왕후仁顯王后(4수), 권열權說(2수), 고익형高益亨(2수), 신익념申益恬(4수), 박심朴鐔(4수), 이진휴李眞休(2수), 이지석李志奭(2수), 남구만南九萬(6수), 이제열李齊說(4수), 이정李烶(3수)과 같다. 장열왕후, 인현왕후, 이세귀, 이세화, 윤진, 남구만과 같은 인물들은 왕족 혹은 소론의 당색을 가지고 관직을 역임했던 인물들로 주로 부친 최정석의 교유관계가 곤륜에게까지 이어진 듯하다. 이밖에 이시홍, 심경현, 민이승, 고익형, 이지석 등의 인물은 관료의 삶을 살지는 않았으나 학문적 명망을 지녔거나 혹은 벗으로서 곤륜과 개인적 친분을 지닌 인물들로 보인다. 따라서 복잡한 상념을 분절하여 표출하고자 할 때 연작시를 짓는데[14] 곤륜이 연작시를 창작하여 애도한 대상들은 1차적으로 개인적인 친분에서 비롯하였고, 이 가운데 친밀도나 존경의 정도에 따라 연작된 시작품의 양이 결정된 것으로 여겨진다.

## 3. 곤륜昆侖 만시輓詩의 형상화 양상

만시는 특정 대상의 부재로 인한 그리움과 슬픔에서 파생된 복합적인 정서를 다양한 방식으로 그려내어[15] 시를 읽는 이들의 가슴 속에 울림을 주는 시 양식이라고 할 수 있다. 따라서 작가는 대상의 죽음에 다가가 어떠한 방식으로 그 인물의 부재를 시로 지어야 할지에 대해 고민할 수밖에 없다.

만시에서 드러나는 기본적인 정서의 층위에 대해 최재남은 비탄悲嘆, 진혼鎭魂, 칭양稱揚으로 구분을 하였고 이 세 가지 층위는 복합적으로도 드러날 수 있는 것[16]으로 보았다. 즉 만시는 망자의 부재에서

14 심경호, 『한시의 세계』, 문학동네, 2006, 171면.

15 김묘정, 「창명 남선의 만시 고찰」, 『한민족어문학』 73, 한민족어문학회, 2016, 271면.

오는 슬픔 · 현세를 떠난 망자의 넋에 대한 위로 · 망자의 업적에 대한 칭송이라는 세 가지의 정서로 구분이 되는데, 중요한 것은 이러한 정서를 어떠한 방식으로 풀어내느냐이다. 조선후기의 만시에서는 죽은 자의 개성을 부각시키고 한국 특유의 정감을 살려내려는 노력을 통해 애도의 감정을 개성적으로 표현하고자 하는 모습을 엿볼 수 있는데,[17] 이러한 모습은 곤륜의 만시에서도 찾아볼 수 있다.

가학으로 인해 양명학의 영향을 받았던 곤륜은 마음[心]의 자연스러운 움직임에 대해 긍정하였다.[18] 그리하여 시詩란 성정性情에서 나와서 심지心志를 형상하는 것이므로 시를 보면 그 사람의 마음을 분명하게 파악할 수 있는 것으로 보았고,[19] 또한 시는 노래하고 읊는 뜻을 취하여 가슴의 답답함과 울분을 꾸밈없이 노래하는 것이라고 여겼다.[20] 이러한 곤륜의 시관을 바탕으로 하여 그의 만시를 살펴보면, 만시는 특성상 감정의 자유로운 발산이 허용되기 때문에 시 표면에 자신의 슬픔을 적극적으로 드러내는 데에 거부감을 갖지 않았던 것으로 보인다.

또한 곤륜은 문사文辭에 비중을 두고 '문질빈빈文質彬彬'을 해석하였다.[21] 곤륜은 문질빈빈을 언급하며 '리理를 밝혀 근본을 세울 것',

16 최재남, 앞의 책, 21면.

17 안대회, 앞의 논문, 56~57면.

18 崔昌大, 「折屐辨」, 『昆侖集』 권14, "心者, 活物也, 隱忍於始, 則其發於終也必暴, 强制於情, 則其形於事者太過."

19 崔昌大, 「答金子裕」, 『昆侖集』 권12, "詩本出於性情而心志形焉, 觀其辭而得其所存, 非可誣也."

20 崔昌大, 「答金子裕」, 『昆侖集』 권12, "若所謂詩者, 特取歌詠之義, 以暢其伊菀, 以舒其感憤, 足矣."

'적절한 방법을 선택해 취지趣旨를 바로잡을 것', '사辭를 다듬어 쓰임에 맞게 할 것'을 주장[22]하였다. 그리고 이를 실현하기 위한 방법으로 여러 경전을 두루 익혀 지식을 넓히고 제자서諸子書와 사서史書를 익숙히 보아 문사를 닦고 그런 뒤에 익숙히 읽고 중요한 말에 힘을 쏟아 수시로 글을 짓고, 여러 문제를 익힐 것[23]을 제시하였다. 이렇듯 곤륜은 수사에 대한 긍정적인 시각을 지니고 있었는데 이는 다양한 전고를 활용하는 데에 영향을 미친 것으로 보인다.

전고의 사용은 보편적인 한시 창작의 기법으로 제한된 글자 속에 많은 내용을 응축시켜 서술의 편폭을 확장한다는 장점을 지니지만, 한편으로는 문학 작품이 지니는 창조성 · 독창성 · 참신성을 저해하는[24] 요인 중의 하나이다. 하지만 전고의 사용을 통해 만시의 대상이 지닌 특징적인 면모를 부각시키거나 작자와 대상 간의 특별한 관계성을 시를 읽는 독자들에게 효과적으로 이해시킬 수 있는 방법으로 활용될 수 있기도 하다. 곤륜은 전고의 세련된 수사적修辭的 기법에 초점을 맞추어 활용했던 것이다.

앞서 언급했듯 만시는 의례적이고 관습적인 시 양식으로 특정 인물의 부재에서 오는 칭양과 비탄의 정서를 위주로 한다는 점에서 이 밖의 특별한 정서를 기대하기는 어렵다. 그러나 곤륜은 시에 감정을

21 김영주, 「곤륜 최창대의 수사론 연구」, 『동방한문학』 24, 동방한문학회, 2003, 124면.

22 崔昌大, 「答金子裕」, 『昆侖集』 권12, "文質彬彬, 有道明理以樹其本, 擇術以端其趣, 修辭以致其用."

23 崔昌大, 「與申士相弼夏」, 『昆侖集』 권12, "偏玩諸經, 以博其識, 貫覽子史, 以修其辭, 乃後熟讀而致力於要言, 時作而兼習乎衆體."

24 윤재환, 앞의 논문, 366면.

곡진히 드러내어야 한다고 여겼고 수사를 긍정하였으며, 그 바탕에는 여러 문체를 익혀야 한다는 자신만의 뚜렷한 시관詩觀을 지니고 있었고 그에 따라 시를 창작하고자 하였다. 따라서 본고에서는 곤륜의 시관을 기반으로 하여 곤륜의 만시에서 드러나는 형상화 양상을 '불우不遇한 운명運命에 대한 슬픔의 발현', '역사적 인물을 활용한 망자의 회상', '망자亡者의 부재不在로 인한 우려憂慮와 칭양' 세 가지로 구분하여 확인해보고자 한다.

### 1) 불우不遇한 운명運命에 대한 슬픔의 발현

운명運命이란 인간이 어떻게 할 수 없는 초인간적인 것이다. 아무리 능력이 뛰어나고 재물이 많은 사람이라도 죽음은 어느 순간 엄습해올 수 있다. 이 죽음은 그 누구도 피할 수 없다. 곤륜은 평소 자신과 친분이 있던 인물들의 죽음을 마주하여 이를 운명을 돌아보게 하는 계기로 여겼던 듯하다. 그리하여 그들의 죽음을 애도함에 있어 불우한 운명을 통해 더욱 비애감 있게 표현하였다.

| | |
|---|---|
| 먼지 속에서 옥수 온통 꺾이고 시들어 | 塵中玉樹一摧凋 |
| 세상에 좋았던 우애 결국 적막해졌네 | 海內塤篪遂寂寥 |
| 읊으면 밝은 구슬 같아 일찍이 가득하였고 | 唾是明珠曾滿握 |
| 정신은 원통한 검 되어 정녕 하늘을 찔렀지 | 精爲寃劍定衝霄 |
| 궁벽한 동쪽 다리로 꽃은 묵은 집을 덮고 | 花藏舊宅東橋僻 |
| 먼 서쪽 들판에서 풀은 새 명정을 비추네 | 草映新旌左甸遙 |
| 미관말직 꺼리지 않았고 협률로 이름났으나 | 不忿微官名協律 |
| 천상에 일찍이 올라감은 신명의 부름에 응해서라네 | 匀天早合赴神招[25] |

이 시는 곤륜이 조기수趙祺壽(1653~1695)라는 인물을 위해 지은 만시이다. 조기수는 본관은 풍양豐壤, 자는 중길仲吉로 인평대군麟坪大君(1622~1658)의 사위였으며 종7품의 장악원掌樂院 직장直長을 지낸[26] 인물이다. 송징은宋徵殷이 쓴 제문을 보면 그는 대체로 벼슬을 하지 않고 은거한 채 조용한 삶을 살았던 것[27]으로 보이며 공조판서 · 의정부좌참찬 등을 역임했던 소론의 인물인 조원명趙遠命(1675~1749)의 부친이기도 하다. 곤륜이 조기수와 어떻게 교유를 하게 되었는지에 대해서는 확실하게 알기가 어렵지만 기본적으로 당색이 소론이었다는 데에서 기인한 듯하다. 이제 시를 살펴보도록 한다.

수련에서는 조기수의 죽음과 함께 그의 죽음으로 인한 안타까움을 읊었다. '옥수玉樹'는 뛰어난 인재를 비유하는 말로 '옥수가 꺾임'은 곧 조기수가 세상을 떠났다는 것을 의미한다. 이어 2구에서 좋은 우애를 의미하는 '훈지壎篪'고사를 통해 곤륜 자신과 조기수가 형제처럼 우애 좋은 사이였음을 드러내고 이제는 그가 세상을 떠나 더 이상 우애를 함께할 수 없는 안타까움과 애통함을 드러냈다. 함련에서는 조기수의 뛰어난 능력을 언급한 부분으로 시적 재능이 있었음을 언급하고, 이와 함께 용천검龍泉劍의 빛이 하늘까지 뿜어졌다는 고사를 활용하여 '원통한 검이 하늘을 찌른다'라고 말하며 조기수의 능력은 스스로 내보이지 않았어도 그의 명성이 먼 곳까지 퍼졌음을 드러내었다. 경련은 조기수가 세상을 떠나고 난 뒤의 적막한 집의 풍경과 장례 행렬에 대해 읊은 부분으로 앞뒤 구에 '신新'과 '구舊'를 배치하여 남아있는

25 崔昌大, 〈趙直長祺壽輓〉, 『昆侖集』 권2.

26 趙裕壽, 「仲氏直長公行狀」, 『后溪集』 권7, "乙亥春, 遂署公掌樂院直長."

27 宋徵殷, 「祭趙直長祺壽文」, 『約軒集』 권12, "公似玄晏, 罕出戶牖, 間闊多時."

것과 떠나가는 것을 대비시켰다. 또한 '벽僻'과 '요遙'를 배치하여 죽음의 이미지를 그려내었다. 마지막 미련에서는 조기수의 죽음을 안타까워하면서도 그의 죽음이 운명이라는 것을 드러내고 있다. 그는 비록 장악원 직장이라는 미관말직에 머물렀지만 낮은 관직도 꺼리지 않았고 음률을 잘 안다는 명성이 있었다. '하늘' 혹은 '하늘나라의 음악'을 의미하는 『열자列子』의 '균천勻天' 전고를 활용하여 이렇듯 능력과 명성을 갖춘 그였지만 수를 누리지 못하고 세상을 떠난 것은 하늘이 그의 능력을 필요로 하여 데리고 갔기 때문이라고 한 것이다. 시 전체적으로 '비悲'나 '애哀'와 같이 직접적으로 슬픔을 드러내는 글자를 사용하지는 않았으나 마지막 구에서 오히려 그의 죽음은 하늘의 부름이라는 운명을 따른 것이라고 말하여 곤륜은 조기수의 죽음을 마주하고 느끼는 무력감과 슬픔을 곡진하게 드러냈다. 이러한 형상화 방법은 독자들에게 더욱 깊은 울림의 슬픔을 느끼게 한다고 볼 수 있다. 다음 시에서는 가혹한 운명에 대한 더욱 강한 비탄을 엿볼 수 있다.

| | |
|---|---|
| 부음 들었을 때 이별이 정녕 거짓 같았는데 | 曾傳別誠僞 |
| 운명이 생사를 갈랐구나 | 命之人鬼關 |
| 홑복 입어 채색옷 감추듯이 했고 | 絅衣藏彩色 |
| 집은 비 새도 온화한 얼굴 보이셨으니 | 屋漏照和顔 |
| 이 도는 천고에 어려운 일인데 | 此道難千古 |
| 공을 통해 일부분을 볼 수 있었지 | 於公見一斑 |
| 순수하고 깊음과 자세히 따지셨던 공의 모습 | 純深與密察 |
| 내 마음에 실로 의심할 것 없다네 | 吾意實無間[28] |

28 崔昌大, 〈養窩李掌令世龜輓〉, 『昆侖集』 권3.

이 시는 이세귀李世龜(1646~1700)를 위해 지은 만시이다. 이세귀의 본관은 경주慶州, 자는 수옹壽翁, 호는 양와養窩이다. 이항복李恒福의 증손으로 고위 관직에 오르지는 못했으나 박세채朴世采, 윤증尹拯, 남구만南九萬, 최석정崔錫鼎 등 소론 문인들과 교유했던 인물이다. 곤륜은 부친인 최석정의 영향으로 이세귀와 교유를 했던 것으로 보인다. 이 시 역시 운명의 불우함을 곱씹으며 대상의 죽음을 애통해하는 모습을 보여주는데, 앞선 시보다 좀 더 강한 슬픔을 엿볼 수 있다.

이 시는 수련에서 곧장 강한 감정을 발산한다. 1구에서는 이세귀의 부음을 듣고 믿기지 않았던 당시의 상황을 말하고 2구에서는 생사를 갈라버린 운명에 대해 책망하였다. 마주한 죽음이 믿기지 않지만 이미 생자와 망자가 정해져 버린 상황 속에서 할 수 있는 것이라곤 '운명[命]'을 향한 원망뿐이다. 함련에서는 화려함을 숨긴다는 『시경詩經』의 '의금상경衣錦尙絅' 구절에서 따온 '경의絅衣'를 활용하여 망자의 생전 겸손하고 청렴한 성품에 대해 설명한 것을 확인할 수 있다. 이어 경련에서는 이세귀의 훌륭한 행실에 대해 칭양한 것을 볼 수 있는데 일부분을 의미하는 『세설신어世說新語』의 '일반一斑'을 따와 세련되게 구를 다듬었다. 미련에서는 전반부의 내용을 갈무리하여 이세귀의 생전 행실을 '순심純深', '밀찰密察' 두 단어로 함축하여 말하고 '실무간實無間'이라는 말을 통해 이러한 평가에 대한 일말의 의심도 없음을 말하였는데 '밀찰密察'은 『중용』에서 쓰인 말인 것을 확인할 수 있다. 시는 전반부에서 운명을 언급하여 작가의 슬픔을 강하게 노출시켰다가 후반부로 갈수록 감정을 갈무리하고 있는 모습을 보여준다. 이어지는 시는 이 작품과 반대로 전반부에서 후반부로 갈수록 감정이 고조되는 모습을 보여준다.

| | |
|---|---|
| 궁행을 내 어찌 감당할까만 | 躬行吾豈敢 |
| 성인께서는 오히려 부족하게 여기셨지 | 聖者其猶病 |
| 여력이 있으면 주역을 힘써 읽으셔서 | 餘力在韋編 |
| 개미가 큰 둑을 만들어 물고기가 헤엄칠 수 있을 정도였네 | 蛾逑或魚泳 |
| 한 부의 소학책을 | 一部小學書 |
| 평생 마음 비추는 거울로 삼으셨으니 | 平生照心鏡 |
| 문하에 한비자, 장자를 외우는 이가 있은들 | 倚門誦韓莊 |
| 우리의 덕성에 무엇이 해롭겠는가 | 何干我德性 |
| 세상 떠남에 막 날을 택하셨으니 | 登假方擇日 |
| 단명하여 먼 저승길 바삐 가시는구나 | 短期長途競 |
| 깊은 마음속 끝까지 슬프고 | 深心慨末流 |
| 누추한 집에 탄식이 일어나네 | 蓬屋發歎詠 |
| 한 번 태어나 이렇게 사셨으니 | 一起聊亦爾 |
| 하읍까지 훌륭한 정사로 소문났는데 | 下邑聞嘉政 |
| 지업이 곧 여기서 그쳤으니 | 志業乃止斯 |
| 아아, 이 운명을 어쩌나 | 嗚呼此何命[29] |

이 시는 박심朴鐔(1652~1707)을 애도한 작품이다. 박심의 본관은 고령高靈, 호는 芝浦이며 소론 계열의 인물인 구당久堂 박장원朴長遠의 아들이다. 윤증尹拯에게 수학하였으며 학행學行으로 일컬어졌다고 한다. 임영林泳, 민이승閔以升, 이세귀李世龜, 정제두鄭齊斗 등 소론의 문인들과 교유하였으며 영천 군수榮川郡守를 지냈다.

이 시는 5언 고시로 지어진 4수 연작시 중에 두 번째 수이다. 이 작품에서는 전고의 활용이 두드러지는데, 용어의 활용을 넘어서 경서의 구절을 재구성한 창작방식을 엿볼 수 있다. 박심에게 상당한 존경

29 崔昌大, 〈芝浦朴榮川鐔輓〉, 『昆侖集』 권4

심을 지니고 있었던 것으로 보이는데 1~2구를 통해 이를 알 수 있다. 1구에서는 자신을 가리키는 '오吾'를 쓰고, 2구에서는 『논어』에 나온 공자孔子의 요순堯舜에 대한 언급[30]을 인용하여 구 전체에 활용하였다. 이는 자신과 박심을 대비시킨 것으로, 박심을 요순과 같은 성인의 경지로 격상시켜 칭송한 것이다. 3~4구에서는 『사기史記』 「공자세가孔子世家」에 나온 '위편삼절韋編三絶' 내용과 『예기禮記』에서 따온 '아술蛾述'을 전고로 활용하여 박심이 주역을 즐겨 읽었던 사실과 자연스럽게 이치를 깨우친 그의 학문적 경지를 서술하였다. 5~8구는 '소학서小學書'를 통해 박심이 평소 『소학小學』을 읽으며 수신修身에 힘을 쏟는 삶을 살았음을 언급하고, 『양자법언揚子法言』의 구절[31]을 가져와 유가가 아닌 다른 학설을 말하는 사람들이 있더라도 박심이 있어 유가의 도가 흔들리지 않을 수 있었다고 말하였다. 여기까지는 박심의 공적을 칭양하는 부분이라고 할 수 있는데 9구부터는 망자의 죽음에 대한 비탄의 정서로 변화된다.

9~10구는 박심이 갑작스럽게 세상을 떠나버린 상황에서 '짧은 생[短期]'과 '저승길[長途]'을 통해 대비시켰다. 11~12구는 박심이 세상을 떠난 상황에서 느끼는 슬픔과 안타까움을 서술한 부분이다. 13~14구에서는 박심의 삶과 업적을 함축시켜 칭양하고, 15~16구에서는 훌륭한 뜻과 업적이 더 이상 베풀어지지 못한 안타까움을 '운명'이라는 말로 탄식하며 갈무리하였다. 망자의 죽음에 대한 슬픔의 감정을 말하는 대신 불행한 운명을 탄식의 어투로 마무리하여 슬픔의 여운

30 『論語』, 「憲問」, "修己以安百姓, 堯舜其猶病諸."

31 揚雄, 『揚子法言』, "或問人有倚孔子之牆, 絃鄭衛之聲, 誦韓莊之書, 則引諸門乎."

을 더욱 강하게 지속시키는 효과를 준 것이다.

앞서 언급한 작품들 이외에도 망자의 죽음을 불우한 운명의 탓으로 돌려 슬픔을 배가시키는 작품들을 찾아볼 수가 있는데, "뛰어난 재주에도 명은 어찌나 박하여, 공적은 구부러지고 도는 짝할 데 없어졌네.[才高命何薄, 迹屈道無隣.][32]"와 같은 표현이나 "문장은 시명과 같지 않았으니, 진흙탕 속 생애를 북처럼 내달리셨네.[文章不能濟時命, 泥塗甲子如飛梭.][33]"와 같은 표현이 있다. 곤륜의 만시에서 보이는 이러한 표현들은 망자의 죽음에서 자신이 어떻게 할 수 없는 무기력감을 느끼고, 망자들이 훌륭한 인품이나 뛰어난 능력을 갖췄음에도 불구하고 수를 누리지 못한다는 모순적이고 야속한 운명에 대한 원망의 정서가 밑바탕에 깔려있었기 때문이라고 여겨진다. 이러한 표현들은 살아남은 자의 슬픔의 정서를 전달하기 위한 도구로써 효과적으로 활용되었다. 감정의 전달뿐만 아니라 적절한 전고를 적재적소에 배치하여 탁구에 있어 세련미를 성취하고자 한 곤륜의 수사적 기법까지도 엿볼 수 있다.

### 2) 역사적 인물을 활용한 망자의 회상

곤륜은 감정을 곡진하게 드러내는 것을 긍정하였고, 곤륜에게 시는 그러한 감정을 담아내는 도구였다. 그리고 이와 함께 창작에 있어서 수사의 중요성에 대해서 역설하였다. 수사를 위해 육경六經뿐만 아니라 다양한 제자서諸子書를 통해 문학적 시야의 저변을 확장하는

32 崔昌大, 〈金原城必振輓代作〉, 『昆侖集』 권2.

33 崔昌大, 〈哀柳太常俶次石鼓歌〉, 『昆侖集』 권2.

것의 중요성에 대해 말하였다. 앞의 절에서 살펴보았듯 곤륜은 만시를 짓는 데에 있어서 다양한 전고를 활용하였는데 그 가운데 한 가지 방법이 역사적 인물을 활용하여 망자를 회상하는 것이었다. 구체적인 시작품을 통해 이를 확인해보고자 한다.

| | |
|---|---|
| 하늘은 이미 준재를 태어나게 해놓고는 | 天旣生才俊 |
| 어찌 세상 혼탁하게 만드는가 | 胡爲溷濁辰 |
| 높은 명성은 절로 몹시 빼어났으나 | 高名自殊絶 |
| 세상일은 날마다 어지러웠네 | 世事日紛綸 |
| 정직함은 얼마나 나라에 도움되었고 | 正直豈裨國 |
| 문장은 사람들 감동시켰었지 | 文章能殺人 |
| 상강의 오월 오일이니 | 湘江五月五 |
| 돌아가 굴원과 짝하시겠구나 | 歸亦伴靈均[34] |

이 시는 박태보朴泰輔(1654~1689)를 애도한 시이다. 박태보는 1689년 기사환국 당시 인현왕후仁顯王后의 폐위를 강력히 반대하는 상소를 올렸다가 심한 고문을 받고 진도로 유배가던 도중 노량진에서 세상을 떠났다. 박태보의 본관은 반남潘南, 호는 정재定齋, 자는 사원士元이다. 박태보의 부친인 박세당朴世堂은 곤륜의 부친인 최석정의 스승이었으며 박태보 역시 최석정과 교유하였다. 박세당의 집안과 최석정의 집안은 스승과 제자의 관계로 세교를 이어갔던 것으로 보인다.

이 작품은 율시처럼 보이나 운자를 사용하지 않은 고시작품으로 매 구 다섯 자 속에 작가의 망자에 대한 감정을 효과적으로 응축시켜 드러낸 작품이다. 1~2구에서는 '재준才俊'으로 박태보의 뛰어난 재능

34 崔昌大, 〈悲朴定齋泰輔〉, 『昆侖集』 권1.

을 드러내고 그런 뛰어난 재능을 가진 인물의 죽음으로 세상이 혼탁하게 된다고 서술하여 망자의 죽음에 대한 애통한 정서를 드러냈다. 3~4구에서는 박태보의 능력은 뛰어났으나 그의 능력을 펼쳐낼 수 없었던 세상에 대한 안타까움을 말하였다. 5~6구에서는 망자의 곧았던 성품과 뛰어난 문학적 능력을 칭양하여 국가와 사람들에게 영향을 미쳤음을 서술하였다. 7~8구에서는 박태보를 초楚나라 대부로 참소를 당해 나라와 임금을 근심하다 멱라수汨羅水에 투신하여 죽었던 굴원과 짝하겠다고 말하였다. 굴원에 빗대어 망자를 애도하는 것은 다소 상투적인 표현이라고 할 수 있다. 하지만 이 시의 말미에 "박공은 단오날에 돌아가셨다[朴公以端午日卒]"라는 주석이 달려있는 볼 수 있는데 단옷날은 굴원이 멱라수에 스스로 몸을 던져 죽은 날이다. 즉 곤륜이 박태보를 굴원에 빗대어 애도한 이유는 그의 행적도 행적이지만 그가 세상을 떠난 날이 굴원과 같았기 때문인 것이다. 그리하여 곤륜은 망자를 굴원에 빗대었던 것이며, 이를 통해 망자의 절개와 강직함, 그리고 억울함을 더욱 효과적이고 함축적으로 드러낼 수 있었던 것이다. 이렇듯 역사적 인물을 전고로 활용하여 망자를 애도하는 형상화 방법은 다른 작품들을 통해서도 확인할 수 있다.

| | |
|---|---|
| 연꽃 붉고 나무 무성한 넓은 호수 가에 | 紅蕖綠水太湖邊 |
| 취해 춤추며 미친노래 부를 때 달빛은 배에 가득했지 | 醉舞狂歌月滿船 |
| 등왕각의 빈객들 모인 연회에서 왕발 가장 어렸으니 | 滕閣賓筵王子幼 |
| 양양의 부로들 공의 뛰어남을 잘 알았지 | 襄陽父老習公賢[35] |

35 崔昌大, 〈高監察益亨輓〉, 『昆侖集』 권4.

이 시는 감찰監察을 역임했던 고익형高益亨(1645~?)이라는 인물을 애도한 작품이다. 고익형의 자는 남길南吉이고 29세의 나이로 진사에 합격했다는 사실 정도를 확인할 수 있고 이밖에 그의 행적에 대한 정보는 거의 찾아볼 수가 없다.

이 시는 2수 연작시 중 첫 번째 작품으로 기구와 승구는 과거에 대한 회상으로 볼 수 있다. 아마도 곤륜은 과거에 고익형과 함께 뱃놀이를 했던 듯하다. '홍거紅蕖'와 '녹수綠水'를 통해 당시의 아름다운 주변 경치를 드러내고 '취무醉舞'와 '광가狂歌'를 통해 흥겨웠던 연회를 재연하였다. 그런데 갑자기 전구에서 「등왕각서滕王閣序」를 지었던 왕발王勃을 거론하는데, 왕발은 가장 어린 나이로 등왕각의 연회에서 여러 명사들과 함께 글을 지었으나 그의 작품이 가장 훌륭한 작품으로 손꼽혀 문사들에게 추앙받았던 인물이다. 즉 곤륜은 전구와 결구에서 망자를 왕발에 비유하여 그가 어린 나이에 왕발처럼 문학으로 이름을 날려 양양의 나이 많은 어른들에게도 널리 알려졌음을 표현한 것이다. 고익형이라는 인물에 대한 곤륜의 이와 같은 평가를 증명할 만한 자료는 찾아볼 수 없으나 이 작품을 통해 곤륜이 망자를 회상하고 칭양하는 수사법을 확인할 수 있다.

| | |
|---|---|
| 필력과 담론의 기세 모두 티끌세상 벗어나셨으니 | 筆力談鋒兩絶塵 |
| 득의하여 돌아보면 아무도 없었지 | 揚眉回眄目無人 |
| 맑은 명성에 비방 입어도 온통 한가롭게 여기셨고 | 淸名積謗渾閑物 |
| 옥당에서 섬처럼 한 몸 뿐이셨지 | 玉署珠厓只一身 |
| 당시 술 취하고 깸도 임금께서 주신 것이었는데 | 當日醉醒關聖主 |
| 이제 돌아와 관을 이웃으로 삼으셨으니 | 揭來棺翣寄比隣 |
| 우번은 제 몸 둘 곳 없었지만 | 虞翻骨體容無地 |
| 홀로 푸른 산 얻어 가까이 하시네 | 獨有靑山護得親[36] |

이 시는 오도일吳道一(1645~1703)을 애도한 시이다. 오도일의 자는 관지貫之, 호는 서파西坡이며 최창대의 부친인 최석정 및 조지겸趙持謙, 조상우趙相愚 등의 소론 명사들과 교유한 인물이다. 대제학과 한성부 판윤 등을 지내고 병조 판서에 올랐으나 민언량閔彦良의 옥사에 연루되어 유배되었다가 유배지에서 세상을 떠났다.

수련은 망자를 능력을 칭양한 부분으로 '필력'과 '담론' 모두 현세의 수준을 넘어서는 정도라고 말하고 '목무인目無人'이라는 언급으로 망자를 가장 뛰어난 인물로 만들었다. 함련은 망자의 능력에 이어 강직한 성품에 대해 언급한 부분이다. 3구는 다른 정파로부터 비방을 들어도 개의치 않고 의연했다는 말이고, 4구는 옥서玉署를 통해 망자가 홍문관 수찬으로 지낼 당시 이이李珥와 성혼成渾을 변무辨誣했던 사실을 언급하였다. 오도일은 술을 좋아하여 숙종에게 경계를 받아 술을 마시는 것도 임금의 허락을 받아야 했는데 경련은 숙종의 경계를 잘 지켰던 다시 말해 임금에게 깊은 충정을 바쳤던 지난날을 말하고 이어 세상을 떠나 관에 실려 돌아온 현재의 모습을 대비시켜 말하였다. 미련에서는 '우번虞翻'이라는 인물을 가져와 망자에 빗대었는데, 우번(164~233)은 중국의 삼국시대 오吳나라 사람으로 강직하고 술을 좋아했는데 자신의 군주인 손권孫權에게 미움을 받아 교주交州로 쫓겨났다가 그곳에서 세상을 떠난 인물이다. 곤륜은 우번 전고를 활용하여 망자가 평소 술을 좋아했던 사실과 강직한 성격을 효과적으로 드러낸 것이다. 여기에 더하여 우번은 비록 유배지에서 세상을 떠났지만 망자는 용서를 받고 돌아와 푸른산 아래에 묻혔다고 말하여 망자를 우번보다 나은 인물로 칭양하는 데에 성공하였다.

36 崔昌大, 〈西坡吳判書道一輓〉, 『昆侖集』 권4.

전조에서의 쓰임 끝나지 않아　不盡先朝用
늙은 신하 머물려 두었지　留爲耈老臣
바른말은 세상이 달게 여겼고　危言甘嶺海
나쁜 때에도 경륜을 잘하셨으니　敗局足經綸
문무백관 성대한 공을 도모했고　文武圖功盛
맑은 충정은 새로이 장려되었네　淸忠荷奬新
천년의 명재상으로 전할 것이니　千秋名相傳
범진과 사마광은 다시 어떤 사람이었는가　范馬復何人[37]

이 시는 남구만(1629~1711)을 애도한 시이다. 남구만은 소론의 영수로 영의정을 지낸 인물이다. 또한 남구만은 부친 최석정의 스승이었으며, 소론 영수의 계보가 그로부터 시작된다는 평가를 받는 인물이다. 최창대가 남구만의 죽음을 애도하는 만시를 지었고 문집에 남은 만시 가운데 가장 많은 양의 연작시를 지었다는 것은 이러한 정치적인 이유도 일정 부분 작용했던 것으로 보인다.

이 시는 총 6수 연작시 가운데 두 번째 수이다. 남구만은 효종대에 출사하여 현종을 거쳐 숙종까지 3대의 임금을 섬긴 인물이다. 1~2구는 이러한 사실에 대한 언급으로 남구만의 능력이 뛰어나 3대의 임금이 모두 그를 중용했음을 언급한 것이다. 3~4구는 남구만이 충언을 잘 하였고 정사를 다스림에도 크게 이바지를 한 것에 대한 언급이다. 5~6구는 남구만의 직간과 정치적 역량으로 문무백관 모두가 그를 본받아 나라를 위해 열심히 하였고 임금을 위해 충정을 다 바치고자 하였음을 말하였다. 7~8구는 전반부의 내용을 갈무리하여 남구만의 업적을 칭양하는 부분으로 남구만이 영원토록 명재상으로 이름을 남

37 崔昌大, 〈藥泉南相國輓〉, 『昆侖集』 권5.

길 것이라는 것이다. 이 구에서 언급한 '범마范馬'는 범진范鎭과 사마광司馬光을 가리키는 시어로 범진과 사마광 모두 송宋나라의 명재상이다. 이 두 사람이 누구냐는 말은 범진과 사마광이 비록 어진 재상이긴 하지만 그들보다 남구만이 더욱 훌륭한 재상이었다며 회상하고 이와 함께 앞으로 범진이나 사마광보다 더 추앙받을 것이라는 극도의 칭양인 것이다.

이렇듯 역사 속 인물을 전고로 활용한 형상화 방식은 망자를 칭양하기에 효과적이라는 일차적 의미를 가지고 있다. 더불어 이러한 방식은 독자들이 직관적으로 망자의 생전 모습을 유추할 수 있게 하는데 용이하다고 할 수 있는데 이러한 점을 통해 곤륜의 세련된 수사미를 확인할 수 있다.

### 3) 망자亡者의 부재不在로 인한 우려憂慮와 칭양

곤륜의 만시에서는 망자를 향한 칭양의 정서를 자주 포착할 수 있다. 칭양은 사회적 관계에서 이루어진 친구 및 동료의 죽음에 대하여 두드러진 특성을 보인다[38]는 점은 곤륜이 만시를 창작하는 데에 있어 사회적 관계를 중시했음을 알 수 있는 부분이다. 곤륜은 망자의 부재에 대한 우려를 표출하는 방식을 활용하여 망자를 칭양하는데 이러한 형태의 작품에서도 적극적으로 전고가 활용된 것을 볼 수 있다. 구체적인 양상은 다음의 작품들을 통해 확인해보고자 한다.

| 예전부터 훌륭한 선비를 알아 | 自古知方士 |
|---|---|

38 최재남, 앞의 책, 137면.

| | |
|---|---|
| 육예 속에서 고심하셨었지 | 刳心六藝間 |
| 현가 불러 교화시키기는 통덕리의 공융과 같았고 | 弦歌通德里 |
| 등불 밝혀 학문 닦음은 백원산의 소옹과 같으셨지 | 燈火百源山 |
| 세상은 홍곡 오길 우두커니 기다리는데 | 國佇儀鴻入 |
| 하늘은 조문하는 학 돌아오라 재촉하네 | 天催弔鶴還 |
| 태현경을 이해할 제자 없으니 | 玄經無弟子 |
| 옳고 그름을 듣고 누가 알려줄까 | 得失聽誰刪[39] |

이 시는 민이승(1649~1698)을 애도한 만시로 2수 연작시 가운데 그 첫 번째 시이다. 민이승의 본관은 여흥驪興, 자는 언휘彦暉, 호는 성제誠齊로 한미한 집안에서 태어나 자신의 힘만으로 학문에 힘써 윤증의 문하에서 수업하였는데, 모든 책을 다 읽었으며 육경六經을 자기의 말처럼 암송하였다고 한다.[40] 곤륜의 부친인 최석정이 민이승이 경학에 밝은 것을 훌륭하게 여겨 천거한 적이 있었는데 이를 계기로 곤륜과 민이승의 교유가 이루어졌던 것으로 여겨진다.

수련에서는 평소 민이승이 자신을 닦아 선비의 삶을 살기 위해 육경에 힘썼던 것을 강조하였다. 함련에서는 민이승을 건안칠자建安七子의 한 사람인 공융孔融과 송宋나라의 학자인 소옹邵雍에 빗대어 예악禮樂으로 세상을 잘 교화시켰고 학문에도 힘썼던 사실에 대해 언급하였다. 이어 경련의 '의홍儀鴻'은 뛰어난 인재를 의미하고 '조학弔鶴'은 『세설신어』「현원賢媛」에 나온 말로 하늘이 학을 보내 조문했다는 이야기이다. 즉 경련을 통해 세상은 민이승의 뛰어난 능력을 알아주

39 崔昌大, 〈誠齋閔永平以升輓〉, 『昆侖集』 권3.

40 『肅宗實錄補闕正誤』 권32, 숙종 24년 11월 5일 2번째 기사, "能自力委己於學, 受業於尹拯之門, 固窮讀書, 誦六經如己言."

고 필요로 하는데 하늘은 민이승을 빨리 데려갔음에 대한 원통함을 드러내고자 한 것이다. 미련의 『태현경太玄經』은 양웅揚雄이 『주역』에 비겨 세상만물의 근원을 논한 책이다. 곤륜은 미련을 통해 민이승이 세상을 떠났으니 세상의 이치를 아는 사람은 없고 그의 뒤를 이은 제자도 없기에 앞으로 세상의 옳고 그름을 누가 판단해줄 수 있겠느냐는 우려를 드러낸 것이다. 단순히 망자의 부재를 향한 우려로 끝나는 것이 아니라 오히려 망자의 가치를 부각시켜 칭양하는 것으로 볼 수 있다.

| | |
|---|---|
| 지극한 도에는 심천이 없었으니 | 至道無深淺 |
| 어찌 어려서부터 박문한 적 있으셨겠는가 | 何嘗少博文 |
| 고요히 지내며 대업을 보존하셨고 | 靜來存富有 |
| 출처함에 무리가 나누어짐을 살피셨다네 | 行處察羣分 |
| 옥을 쪼아 막 기물을 이루었는데 | 琢玉方成器 |
| 용 따라 구름을 볼 수 없게 되었네 | 從龍不見雲 |
| 훗날 주연에서 강독하면 | 他年胄筵講 |
| 누구와 고문을 논할 수 있을까 | 誰與說皇墳[41] |

이 시는 앞의 민이승을 애도한 2수 연작시 가운데 두 번째 시이다. 이 역시 첫 번째 시와 유사한 기법을 통해 망자를 애도한다. 수련에서는 망자가 이루었던 깊은 도의 경지에 대한 찬사를 드러냈고, 함련에서는 『주역』의 '부유富有'와 '군분羣分'을 전고로 활용하여 은거하고 살 적에는 큰 업을 이루었고 조정의 무리들을 보고서 벼슬에 대한 출처를 결정했던 망자의 평소 행적에 대해 읊었다. 경련에서 옥을 쪼

41 崔昌大, 〈誠齋閔永平以升輓〉, 『昆侖集』 권3.

아 기물을 이루었다는 말은 망자의 성취가 이루어졌음을 의미하고 용을 따르는 구름을 볼 수 없다는 말은 민이승이 세상을 떠나버렸음을 의미한다. 다시 말해 경련은 민이승이 학문적인 성취를 이루었으나 세상을 떠나버려 현신이 성군을 만난 상황이 허물어져버린 상황에 대하여 『주역周易』 「건괘乾卦」에서 따온 '종용從龍'이라는 시어를 통해 나타내었다. 미련에서는 그의 죽음으로 인하여 앞으로 주연에서 강독을 하면 함께 고문古文을 논할 사람이 없다는 우려를 나타내고 있는데, 여기에서는 한유의 〈취증장비서醉贈張祕書〉에 나온 고문古文을 의미하는 황분皇墳이 전고로 활용된 것을 볼 수 있다. 곤륜의 이러한 우려는 단순히 민이승의 학문적 능력을 추켜세운 것으로 보이지만 자세히 따져보면 그의 부재로 인하여 더 이상 그의 학문에 사람들이 의지할 수 없음을 의미한다. 더욱이 '주연에서의 강독'을 언급했다는 것은 민이승의 죽음이 개인적 차원에서 끝나는 것이 아니라 임금, 곧 국가에 영향을 미침을 의미한다. 이렇듯 곤륜은 개인의 죽음을 국가적 재난으로 심화시켜 망자의 능력을 극도로 칭양하고 『주역』과 한유의 글을 전고로 활용하여 세련미를 더하고자 했음을 볼 수 있다.

| | |
|---|---|
| 강노인은 옛 사람과 같아 | 姜老古人也 |
| 볼 때마다 세속의 마음 없으셨으니 | 每看無俗情 |
| 허심한 마음 대처럼 곧으셨고 | 虛心竹比直 |
| 야윈 기골 학처럼 깨끗하셨네 | 瘦骨鶴爭淸 |
| 역사와 전기에서 廉吏가 누구일 것이며 | 史傳誰廉吏 |
| 시를 평함에 바른 소리 있겠는가 | 詩評有正聲 |
| 풍속 퇴락하여 생사의 감회가 드니 | 頹風感存沒 |
| 남아있는 이는 눈물 흘릴 뿐이라네 | 後死只沾纓[42] |

이 시는 강석범姜錫範(?~?)을 애도한 시이다. 강석범의 본관은 진주晉州이고 자는 숙구叔九, 호는 무암無菴이다. 봉화奉化와 회덕懷德의 현감 및 도정都政을 지냈고 염근리廉謹吏에 뽑혔다는 단편적인 사실 이외에는 그에 대한 특별한 행적을 확인하기가 어렵다. 다만 최석정은 강석범의 문집인 『무암고無菴稿』의 인引을 써주며 강석범의 평소 행실에 대한 기록을 남긴 것을 확인할 수 있는데, 최석정과 강석범의 교유가 곤륜에게 이어진 것으로 보인다.

수련은 강석범의 행실에 대한 언급으로 '세속의 마음이 없었다'는 말은 최석정이 『무암고』의 인에서 그의 성격이 조용하고 부귀와 공명을 좋아하는 마음이 없었다는 말[43]과 동일하다. 함련에서는 강석범의 깨끗했던 굳센 정신과 신체를 표현하기 위해 각각 『장자莊子』 「어부漁父」편과 두보의 〈방병조호마房兵曹胡馬〉에서 쓰였던 '허심虛心'과 '수골瘦骨'을 전고로 적절히 활용하였고, 이를 곧음과 깨끗함을 의미하는 '대나무'와 '학'에 비유하여 칭양하였다. 강석범은 청백리로 뽑힌 적이 있었고[44] 옛 시詩의 풍격을 지니고 있었다[45]는 평가를 받았는데 경련은 강석범의 관직생활과 그의 시에 대한 칭양으로 볼 수 있다. 미련에서는 '풍속의 쇠락[頹風]'을 언급하였는데 이렇게 된 원인은 청렴하고 곧았던 강석범이 세상을 떠나버렸기 때문이다. 또한 미련의 '후사後死'는 『논어論語』 「자한子罕」편에 나오는 말인데 자기 자신을 가리키는 겸칭이다. 이 시어를 통해 작가는 시 속에 자신을 직접적으

42 崔昌大, 〈姜都正錫範輓〉, 『昆侖集』 권5.

43 崔錫鼎, 「無菴稿引」, 『明谷集』 권8, "姜丈性恬無外慕."

44 『英祖實錄』 권11, 영조 3년 4월 11일 1번째 기사, "故都正錫範, 被選於廉謹吏."

45 崔錫鼎, 「無菴稿引」, 『明谷集』 권8, "其詩有古音."

로 등장시켜 강석범의 죽음에서 느끼는 생사의 가혹함과 우려의 감정을 곡진하게 드러낸 효과를 냈다고 할 수 있다.

이 시의 구성 역시 앞의 두 수와 동일하게 수련부터 경련까지는 망자에 대한 칭양이 위주가 되었다가 마지막 미련에서는 그의 죽음을 언급하고 그로 인해 망가질 세상에 대한 걱정과 우려로 점철된다. 이러한 시적 구성을 통해 망자의 뛰어난 능력을 부각시키고 그의 죽음에 대한 걱정과 우려를 한층 강하게 드러냈다고 할 수 있다. 하지만 다음에 볼 시는 앞선 시들과 조금 다른 구성을 취하였다.

| | |
|---|---|
| 기둥 꺾여 왕실의 버팀목 사라졌으니 | 樑摧宮廟失支持 |
| 참담히 이는 세찬 바람 속에 장군을 슬퍼하네 | 慘澹風飈大樹悲 |
| 장례식의 북과 피리소리 군진에 임한 날 같고 | 鼓吹葬疑臨陣日 |
| 무덤은 기련산 같아 단 쌓았던 때 떠오르네 | 祈連冢憶築壇時 |
| 공조판서로서 절제하여 군대의 진용 변했고 | 司空節制軍容變 |
| 오랑캐 정벌에 충근하여 임금께서 살펴 아셨네 | 征虜忠勤聖鑑知 |
| 공을 논함에 누가 범승의 상소 올리겠는가 | 公論誰爲范升疏 |
| 마음 깊이 다시 팔애시를 읽어 보네 | 深心更讀八哀詩[46] |

이 시는 신여철申汝哲(1634~1701)을 애도한 시이다. 신여철의 본관은 평산平山, 자는 계명季明, 호는 지족당知足堂이다. 신여철의 조부는 영의정을 지낸 신경진申景禛이고, 아버지는 도정都正을 지낸 신준申竣으로 문신 집안이었으나 신여철은 무과에 급제하여 형조, 호조, 공조의 판서를 역임하며 소론에 가담한 인물이다. 최석정은 신여석申汝晳과 신여철 형제가 세운 이로당二老堂에 대한 기문인 〈이로당기二老堂

46 崔昌大, 〈申判書汝哲輓〉, 『昆侖集』 권4.

記〉를 지어주었고, 곤륜은 신여철을 위한 만시 외에 치제문까지도 지은 것을 확인할 수 있다. 이를 통해 곤륜과 신여철의 교유는 부친인 최석정으로부터 이어진 것을 확인할 수 있다.

이 시는 2수 연작시 가운데 첫 번째 수이다. 수련의 첫 번째 구에서 곧장 신여철의 죽음에 대한 안타까움을 드러내고 있다. '궁묘실지지宮廟失支持'라고 말하여 국가의 근간인 왕실을 떠받쳐주는 존재인 신여철의 죽음이 갖는 무게감을 드러냈다. 조선은 무신보다 문신을 중심으로 국정이 이루어졌던 국가였기 때문에 나라의 근간은 선비[士]라고 할 수 있다. 그러나 곤륜은 무신이었던 신여철을 나라의 근간에 비유하여 그의 죽음으로 인해 나라의 동량이 부러져버린 것과 같이 표현하였다. 이를 통해 그의 죽음이 나라의 어려움으로까지 이어진다고 말하여 신여철의 능력을 칭양하고 죽음을 애통해하는 것이다. 또한 '대수大樹'는 뛰어난 전공을 세우고도 이를 자랑하지 않았던 후한後漢의 명장 풍이馮異를 이르는 전고로 신여철이 풍이와 같은 대단한 인물이었음을 말하였다. 함련은 신여경의 장례 행렬과 무덤의 모습을 언급한 것이고, 경련은 신여경이 관직생활을 하며 이루었던 업적에 대한 서술이다. 미련에서는 다시 한 번 신여경의 공적에 대해 서술하는 부분으로, 후한의 범승范升은 황제의 명을 따르지 않은 주당周黨을 비방한 인물인데 훗날 신여경의 공을 논함에 범승처럼 비방할 자가 없을 것이라는 의미이다. 그리하여 곤륜은 당나라의 현신의 죽음을 슬퍼했던 두보杜甫의 〈팔애시八哀詩〉를 다시 외며 신여철의 죽음에 애도를 하는 것이다. 이 작품은 앞서 살핀 작품과는 다르게 시의 전반부에서 망자의 죽음으로 느끼는 슬픔과 안타까움을 표출하였으며, '대수大樹', '범승范升', '팔애시八哀詩'와 같은 전고의 활용을 통해 망자의 부재로 인한 우려로까지 확장시킨 것을 볼 수 있다. 이같은 곤륜 만시의 형상화 방법은 기본적으로 대상을 향한 칭양과 그런 대상의 죽음, 그리고 죽음이 가져다주는 상실감과 우려와 같은 감정 표현으로 연관시키고 대상이나 상황에 걸맞는 전고를 적절히 활용하여 비애감을 극대화시키는 수사기법이라고 할 수 있다.

## 4. 맺음말

지금까지 본고는 곤륜의 만시를 통해 그의 시세계의 일단을 살펴보고자 하였다. 곤륜은 문집을 엮으며 1500여 수의 시 가운데 527제 712수의 시를 선정하였는데 이 가운데 만시는 53제 91수이다. 본고는 곤륜이 절반에 가까운 시를 덜어냈음에도 13%에 이르는 만시의 비중에 주목하였다. 특히 만시는 교유시와는 다르게 특정 인물의 교유관계를 간접적으로 확인할 수 있는 양식이라는 점에서 기존에 선행된 교유시 연구와 함께 연구된다면 곤륜이라는 인물의 교유관계망을 구성하는 데에 기여할 수 있을 것이라고 예상하였다. 이에 가장 먼저 곤륜의 만시를 개관하였다. 곤륜 만시의 대상과 대상별 수량을 살펴보면 그 대상은 소론의 인사들이 위주가 되고 이밖에 왕족, 노론, 중인 등도 있다. 이렇게 본다면 곤륜은 당색을 위주로 하되 당파에 매몰되지는 않은 교유를 하였고 만시의 창작으로까지 이어진 것으로 유추할 수 있다.

다음으로 곤륜의 만시에서 드러난 형상화 양상을 '불우不遇한 운명運命에 대한 슬픔의 발현', '역사적 인물을 활용한 망자의 회상', '망자亡者의 부재不在로 인한 우려憂慮와 칭양' 세 가지로 구분하여 살펴보았다. 만시가 비록 슬픔이라는 정서를 기반으로 하여 창작되기는 하나 조선후기에 이르면 작가마다 만시의 전형성에서 탈피하여 자신의 개성을 담아내고자 노력하였는데, 곤륜은 만시 창작에 있어 육경六經에만 국한되지 않고 적극적으로 다양한 전고를 활용하여 망자를 회상하고 부재로 인한 슬픔을 표출하는 세련된 수사미를 드러내고자 하였다.

곤륜은 17세기 말~18세기 초를 살아간 소론의 주요 인물로 최명길→최석정→최창대로 이어지는 소론 명문 집안의 가학을 계승한 인물로 평가받는다. 따라서 곤륜의 시세계를 살펴본다면 단순히 곤륜에서 끝나는 것이 아니라 가학을 확인하는 단초가 될 것으로 예상하였고 그리하여 첫 시도로 만시를 살펴보았다. 물론 만시라는 한정된 시작품들로 곤륜의 시세계 전체를 예단할 수는 없지만 상대방 죽음을 마주하고 표출된 한 인간의 감정을 엿볼 수 있는 만시는 서정을 중심으로 한다는 점에서 충분히 다뤄볼 만한 주제라고 생각하였다. 다만 아쉬운 점은 본고가 곤륜의 시론이나 창작론과 밀접하게 연계가 되지 못했다는 점과 소론의 시문학과 곤륜의 시문학 간의 거리, 가학의 영향관계 등이 규명되지 않았다는 점이다. 이에 대한 의문 역시 반드시 해명되어야 할 중요한 부분이므로 추후의 연구를 기약하고자 한다.

# VI. 곤륜 최창대의 시세계에 관한 일고찰

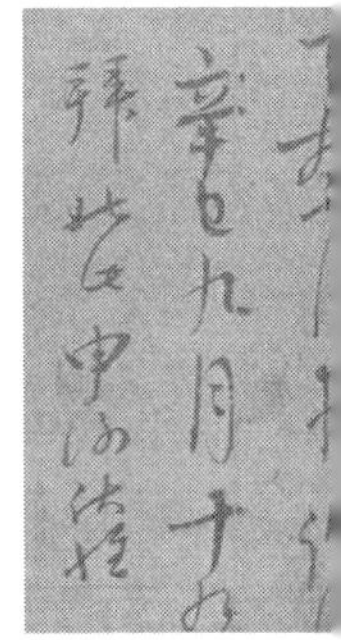

이승용

## 1. 서론

최창대崔昌大의 본관은 전주全州, 자는 효백孝伯, 호는 곤륜昆侖이다. 증조부는 영의정을 역임한 최명길崔鳴吉이며, 부친은 영의정 역임한 최석정崔錫鼎이다. 그의 가계家系는 대대로 소론少論 집안이었다. 곤륜은 문장에 뛰어나 박세채朴世采와 김창협金昌協에 비교되었고, 제자백가와 경서에 밝아 당시 사림士林에게 추앙을 받았다.[1] 서당西堂 이덕수李德壽에 의하면 곤륜은 당세에 이미 문장가로 명성이 높았으며, 특히 농암 김창협은 "시詩는 오묘한 이치를 깨닫는 것이 어려운데 근세에 오직 최 아무개만이 오묘한 이치를 깨달았다."라고 하였으며, 그의 아우 삼연三淵 김창흡金昌翕은 "최 아무개의 글 가운데 「홍유인

1 『肅宗實錄補闕正誤』 권65, 숙종 46년 4월 22일 1번째 기사, "昌大雖官位未尊, 而世道之責, 倚爲輕重焉. ……(中略)…… 昌大早以文章名, 體裁均停, 辭理俱到, 可與朴世堂金昌協數人竝駕云."

애사洪有人哀辭」와 같은 것은 한유韓愈의 「구양생애사歐陽生哀辭」 이후에 비로소 볼 수 있는 작품이다."라고 하였다고 한다.[2] 이러한 사실로 볼 때, 당시 그의 문명文名이 어느 정도였는지 짐작할 수 있다.

그럼에도 불구하고 지금까지 곤륜의 시문에 관한 연구는 활발히 진행되지 않았다. 지금까지 곤륜의 문학과 관련된 선행연구는 수사론에 대한 연구[3]와, 한시에 대한 전반적인 연구[4], 기행시에 대한 연구[5], 누정시에 관한 연구[6] 및 문장론에 관한 연구[7]가 있었다. 이 가운데 성범중의 연구에서는 연보를 중심으로 곤륜의 생애와 한시의 전반을 다루어 향후 곤륜 문학 연구의 기틀을 마련하였으며, 그의 한시를 네 가지 범주로 분류하여 곤륜의 시를 주로 평범하고 일상적인 시로 규정하였다.[8] 물론 곤륜의 한시를 내용적인 면에서 네 가지 범

2 李德壽, 『西堂私載』 권10, 「弘文館副提學崔公墓誌銘 幷序」, "論者謂公文, 骨理明鬯, 辭氣精鍊, 華藻外被, 韻折傍叶, 若其風雅一致, 理事兼該, 尤非近世詞翰家所能及云. 余於昔年, 嘗聞金農巖昌協之言以爲'詩難於妙悟, 而近世惟崔某能悟妙理.' 及其弟三淵昌翕, 則又言崔某文, 如洪有人哀辭, 歐陽生哀辭, 後始見者, 具眼之獎許如此."

3 김영주, 「곤륜 최창대의 수사론 연구」, 『東方漢文學』 24, 동방한문학회, 2003, 115~139면.

4 성범중, 「昆侖 崔昌大의 삶과 시세계」, 『한국한시작가연구』 14, 한국한시학회, 2010, 5~40면.

5 경서율, 「昆侖 崔昌大의 紀行詩 硏究」, 성균관대학교 석사학위논문, 2019, 60~88면.

6 이황진, 「곤륜 최창대의 누정시 연구」, 『한국고전연구』 48, 한국고전연구학회, 2020, 37~70면.

7 권진옥, 「昆侖 崔昌大의 문장론 연구」, 『동양고전연구』 73, 동양고전학회, 2018, 7~34면.

8 성범중은 곤륜의 시를 대상으로 돈독한 교유와 우정의 확인, 여행 경험과

주에서 분류할 수는 있으나, 그의 시를 '평범하고 일상적인 시'로 포괄하기는 어려울 것으로 보인다. 곤륜의 시에는 일상적이고 평범한 범주에서 논하기 어려운 작품들이 적지 않게 눈에 띈다. 이황진의 연구는 곤륜의 누정시에 주목하여 곤륜에게 누정이 갖는 의미와 악부시樂府詩로 창작된 누정시에 관해 논하였다. 다음으로 경서율의 연구는 곤륜의 기행시에 주목하여 '호남湖南', '금강산金剛山', '북관北關'을 기행하고 창작한 시의 특징에 대해 논하였다. 이 연구에서는 곤륜이 '북관'에서 창작한 한시에 대해 논하였으나, 기행시의 범주에 국한하여 고찰하였기에 '북관'에서 창작한 한시에 다양한 면모를 다루지는 못하였다. 이에 본고에서는 곤륜이 북평사 부임 시절에 창작한 작품만을 대상으로 이전에 논의되지 않은 작품들 중에 주목할 만한 작품들을 선별하여 곤륜의 한시가 어떤 다양한 면모를 지니고 있는지, 또 그러한 작품에 어떤 특징적인 면이 있는지에 대해 논해보려 한다.

'북관'이라는 공간은 일상적인 공간이 아니라 지금까지 경험하지 못한 새로운 공간이기에 시에 등장하는 소재부터 평범함과는 거리가 있다. 뿐만 아니라, 이 시기 창작 한시에서는 곤륜의 실험적인 창작 정신을 엿볼 수 있는 시들이 존재한다. 이를 통해 곤륜이 다양한 한시를 창작하기 위해 적지 않은 노력을 기울였음을 규명하고, 이를 바탕으로 곤륜이 창작한 작품들을 고찰한다면 곤륜의 시세계를 좀 더 넓은 시각에서 논의할 수 있으리라 본다. 그리고 이 과정을 통해 '북관'을 배경으로 창작한 곤륜의 한시가 곤륜의 전체 시작詩作에서 지니는 의미를 밝힐 수 있으리라 본다.

---

산하미의 발견, 관료 경험과 애민 정신의 재현, 한거와 자유로운 삶의 추구 등 네 가지 주제로 분류하여 분석하였다.

## 2. 새로운 창작 공간-'북관北關'

'북관'은 조선시대 문인들에게 일상적인 공간을 넘어 새로운 창작 공간으로 관심을 끌기에 충분했다. '북관'의 경관, 풍물, 생활상, 여정 등은 관리들이나 유람객들에게 다양한 흥밋거리로 다가왔으며 그들의 관심은 한시를 통해 다양하게 형상화되었다. 그렇다면 '북관'은 어디를 말하는가? 홍의영洪儀泳(1750~1815)의 『북관기사北關紀事』를 참고하면 '북관'은 마천령摩天嶺을 기준으로 함경도를 남북으로 나누어 그 북쪽을 지칭하며, 함경남도에 해당하는 '남관'에 비해서 풍토나 풍속이 매우 다르다고 기술하고 있다. 함경도 지역은 태조太祖와 그 시조의 근거지로 조선 왕실의 발상지로 일컬어졌다. 그러나 이는 상징적인 의미에 불과할 뿐, 함경도 지역은 타 지역에 비해 비교적 늦은 시기에 조선의 강역으로 편입되었으며, 토지가 척박하고 재해가 잦아 백성들이 살 수 없는 곳으로 일컬어지곤 하였다.

조선의 문인들은 연행을 비롯한 해외여행은 물론, 금강산이나 백두산 등 명산 유람이나 지방관 부임 및 유배 등 다른 환경에 접할 기회가 있을 경우 그에 대한 많은 기록을 남겼다. 대상 지역이나 작자에 따라 형식과 내용은 달랐으나 함경도 지역은 다른 곳에 비해 더욱 낯선 곳이었는데, 이는 『와유록臥遊錄』에 실려 있는 지역별 작품을 통해서도 알 수 있다. 고려 시대부터 17세기 중반까지의 산수 유람에 대한 시문을 모은 『와유록』에 실려 있는 작품을 지역별로 나누어 보면 서울·경기 25편, 강원도 101편, 충청도 13편, 전라도 13편, 제주도 4편, 경상도 42편, 황해도 5편, 평안도 21편, 함경도 4편, 기타 지역이 7편이다.[9] 이 단편적인 기록만 보더라도 함경도가 조선 문인들의 유람 대상에서는 거의 제외되어 있었다는 사실을 알 수 있다.

그렇다면 함경도가 문학 공간으로 주목받지 못했던 이유는 무엇인가? 이에 대한 답은 18세기 남인南人 인물인 이중환李重煥(1690~1756)의 『택리지擇里志』에서 그 일면을 엿볼 수 있다. 택리지에 소개된 함경도를 보자.

> 함흥 이북은 산천이 험악하고 풍속이 사나우며 기후가 춥고 토지도 메말라 곡식은 조[粟]와 보리뿐이며, 벼는 적고 면화도 없다. 지방 사람들이 개가죽을 입고 추위를 막으며 굶주림을 견디는 것이 여진족과 똑같다. 산에는 잘[貂皮]과 인삼이 많이 난다. 백성은 잘과 인삼을 남쪽 장사꾼의 무명과 바꿔 바지를 입지만, 이것도 살림이 넉넉한 자가 아니면 하지 못한다. 바다에는 생선과 소금이 많이 난다. 그러나 바닷물이 맑고 사나우며, 바다 밑에는 바위가 많아 생선과 소금 맛이 서해 것보다 못하다.[10]

> 태조가 武將으로 있다 王氏로부터 왕위를 물려받았으므로, 그를 도운 공신들 가운데 서북 출신의 맹장이 많았다. 그런데 나라를 세운 뒤에는 "서북 지방 사람은 높은 벼슬에 임용하지 말라"는 명을 내렸다. 그래서 평안·함경 두 도에는 300년 이래로 높은 벼슬을 한 사람이 없다. …… 또 나라 습속이 문벌을 중하게 여겨 서울 사대부는 서북 지방 사람과 혼인을 하거나 벗으로 사귀지 않았다. 서북 사람 또한 감히 서울 사대부와 더불어 동등하게 여기지 못하였다. 그리하여 서

9 『臥遊錄』(영인본), 한국정신문화연구원, 1997을 대상으로 분석하였다.

10 李重煥, 「咸鏡道」, 八道總論, 『擇里志』(朝鮮光文會), "咸興以北, 山川麤險, 風俗勁悍, 土寒地瘠, 穀惟粟麥, 少秔稻無綿緊. 土人衣狗皮禦冬, 耐飢寒一如女眞矣. 山饒貂蔘, 民以貂蔘換南商之綿布, 方得衣袴, 然非富原者不能也. 臨海饒魚鹽, 然海水淸而悍, 下多巖石, 魚鹽味俱, 不及西海之醲厚." 번역은 안대회, 『완역 정본 택리지』, 휴머니스트, 2018, 82면을 참고하였다.

북 양도에는 드디어 사대부가 없게 되었고, 서울 사대부들도 그곳에 가서 사는 자가 없게 되었다.[11]

첫 번째 인용문에서는 '북관'의 지형과 풍속, 기후, 물산과 생활환경에 대해 말하고 있다. 본문에서 말하고 있는 함흥 이북은 '북관' 중에서도 극변 지역으로, 주로 유배지로 많이 알려진 곳이다. 험악한 산천, 사나운 풍속, 추운 기후, 부족한 식량 등 모든 생활 여건 면에 있어서 사람이 살아가기에는 척박하고 열악한 곳이다.[12] 남인南人 학자 이중환의 개인의 입장에서 '북관'의 자연 지리적 환경과 생활상을 기록한 것이지만 『택리지』의 저술 성격으로 볼 때 이는 이중환 개인의 생각이 아니라, 이 시기 사대부가 '북관'에 대해 지니고 있던 일반적 상식으로 보는 것이 타당하다. 아래 인용문에서 서울 사대부들이 서북 사람들에 대해 어떻게 인식하고 있었는가가 이러한 사실을 뒷받침해준다. 두 번째 인용문에서는 이 지역 출신 인물들 중에 조선을 개국하는데 많은 무훈武勳을 세운 이들이 많았음에도 불구하고 기질이 사납고 '무武'를 숭상하는 '북관'의 풍습으로 인해 조선 개국 후에는 거의 조정으로 진출하지 못했음을 말하고 있다. 이 사실로 미루어 보면 조선 후기 서울 사대부들은 '북관' 지역을 사람들이 살 수 없는

---

11 李重煥, 위의 책, "太祖以將帥, 受王氏禪代, 其佐命功臣, 又多西北猛將. 旣得國, 遺命西北人勿大用, 以故平安咸鏡兩道, 三百年來無顯官. …… 且國俗重門閥, 京城士大夫, 不與西北人爲婚娶平交, 西北人亦不敢與士大夫抗禮, 而西北兩道, 遂無士大夫, 士大夫亦無往居者." 번역은 안대회, 위의 책, 86면을 참고하였다.

12 이중환은 이 글의 말미에서 "이런 까닭에 서북 방면의 함경 · 평안 두 도는 살 만한 곳이 못된다.[是故西北咸平二道不可居.]"고 단적으로 말하고 있다.

불모지로 인식했으며, 서북지역 사람들과는 거의 교유하지 않았다. 이처럼 '북관'은 지역적으로는 도성에서 멀리 떨어진 변방에 지나지 않았고, 문화적인 측면에서는 사대부들의 인식에서 배제되었던 곳이었다. '북관'이 문화적인 측면에서 사대부들의 인식에서 배제되었던 것은 사실이지만, 문학적 측면에서는 오히려 문인들의 관심 대상이자, 새로운 창작공간이 되었다. 이제까지 경험하지 못한 낯설고 새로운 광경과 처음 목도한 '북관' 백성의 풍속과 생활상은 조선 후기 문인들에게 한시의 소재가 되기에 손색이 없었으며, 이러한 과정을 통해 창작된 '북관' 관련 한시는 조선 후기의 한시가 한층 더 풍부하고 다양한 면모를 지니는 데 기여하였다.

조선 후기 시인이었던 곤륜에게도 '북관'은 그의 한시 창작을 자극하는 충분히 매력적인 공간이었다. 곤륜은 1700년(숙종26) 32세의 나이로 북평사에 임명되어 되어 비로소 '북관'에 첫 발을 내딛게 된다. 북평사로 부임한 곤륜은 함경도 육진六鎭까지 유람을 하였다. 곤륜에게 북관행北關行은 부임길이자 유람 길이었으며, 노정에서 눈으로 목도한 낯설고 기이한 변새의 풍정과 그에 대한 관심을 한시로 담아내었다. 물론 곤륜은 '북관'을 유람하기 이전에도 계구季舅 이인엽李寅燁과 함께 금강산을 유람하였으며, 이하곤李夏坤 등과 송도松都를 유람하기도 하였다. 그러나 「북정기北征記」에서 "북행이관北行異觀"[13]이라는 기록에서 알 수 있듯이 '북관'의 여정이 그에게 주었던 설렘과 기대는 이전의 유람과는 차원이 달랐다.

---

13 崔昌大, 「北征記」, 『昆侖集』 권6, "北行異觀, 自淮陽始……." 「北征記」는 곤륜이 관서로 가는 길에 자신이 거쳐 간 곳과 명승지를 병든 누이에게 보여주기 위해 기록한 글이다.

곤륜은 무엇보다 먼저 '북관'으로의 여정 길에 자신이 목도한 낯선 지형과 그 감회를 시로 형상화하였고, 이어 자신의 부임지에서 보고 들은 변새의 풍정을 사실적으로 시로 형상화하였다. 「북정기」를 참고하면 곤륜의 행로와 그가 경유했던 곳은 다음과 같다.

> **淮陽**：(牟坂)—(安心寺)—(銀溪驛)→**鐵嶺**→**安邊**：(釋王寺)—(鶴浦)—(沙峯)→**永興**：(濬源殿)→**咸興**：(城川江)—(樂民樓)—(本宮)→**北青**：(七思軒)—(老德書院)→ **端川**：(磨雲嶺)—(磨天嶺)→**城津**→**明川**：(七寶山)—(金藏寺)—(鬼門關)→**鏡城**：(漁郎社)→**會寧**：(茂山嶺)→**穩城**→**訓戎**→**慶源**→**厚春**

## 3. 북관北關 풍정風情의 시적 형상화와 그 특징

### 1) 낯선 변새 풍광의 포착과 생경한 경험의 표출

'북관'은 우리나라에서 최북단에 위치한 곳이기도 하지만 북에서 남으로 길게 뻗은 백두대간의 발원지로서, 지형적으로도 다른 지역들과는 많은 차이가 난다. 세종 때는 압록강 · 두만강 연변 지역에 대한 옛 영토 회복을 위해 여진 정벌과 더불어 6진이 설치되었던 곳이기도 하다. 곤륜이 부임지까지의 노정에서 가장 먼저 마주하게 된 것은 바로 외관상으로 확연히 구분되는 '북관'의 지형과 자연환경이었다. 경물의 변화를 허투루 지나치지 않는 시인들이 이를 눈으로만 보고 넘겼을 리가 없었다. 곤륜이 마천령을 넘으며 읊은 지은 시를 보자.

봉우리 두른 바윗길 끊어지니　　峰回巖徑斷

붉은 해가 허공에 거꾸로 드리웠네　　赤日倒垂空
산이 점점 높아지는 줄은 모르고　　不省山漸高
그저 먼지 없는 바람을 괴상히 여겼네　　但怪無埃風
올라도 하늘은 오히려 멀기만 하니　　仰攀天尙遠
하늘이 끝이 없음을 비로소 알겠네　　始覺天無窮
푸른 파도는 푸른 하늘과 한 빛깔이니　　滄濤混空碧
만고에 어두운 빛 감도는 곳　　萬古一冥濛
연이은 봉우리엔 서리와 이슬이 쌓여있고　　連峰積霜露
가을 경치에 오랑캐 기운 가득하네　　秋色滿山戎
내려다보니 원근이 헷갈리고　　前臨迷近遠
돌아보니 동서 분간이 어렵네　　却顧眩西東
그 옛날 현명하고 뛰어난 분들도　　古昔賢俊人
죽을 때까지 갈림길에 놓였지　　終身歧路中
아, 멀리 유람 떠나는 이 마음　　嗟我遠遊心
감히 몸이 피로한 것을 꺼리랴　　敢憚勞其躬
공과 사는 고작 한 칸 차이니　　公私只一間
분주한 것은 남들도 마찬가지　　奔走物所同
岳老(이안눌)의 시에 마음이 가니　　殷勤岳老歌
맞이하고 보내는 일 언제 끝나려나　　迎送何時終
시내길 여러 차례 반복되더니　　川蹊屢徑復
그윽한 바위 숲과 통하네　　石林窈窕通
늪에는 큰 교룡이 숨어있고　　有湫藏長蛟
나무에는 검은 곰 매달려 있네　　有樹挂玄熊
나는 이놈들 죽이고 싶으니　　我欲殺此物
좋은 활이 없는 것이 안타깝구나　　惜哉無良弓[14]

14 崔昌大, 〈磨天嶺〉, 『昆侖集』 권3. 말미에 "東岳守端川, 作迎賓送賓歌詞."라는 原註가 있다.

위의 시는 마천령을 넘으며 읊은 5언 26구의 고시古詩이다. 마천령은 함경남도 단천시와 함경북도 성진시 사이에 있는 고개이다. 고개가 높아 구름과 맞닿은 것 같아서 마천령이라는 이름이 붙여졌다. 서울 사대부로 생전 처음 마천령을 눈앞에 마주한 곤륜은 변새의 높고 기이한 경관에 놀라움을 금치 못한다. 그렇지만 "올라도 하늘은 오히려 멀기만 하니, 하늘이 끝이 없음을 비로소 알겠네.[仰攀天尙遠, 始覺天無窮.]"라는 표현에서 제 아무리 높은 마천령도 하늘 앞에서는 작은 존재임을 말하고 있다.

시의 전반부에서는 바다를 마주하고 있는 깎아지른 마천령의 경관과 음산한 변새의 정경을 그려내고 있으며, 중반부에는 북평사로 부임하기 위해 먼 여정 길에 오른 자신의 소회를 말하였다. 후반부에는 다시 구불구불 이어지는 마천령의 지형과 교룡과 곰이 깃들어 사는 변새의 낯선 자연환경을 그리고 있다. 위의 작품처럼 곤륜은 자신이 목도한 변새의 풍정과 생경한 경험을 표출하기 위해 드물지 않게 고시의 형식을 활용하고 있다. 율시는 고시에 비해 형식상 여러 가지 제약이 따르기 때문에 고시에 비해서는 작가가 새로운 풍광과 그 곳에서 느끼는 감정을 자유롭게 표현하기에는 한계가 있다. 곤륜이 북관을 배경으로 고시를 드물지 않게 활용한 것은 변새에 대한 자신의 호기심과 느낌을 적극적으로 표출하기 위한 작가의 창작 의도가 반영된 결과로 보인다. 이 밖에도 낯선 지형과 자신의 소회를 5언 고시로 읊은 작품으로는 〈마운령磨雲嶺〉, 〈귀문관鬼門關〉, 〈두만강豆滿江〉 등이 눈이 띈다. 다음으로는 함관령을 오르며 지은 작품을 보자.

| | |
|---|---|
| 겹겹 봉우리 하늘 높이 솟아 | 天仄嶺盤空 |
| 굽이굽이 길 하나로 통하네 | 縈廻一路通 |

바위 숲에는 해가 뉘엿뉘엿 기울고 石林斜度日
어둑한 골짜기에는 세찬 바람 부네 陰洞曲含風
높은 고개 지나니 가슴 찢어지고 歷井心方破
별을 바라보느라 눈을 끝까지 떼지 않네 瞻辰目已窮
왕준은 신하의 절개 가벼이 여겨 王尊薄臣節
말을 재촉하여 감히 충신이라 말했네 叱馭敢言忠[15]

함관령은 함경도 함주咸州와 홍원洪原사이에 있는 높은 고개이다. 마천령을 지나면서 그랬던 것처럼 곤륜은 가장 먼저 하늘 높이 솟은 함관령의 험준한 지형을 언급하고 있다. 이어 함련에서는 황혼 무렵의 바위 숲과 세찬 바람이 부는 골짜기의 정경을 그리고 있다. 석림石林과 음동陰洞은 변새 고개의 어두운 분위기를 압축적으로 담아낸 시어詩語이다. 경련은 임금의 명을 받고 변방 부임길에 올라 임금과 도성을 그리워하는 자신의 소회를 읊었다. 점점 변새에 가까워지자 도성과 멀어진다는 생각에 마음이 아프고, 임금에 대한 그리움에 별이 뜬 곳의 대궐 쪽을 바라보며 눈을 떼지 못한다. 미련에서는 한漢나라 때 험준한 구절판九折阪을 넘으면서 마부를 꾸짖어 "왕양王陽은 효자라서 자기 몸을 아꼈지만, 나는 충신이니 말을 빨리 몰아라."라고 말했던 왕준王尊의 고사를 인용하여 신하된 자신의 입장을 말하고 있다. 이 작품은 앞의 고시와 달리 근체시의 전형적인 선경후정先景後情의 구조를 활용하여 변새의 풍정과 자신의 소회를 집약적으로 표현하였다. 곤륜은 '북관'의 험준한 지형 뿐 아니라, 자신이 목도한 변방 고을의 실제 모습과 지역민의 생활상을 시에 담아내기도 하였다.

15 崔昌大, 〈登咸關嶺〉, 『昆侖集』 권3.

옛날 수자리에는 북풍 불고 서리 내려　古戍北風天雨霜
봉화 연기 사라지고 달빛 창창하네　烽煙滅盡月蒼蒼
오랑캐 아이 아직도 신 병사 이야기하며　胡兒尙說申兵使
가까이 있는 동쪽 성의 옛 전장을 두려워하네　畏近東城舊戰場[16]

누런 느릅나무 서리 내려 잎사귀 막 떨어지니　黃楡霜落葉初飛
변방 나그네 다 헤어진 옷으로 가을을 나네　戍客經秋盡敝衣
강 건너 멀리에서 오랑캐 말발굽 소리 들리자　隔水遠聞胡騎語
인삼 캐다가 이제 막 후춘에서 돌아오네　採參新自厚春歸[17]

위의 시는 〈육진가六鎭歌〉 라는 작품으로, 인용한 시는 '육진' 가운데 '온성穩城'과 '훈융訓戎'에 대해 읊은 것이다. '육진'은 조선 세종 때 동북방면의 여진족에 대비해 두만강 하류 남안에 설치한 국방상의 요충지로, 우리나라에서 볼 때 지형적으로 볼 때 거의 최북단에 위치한 곳이다. 첫 번째 시는 곤륜이 목도한 '온성'의 광경이다. 곤륜의 눈에 들어온 온성의 정경은 세찬 북풍이 몰아치고 서리가 내리는 수자리와 전쟁이 그쳐 봉화가 오르지 않고 달빛이 비치는 스산한 변방의 모습이다. 그에 더하여 오랑캐 아이의 입을 빌려 '온성'에서 있었던 이탕개尼湯介의 난을 말하고 있다. 시에서 말하는 신 병사申兵使는 이탕개의 난을 평정했던 온성 부사穩城府使 신립申砬(1546~1592)을 가리킨다.

두 번째 시는 곤륜이 목도한 '훈융'의 정경이다. 첫 구에 등장하는 누런 느릅나무는 북방의 변경 지대에서 자라는 나무이다. 서리가 내

16 崔昌大, 〈六鎭歌〉 其五, 『昆侖集』 권3.
17 崔昌大, 〈六鎭歌〉 其六, 『昆侖集』 권3,

려 느릅나무의 잎사귀가 떨어지고, 다 헤어진 옷으로 변방에서 가을을 보내는 나그네의 모습을 그리고 있다. 셋째 구에서는 '훈융'은 오랑캐와 지척 거리임을 알 수 있으며, 넷째 구에서는 인삼을 캐기 위해 위험을 감수하면서까지 오랑캐 땅을 넘나드는 이 지역 백성들의 모습을 사실적으로 묘사하고 있다. 〈육진가〉의 다른 작품에서도 곤륜은 변새에서 자신이 직접 목도하고 체험한 정경을 생동감 있게 묘사하고 있다. 곤륜은 변방 고을과 관련한 역사적 사실에도 관심을 지니고 이를 시에 담아내었다. 회령會寧에서 읊은 다음 작품을 살펴보자.

| | |
|---|---|
| 황제의 고향과는 멀리 떨어져 있으니 | 落落帝鄕遠 |
| 가도 가도 변방은 멀기만 하네 | 行行關塞遙 |
| 서리와 바람은 지는 해를 재촉하고 | 霜風催急景 |
| 고각 소리는 차디찬 밤을 울리네 | 鼓角動寒宵 |
| 옛 진영에는 여전히 병란의 기운 있고 | 古鎭猶兵氣 |
| 맑은 변경에는 절반이 오랑캐 노래 | 淸邊半虜謠 |
| 나는 늦게 태어난 것 한스럽지 않으니 | 吾生不恨晩 |
| 금나라와 요나라 시절 겪지 않아서라네 | 得免際金遼[18] |

'회령'은 함경도 북부 지방의 행정과 군사상의 요충지로, '육진'의 개척 과정에 설치되어 두만강을 사이에 둔 동북지역 국경선을 확정하는 중요한 계기가 된 곳이다. '회령'과 관련하여 가장 잘 알려진 사실은 '북송北宋'의 '휘종徽宗'과 '흠종欽宗'의 무덤이 이 곳 '오국성五國城'이라는 곳에 있다는 설이다. 위의 시를 볼 때 곤륜도 이 설에 대해

18 崔昌大, 〈會寧道中〉, 『昆侖集』, 권3. 말미에 "地有五國城, 宋帝所幽死云."라는 原註가 있다.

들었던 것으로 보인다.

수련에서는 '휘종'과 '흠종'이 금나라 군사에게 사로잡혀 '오국성'으로 끌려왔던 사실로 시상詩想을 열어 회령이 지리적으로 변방 끝에 위치한 고을임을 부각시키고, 함련에서는 변새를 상징하는 '상풍霜風'과 '고각鼓角'의 이미지가 저물녘과 밤이라는 시간적 배경과 절묘한 조화를 이루어 황량하고 쓸쓸한 회령의 분위기를 절실하게 표현하였다. 경련에서도 여전히 병란의 기운이 감돌고 오랑캐 노래가 들리는 회령의 풍정을 말하였다. 미련에서는 자신이 이전 시대에 태어났더라면 금나라와 요나라 오랑캐의 침입을 받았을 터인데, 뒤늦게 태어나 전란의 소용돌이에서 벗어난 것을 다행이라 여기고 있다. 이는 송나라와 고려가 금나라와 요나라 오랑캐에게 겪었던 치욕의 역사가 곤륜의 의식 속에 남아 있기 때문이다.

### 2) 지역색에 대한 인식의 변화와 사실적 묘사

'북관'을 유람했던 시인들은 그 곳의 풍속과 인정세태를 주의 깊게 관찰하고 그 모습을 때로는 있는 그대로, 때로는 긍정적인 시각으로, 때로는 비판적인 시각으로 담아내었다. 앞서 『택리지』에서 인용하였듯이 조선 중기 이래 지식인 및 정치인들의 머릿속에는 함경도와 평안도는 사족士族이 없고 무사武士들만 존재한다는 인식이 뿌리 깊게 박혀있었다. 지식인 및 정치인들이 이 지역에 사족이 존재하지 않는다고 인식했다는 점은 곧 이 지역 사람들을 문명인으로 받아들이지 않았음을 의미한다. 이들에게 '북관' 사람들은 그저 무예만 일삼고 기질만 억센 오랑캐에 지나지 않았다. 그러나 이들과는 달리 곤륜은 '북관' 사람들의 강건한 기질과 무예를 숭상하는 그들의 성향을 독특한 지역색으로 받아들여 긍정적으로 인식하였다. 전대前代에 이 지역에서 무공武功을 떨쳤던 김종서金宗瑞와 정문부鄭文孚 같은 걸출한 인물들을 흠모하여 이러한 인물들이 지금에는 없음을 탄식하였으며, 북방 사람들의 풍속이 질박하지만 대부분 강건하고 활쏘기와 말타기에 능숙한 점을 들어 '북방의 강함[北方之强]' 이라고[19] 인정하였다. 곤륜이 '북관'을 다녀온 뒤 임진란 때에 '북관'에서 의병을 일으켜 공을 세운 이붕수李鵬壽, 정문부鄭文孚, 오응태吳應台 등의 공적을 기린 「북관대첩비北關大捷碑」를 지은 일도 북방과 그 지역 사람들에 대한 인식의 변화에서 비롯된 결과라 할 수 있다. 다음으로 살펴볼 〈경성관대조鏡城觀大操〉는 곤륜이 북평사로 부임하여 '경성'에서 군사 훈련을 지켜보고 지은 작품으로, 북방에 대한 곤륜의 새로운 인식을 가장 잘 담아낸 작품이다. 군사 훈련에 대한 상세한 장면을 장편 고시에 낱낱이 담아낸 점이 특징적이다.

(1)

| | |
|---|---|
| 「魯誓」에서는 병기를 잘 수선하라고 경계하였으니 | 魯誓干戈戒善敹 |
| 옛날부터 전쟁은 宗社와 관련된 일이지 | 古來戎事係宗祧 |
| 지방에서 열병하던 일은 원래 주나라 제도에 있었고 | 蒐兵方岳元周典 |
| 변방에 활쏘기를 가르친 일은 한나라 때부터라네 | 敎射邊城自漢朝 |
| 위엄 있는 세종 임금 시절 전투로 정벌하였으니 | 英廟威靈曾戰伐 |

19 崔昌大, 『昆侖集』 권6, 「北征記」, "每念金宗瑞拓地之功, 鄭文孚倡義之蹟, 欽讚國朝才畯之盛, 俯仰時艱, 實有難作之歎. 若鬥鬩侵掠之迹, 往往而有, 不可數. 歷覽興慨, 撫古悲吟, 誦陶翰之詩, 諷李華之文, 不覺神動而氣激也. 其俗朴鄙, 好武善喪而少苛禮, 其人多長大驍健, 習弓馬喜馳獵, 蓋北方之强然也."

| | |
|---|---|
| 두만강의 강토는 모두 부세를 걷는 지역이라네 | 豆江封域悉征徭 |
| 경성 고을은 가장 중요한 요충지이니 | 鏡城爲邑要衝甚 |
| 절도사의 병영이 있어 먼 지역까지 관할하네 | 節度開營控制遙 |
| 한 지역의 도회지가 굳게 방비되고 | 都會一方仍鎖鑰 |
| 육군의 양갓집 자제들 모두 뛰어난 인물이지 | 良家六郡盡雄驍 |
| 용력은 맨손으로 외뿔소를 사로잡을 수 있고 | 力能徒手擒靑兕 |
| 화살을 쏘면 가을 구름사이 독수리를 맞힐 수 있네 | 射則秋雲命皁雕 |
| 백두산은 높이 솟아 원기가 엄숙하고 | 太白出高元氣肅 |
| 맑은 서리는 몰아쳐 온 산이 싸늘하네 | 淸霜飛盡萬山凋 |

(2)

| | |
|---|---|
| 군사 훈련은 본래 농한기에 이루어지니 | 講戎固取田農隙 |
| 대열 편성은 모두 원수부에서 지휘하네 | 編伍皆從帥府調 |
| 이른 새벽 군영에는 푸른 장막 벌여있고 | 陣道淸晨張翠幕 |
| 장군은 아침에 금 재갈 물린 말로 사열하네 | 將軍朝日振金鑣 |
| 깃발 그림자 푸른 하늘에 어지러이 휘날리고 | 旌旗影亂天空碧 |
| 군악 소리 멈추면 대낮에는 고요하네 | 笳鼓聲停晝寂寥 |
| 두려움에 복종하는 삼군이 호령소리 들으니 | 讋伏三軍聽號令 |
| 정녕 한 쪽으로 정탐하는 병사를 보내네 | 丁寧一面送探哨 |
| 여러 군영에서는 메아리처럼 군가로 답하고 | 諸營響答鐃歌唱 |
| 장교들은 신속히 지휘하는 부채로 부르네 | 列校風馳羽扇招 |
| 십리에는 창을 잡은 군사들 일제히 늘어서고 | 十里鋒鋋排簇簇 |
| 천 필의 준마가 울부짖으며 에워싸고 있네 | 千蹄驥騄擁蕭蕭 |
| 총소리가 땅을 울리니 삼산이 진동하고 | 金丸殷地三山動 |
| 불화살을 공중에 쏘니 사방이 불타는 듯 | 火箭攢空六合燒 |
| 신속히 대열을 나누어 금세 벽루에 오르고 | 颯颯分行纔壁壘 |
| 어지러이 길을 빼앗느라 갑자기 떠들썩하네 | 紛紛奪路忽喧囂 |

(3)

| | |
|---|---|
| 지휘는 호랑이와 용이 바람과 구름을 만난 듯 | 指揮風虎雲龍合 |
| 전차의 무장한 말은 굉음 내며 뛰어오르네 | 轟轕戈車甲馬超 |
| 질주하면 저녁에는 제나라의 야영지까지 추격하고 | 疾走應追齊竈夕 |
| 몰래 행군하면 밤에 채성을 습격할 수 있을듯 | 潛行欲襲蔡城宵 |
| 종횡무진 쇠창을 휘두르는 여포 같고 | 橫馳呂布摐金槊 |
| 석교를 차지하고 윽박지르는 장비 같네 | 叱咤張飛據石橋 |
| 귀신처럼 은미한 모습에 기이한 계책 숨겨져 있고 | 鬼物隱形奇策秘 |
| 이무기가 육지로 올라와 살기가 감도는 듯 | 龍蛇起陸殺機搖 |
| 맹렬한 기세는 항우가 아방궁을 불태우는 듯 | 烈如項炬焚秦殿 |
| 광기는 오자서의 혼령이 조수에서 용솟음치는 듯 | 狂似胥神湧淅潮 |
| 다급히 돌격할 때에는 벽력처럼 빠르고 | 衝陷急時爭霹靂 |
| 신속히 포위할 때에는 회오리가 휘감는 듯 | 合圍忙處捲風飈 |
| 천지가 깜깜해질 듯이 누런 먼지로 뒤덮이고 | 乾坤黯慘黃塵匝 |
| 해와 달빛이 어두워질 듯이 섬광이 치솟네 | 日月昏沉絳氣歊 |
| 기세는 파도 넘실대는 푸른 바다를 억누를 듯 | 勢壓滄溟翻渤潏 |
| 함성은 높이 솟은 상백산을 뽑아낼 듯 | 聲摧長白拔岹嶢 |

…(중략)…

(4)

| | |
|---|---|
| 국가의 안정과 난리는 일정한 때가 없으니 | 國家理亂無常勢 |
| 변덕스러운 하늘의 뜻을 누가 알 수 있겠는가 | 天意推遷孰預料 |
| 김종서 이후로는 훌륭한 장수가 드물어 | 宗瑞以來良將少 |
| 병자호란 정묘호란 이후로 오랑캐들 교만하네 | 丙丁之後狄人驕 |
| 옛날 평성에서의 일 한나라의 수치였으니 | 平城往事羞皇漢 |
| 간우 춤을 언제 三苗 땅에서 추었던가 | 干羽何時格有苗 |
| 방비는 온전히 장수들에게 의지하니 | 固圉專憑諸將帥 |
| 궁수들이 누가 이처럼 민첩하고 날래랴 | 控弦誰似此輕趫 |

와신상담하는 조정의 절실한 근심 잘 아니　極知薪膽宸憂切
천하를 돌아봄에 오랑캐 기운으로 가득해서지　回望寰區虜祲祅
어찌하면 군대 이끌고 서쪽 변방으로 나아가서　安得揚兵出西塞
임금 위해 요동 땅 전부를 평정하고 돌아올까나　爲君回轡破全遼
서생의 북받치는 마음 아직도 검을 울려　書生慷慨猶鳴劍
머나먼 변방 유람에 또 헤어진 갖옷 걸치고 있네　絶塞羈遊又弊貂
한 무제에게 오랏줄 청했던 終軍은 성과 없었으니　未效請纓干武帝
그저 붓을 싣고 嫖姚校尉를 따라가네　徒能載筆逐嫖姚
진림은 격문지어 헛되이 명성 더럽혔고　陳琳草檄虛名忝
왕찬은 從軍詩 지어 실컷 즐거워하였네　王粲從軍樂事饒

(5)

가는 곳마다 군대보고 마음과 눈 장쾌해지고　隨處戎行壯心目
도성 대궐의 아득한 안개 도리어 생각나네　却懷京闕杳煙霄
하늘 끝에서 보모님 생각에 눈물에 젖고　天涯淚眼瞻雲遠
객 살이 근심스런 마음을 술로 씻어보네　客裏愁腸借酒澆
정로장군 祭遵은 투호하면서 한가한 때가 많았고　征虜投壺多暇豫
庾亮은 달밤에 휘하의 관리 초청 하였네　庾公明月或招邀
감격한 마음으로 임금 은혜에 보답하지도 못했는데　未將感激酬王造
다시 배회하다 막료의 자리로 옮겨왔네　聊復低徊備幕僚
선실에서는 응당 가의를 생각하였고　宣室會應思賈誼
황금대에서는 평생 연소왕을 보좌하기를 원했네　金臺終願佐燕昭
술이 취하여 참군의 오만함을 배우고자하니　醉來欲學參軍傲
술잔 앞으로 짧은 모자 날리도록 내버려두리라　一任樽前短帽飄[20]

이 시에 등장하는 함경도 '경성'은 바로 병마절도사兵馬節度使의 진

20 崔昌大, 〈鏡城觀大操〉, 『昆侖集』 권3.

영陣營인 북병영北兵營이 있던 지역으로, 조선시대 최전방의 군사 요충지이자 정예 병력이 주둔하던 곳이다. 곤륜이 맡은 북평사는 북병영에 속한 정6품의 문관文官 벼슬이다. 곤륜은 생전 처음 보는 대규모 군사 훈련을 호기심 어린 눈으로 응시하며 한 장면 한 장면 놓치지 않는다. 구체적으로 살펴보자.

(1)은 이 작품의 서두 부분이다. 먼저 『서경書經』의 말을 인용하여 전쟁은 하찮은 일이 아니라 한 나라의 종사宗社와 관련된 중요한 일이라 여기고, 강무講武의 연원을 중국의 주나라와 한나라에서 찾았다. 이어 경성이 세종 임금 시절 정벌로 차지한 우리의 강토이고, 최전방의 군사 요충지임을 다시 한 번 언급하였다. 또 무예와 용력이 출중한 인물들이 즐비한 경성을 중국 한나라 때 명장名將을 많이 배출했던 육군六郡에 비유하였다.

(2)와 (3)에서는 본격적으로 자신이 지켜본 군사 훈련 과정을 생동감 있게 묘사하고 있다. 원수부元帥府는 바로 병마절도사가 있는 북병영이다. 아침에 이루어지는 북병영의 열병식부터 절도사의 지휘아래 일사분란하게 움직이는 장교들과 군졸들의 움직임, 대오를 맞춰 창을 들고 늘어선 군졸들의 엄숙한 모습, 금방이라도 박차고 나갈듯한 군마의 움직임이 마치 눈앞에서 벌어지는 일인 듯 생생하다. (3)에서 역시 군사들의 훈련 모습을 묘사하였는데, 군사들을 과거 역사에 등장하는 인물에 비유한 점이 특징적이다. 현란한 창술을 구사하고 쩌렁쩌렁한 구령을 붙이는 군사들을 『삼국지三國志』에 등장하는 여포呂布와 장비張飛에 견주었고, 군사들의 맹렬한 기세와 전의에 불타 광기어린 모습을 항우項羽가 불태워 3개월 동안 활활 타올랐던 진시황秦始皇의 아방궁阿房宮과 오왕吳王 부차夫差에게 원한을 품은 채 가죽자루에 담겨 오강吳江에 버려졌던 오자서伍子胥의 광기에 비유하였다.

(4)에서는 김종서 이후로 훌륭한 장수가 없어 청나라 오랑캐들의 침입을 받아 치욕을 당한 현실을 한 고조漢高祖가 평성의 백등산白登山에서 흉노匈奴에게 포위되었던 치욕에 비유하고, 이와는 대비적으로 우왕禹王이 삼묘三苗를 정복하여 뜰에서 춤을 추었던 고사를 인용하였다. 곤륜은 병자호란 이후 청나라의 눈치를 보아야 하는 조선의 현실에 분개하여 자신이 일개 서생書生에 지나지 않지만, 병력을 이끌고 요동을 평정하고 싶은 포부를 밝히기도 한다. 그러나 자신은 문관인 북평사이기에 한 무제漢武帝 때 표요교위嫖姚校尉로 흉노를 정벌했던 곽거병霍去病과 같은 병마절도사를 수행하여 건안칠재자建安七才子로 위魏나라 조조曹操를 따라 전쟁터에서 종군시從軍詩를 지었던 왕찬王粲처럼 종군從軍하는 것이 직분에 걸 맞는 일임을 잘 알고 있다.

(5)에서는 도성을 떠나 북방에서 객으로 지내며 고향에 대한 향수와 근심을 떨치지 못하는 자신의 처지를 읊었는데, 여기에서도 비유와 고사故事를 인용한 표현이 특징적이다. 제준祭遵은 후한後漢 때 장군이었지만 인재를 선발할 때 유학자를 선발하고 투호投壺를 즐겼던 인물이고, 유량庾亮 역시 장군이었지만 막하의 관리들과 시를 읊조리며 풍류를 만끽했던 인물이다. 또 한 문제漢文帝가 선실宣室에서 가의賈誼를 이야기를 듣다가 자신도 모르게 앞으로 다가갔던 고사와 연소왕燕昭王이 천금을 내어 황금대黃金臺를 짓고 인재를 초빙하였던 고사를 들어 임금과 자신의 처지를 비유하였다. 마지막 구절 역시 근심을 잊고 술에 취하고 싶은 자신의 심경을 환온桓溫이 베푼 용산龍山의 주연酒宴에 참군의 신분으로 참석했다가 국화주에 취한 나머지 바람에 모자가 날아가는 것도 알아채지 못했던 진晉나라 맹가孟嘉에 비유하였다.

위의 작품은 먼저 곤륜이 남긴 작품 중 가장 장편의 고시라는 점에 의미가 있으며, 조선 후기에 많은 시인들이 북방의 지역적 특색과 관련하여 장편시를 남겼지만 이처럼 북방의 군사 훈련을 소재로 장편시를 남긴 작가는 거의 없는 점으로 볼 때, 특색 있는 작품이라 할 수 있다. 그뿐만 아니라 이 작품을 통해 곤륜이 북방 사람들과 그들의 풍속을 오랑캐에 견주었던 일반 사대부들과 달리 '북관' 사람들의 강건한 기질과 무예를 숭상하는 그들의 성향을 독특한 지역색으로 받아들여 긍정적으로 인식하였음을 알 수 있다. 마지막으로 주목할 만한 점은 작품 속에 드러나는 군사 훈련에 대한 생생한 묘사와 고사故事를 인용한 비유적 표현이다. 작가의 서술과 감회가 중심이 되어 단조로울 수 있는 다른 장편시의 구성과 달리 현장에 와있는 듯한 생생한 묘사와 북방 및 군사와 관계된 고사故事를 적절히 구사하여 표현력을 극대화하였다.

이러한 점으로 미루어 볼 때 이 작품은 곤륜의 장편 고시 중에서도 가장 특색 있는 작품이며, 조선 후기 북방을 소재로 한 장편 고시 중에서도 보기 드문 작품이다.

## 4. 결론

위에서는 곤륜 최창대가 북평사로 부임했던 시기에 일상적 공간이 아닌 '북관'이라는 새로운 공간에서 창작한 시를 중심으로, 그가 이 시기에 어떤 시를 지향하였는지, 또 그의 시에는 어떤 특징이 있는지에 대해 고찰해 보았다. 결론적으로 말하자면 곤륜이 북평사 시절에 창작한 시는 소재, 형식, 내용을 비롯한 다양한 측면에서 다른 시기의 시들과는 다른 양상을 보였다. 우선 창작 공간의 변화로 말미암아 시에 등장하는 소재는 대부분 색다른 물색과 광경이었다. 곤륜은 이전까지 경험하지 못한 변새의 낯선 광경에 호기심을 지니고, 직접 목도한 '북관'의 현장과 생경한 경험을 온전히 자신의 시에 담아내었다. 또 이전시기 작품과는 달리 형식면에서 고시古詩의 활용 빈도가 높은데, 이는 변새에 대한 자신의 호기심과 감회를 적극적으로 표출하기 위해 형식적 제약이 있는 율시보다는 비교적 자유로운 형식의 고시를 선택한 것으로 보인다. 그 중 가장 주목을 끄는 작품은 '북관'에 대한 인식의 변화와 생동감 있는 현장 묘사를 엿볼 수 있는 〈경성관대조〉이다. 서울 사대부들은 '북관' 사람들을 그저 무예만 일삼고 기질만 억센 오랑캐로 인식하였지만, 곤륜은 강건한 기질과 무예를 숭상하는 그들의 성향을 독특한 지역색으로 받아들여 긍정적으로 인식하였다. 〈경성관대조〉는 바로 '북관'과 '북관' 백성들을 있는 그대로 바라보고 그들의 지역색을 인정하고 존중하는 인식의 변화에서 탄생한 작품이다. 〈경성관대조〉는 북평사로 부임하여 '경성'에서의 대규모 군사훈련을 목도하고 이를 사실적으로 그려낸 장편 고시인데, 생동감 있는 묘사와 함께 고사를 인용한 비유적 표현이 특징적이다. '북관'을 소재로 한시를 창작한 조선 후기 어느 작가도 북방의 대규모 군사 훈련을 시에 담아낸 전례가 없으며, 더구나 장편 고시로 창작한 더더욱 드문 만큼 〈경성관대조〉는 형식과 내용면에서 주목할 만한 작품이라 할 수 있다.

북평사 시절에 창작했던 곤륜의 한시가 곤륜 시세계의 전체를 대변할 수는 없지만, 이 시기에 창작한 곤륜의 한시를 통해 그가 한시 창작에 있어 새로운 시도와 변화를 추구했던 개성적인 작가였음을 분명히 알 수 있다.

# 참고문헌

## 1. 資料


南九萬,『藥泉集』
南龍翼,『壺谷集』
朴世堂,『西溪集』
徐師曾,『詩體明辯』
蘇　軾,『東坡全集』
宋徵殷,『約軒集』
申維翰,『青泉集』
申　欽,『象村集』
揚　雄,『揚子法言』
尹斗壽,『梧陰遺稿』
李德壽,『西堂私載』
李　珥,『栗谷全書』
李宗城,『梧川集』
李宗城,『梧川先生集』
李重煥,『擇里志』
李夏坤,『頭陀草』
李學逵,『洛下生集』
李恒福,『白沙集』
趙裕壽,『后溪集』
車天輅,『樂府新聲』
崔鳴吉,『遲川先生集』
崔錫鼎,『明谷集』
崔錫恒,『損窩遺稿』
崔昌大,『昆侖集』

崔昌億, 『損窩先生紀實』
洪世泰, 『柳下集』
『論語』
『肅宗實錄補闕正誤』
『肅宗實錄』
『詩經』
『英祖實錄』
『臥遊錄』(영인본), 한국정신문화연구원, 1997.
조선왕조실록, http://sillok.history.go.kr/main/main.do
한국고전번역원, 한국고전종합DB, http://db.itkc.or.kr/
『향토문화전자대전』 (http://www.grandculture.net/)

## 2. 單行本

신장섭, 『한국의 악부시와 작품세계』, 이치, 2008.
심경호, 『한시의 세계』, 문학동네, 2006.
안대회, 『18세기 한국한시사 연구』, 소명출판, 1999.
윤주필, 『한국 우언문학사』 1, 한국문화사, 2019.
최재남, 『한국애도시연구』, 경남대학교출판부, 1997.

## 3. 論文

김기엽, 「조선후기 문인들의 辭達에 대한 해석과 문학론적 수용 양상」, 『민족문화』 50, 한국고전번역원, 2017.
권진옥, 「藥泉 南九萬의 記文 연구」, 『韓民族語文學』 75, 한민족어문학회, 2017.
______, 「明谷 崔錫鼎의 記文 연구」, 『동아시아고대학』 49, 동아시아고대학회, 2018.
______, 「明谷 崔錫鼎의 논설류 산문 연구」, 『동양고전연구』 70, 동양고전학회, 2018.
______, 「昆侖 崔昌大의 문장론 연구」, 『동양고전연구』 74, 동양고전학회, 2018.
경서윤, 「昆侖 崔昌大의 紀行詩 硏究」, 성균관대학교 석사학위논문, 2019.
김동준, 「16세기 누정한시 연구」, 서울대학교 석사학위논문, 1994.
김묘정, 「창명 남선의 만시 고찰」, 『한민족어문학』 73, 한민족어문학회, 2016.
______, 「昆侖 崔昌大의 交遊詩 연구 - 지식인들과의 교유 양상을 중심으로」, 『人文論叢』 76, 서울대학교 인문학연구원, 2019.

김영주, 「곤륜 최창대의 수사론 연구」, 『동방한문학』 24, 동방한문학회, 2003.
김효정, 「昆侖 崔昌大의 시세계 일고찰 - 樂府詩를 중심으로」, 『大東漢文學』 66, 대동한문학회, 2021.
김희자, 「조찬한, 조위한, 권필이 함께 수창한 聯句詩 고찰」, 『인문학연구』 99, 충남대학교 인문과학연구소, 2015.
박준규, 「韓國의 樓亭攷」, 『호남문화연구』 17, 전남대학교 호남문화연구소, 1987.
류려택, 「한중 악양루 소재 누정시 비교 연구」, 중앙대학교 석사학위논문, 2015.
박종우, 「16세기 누정의 공간적 특성과 누정제영의 문학사적 의미 - 호남지역 누정제영을 중심으로 -」, 『우리어문연구』 32, 우리어문학회, 2008.
성당제, 「약천 남구만의 고토 회복의지 - 변방 음영시를 중심으로」, 『한문학보』 10, 우리한문학회, 2004.
성범중, 「昆侖 崔昌大의 삶과 시세계」, 『한국한시작가연구』 14, 2010.
송기섭, 「천안의 누정시 고찰」, 『한문고전연구』, 한국한문고전학회, 2012.
______, 「백곡 김득신의 누정시 연구」, 『한문고전연구』 32-1, 한국한문고전학회, 2016.
송혁기, 「老·少 分岐期의 學的 地形과 南九萬 계열 소론계의 문학비평」, 『고전과해석』 10, 고전문학한문학연구학회, 2011.
안대회, 「韓國 漢詩와 죽음의 문제 - 조선 후기 만시의 예술성과 인간미」, 『한국한시연구』 3, 한국한시학회, 1995.
______, 「한국 악부시의 장르적 성격」, 『한국시가연구』 1, 한국시가학회, 1997.
안세현, 「조선중기 누정기 연구」, 고려대학교 국어국문학과 박사학위논문, 2009.
______, 「조선후기 누정기의 특징석 면모」, 『동양한문학연구』 31, 동양한문학회, 2010.
유명석, 「昆侖 崔昌大의 輓詩 硏究」, 『고전과 해석』 31, 고전문학한문학연구학회, 2020.
______, 「損窩 崔錫恒의 聯句詩 硏究 - 詩會와의 연관성을 중심으로」, 『인문논총』 78, 서울대학교 인문학연구원, 2021.
유진희, 「昆侖 崔昌大의 기행시 일고찰 - 『損窩遺稿』 소재 昆侖詩를 중심으로」, 『어문논집』 91, 민족어문학회, 2021.
유호선, 「17C 후반~18C 전반 경화사족의 불교수용과 그 시적 형상화 : 김창흡, 최창대, 이덕수, 이하곤, 조귀명을 중심으로」, 고려대학교 대학원 박사학위논문, 2002.
윤재환, 「옥동 이서의 만시를 통해 본 조선조 만시의 일양상」, 『한민족어문학』 65, 한민족어문학회, 2013.

______, 「명곡 최석정 상소문 연구」, 『한국문학과 예술』 27, 숭실대학교 한국문학과예술연구소, 2018.

______, 「성호학파를 통해 본 조선후기 지식 집단의 형성과 변모의 한 양상」, 『고전과 해석』 26, 고전문학한문학연구학회, 2018.

______, 「損窩 崔錫恒의 「請對」의 설득 전략과 의미」, 『동양고전연구』 81, 동양고전학회, 2020.

______, 「昆侖 崔昌大 記文 연구」, 『동방한문학』 85, 동방한문학회, 2020.

이강렬, 「오음 윤두수의 누정시에 나타난 시공간 인식」, 『한문학논집』 24, 근역학문학회, 2006.

이승용, 「昆侖 崔昌大의 시세계에 관한 일고찰 - 北關을 형상화 한 詩作을 중심으로」, 『국어문학』 74, 국어문학회, 2020.

이기현, 「樂府詩의 範疇設定과 유형분류」, 『한국시가연구』 6, 한국시가학회, 2000.

이심권, 「삼연 김창흡의 누정시 연구」, 영남대학교 일반대학원 석사학위논문, 2016.

이정화, 「퇴계시에 나타난 누정문화 연구」, 『한국사상과 문화』 49, 한국사상문화학회, 2009.

이준식, 「韓中 擬古樂府의 主題類型 比較」, 『中國學』 22, 대한중국학회, 2004.

이황진, 「약천 남구만의 유배시 연구」, 『韓民族語文學』 75, 한민족어문학회, 2017.

______, 「곤륜 최창대의 누정시 연구」, 『한국고전연구』 48, 한국고전연구학회, 2020.

이희목, 「우리나라 악부의 서술 방식」, 『인문과학』 27, 성균관대학교 인문학연구원, 1997.

정무룡, 「송순 누정시 연구」, 『인문학논총』 14, 경성대학교 인문과학연구소, 2009.

최석원, 「聯句 창작을 통해 본 宋代 문인의 문학적 교유」, 『중국어문논역총간』 41, 중국어문논역학회, 2014.

황위주, 「16 · 17세기 악부시의 출현동인과 전개과정」, 『한국한문학연구』 12, 한국한문학회, 1989.

______, 「조선전기 악부시 연구」, 고려대학교 박사학위논문, 1989

______, 「樂府詩의 개념과 양식적 특징」, 『선비문화』 12, 남명학연구원, 2007.

## 저자 소개

**권진옥** 한국고전문학텍스트연구소 운영위원으로 단국대학교 국어국문학과 조교수이다. 고려대학교에서 「귤산 이유원의 학문 성향과 유서 · 필기 편찬에 관한 연구」로 박사학위를 취득했으며, 논문으로 「藥泉 南九萬의 記文 연구」, 「明谷 崔錫鼎의 記文 연구」, 「明谷 崔錫鼎의 논설류 산문 연구」등이 있다. 번역서로 『낙전당집(공역)』, 『어우집(공역)』, 『도암집(공역)』, 『한비자집해(공역)』, 『춘추좌씨전(공역)』, 『오천집(단독)』 등이 있다.

**김묘정** 한국고전문학텍스트연구소 상임연구원으로 단국대학교 강사이다. 단국대학교에서 「17세기 小北八文章의 시세계 연구」로 박사학위를 취득했으며, 논문으로 「小北 문인집단의 지식 공간 양상과 그 의미 - 別墅 詩會를 중심으로」, 「後瘳 金藎國의 시세계 연구」, 「雪蓑 南以恭의 교유시 연구 - 16세기 小北文壇 형성기의 교유 양상을 중심으로」 등이 있다.

**김효정** 한국고전문학텍스트연구소 상임연구원으로 단국대학교 강사이다. 단국대학교에서 「17세기 전반 北人系 南人 시문학 연구」로 박사학위를 취득했으며, 논문으로 「華陰 李昌庭의 詩世界 考察」, 「太湖 李元鎭의 시세계 고찰」, 「松谷 李瑞雨의 시세계 일고찰 - 을병대기근을 묘사한 재난 관련시를 중심으로 - 」 등이 있다.

**박난아** 한국고전문학텍스트연구소 연구원. 단국대학교 국어국문학과 박사 과정 중에 있다. 논문으로 「四名子 車佐一의 유람시 연구 - 關西지역 유람시를 중심으로 - 」가 있으며, 석사 논문인 「明谷 崔錫鼎의 詩文學 硏究」를 시작으로 소론계 문인들의 시문학을 연구하고 있다.

**유명석** 한국고전문학텍스트연구소 상임연구원. 단국대학교 국어국문학과 박사 과정 중에 있으며, 한국고전번역원 부설 고전번역교육원 연수과정을 마쳤다. 논문으로 「月汀 尹根壽의 『朝天錄』 所載 使行詩 硏究」 · 「東州 李敏求의 「東遊錄」 硏究」 등이 있으며, 18세기 안동 김씨 가문의 문학론 형성의 배경과 전개를 중심으로 박사학위 논문을 준비 중에 있다.

**유진희** 한국고전문학텍스트연구소 상임연구원. 단국대학교 대학원 국어국문학과 박사과정을 수료했으며, 한국고전번역원 부설 고전번역교육원 연수과정을 마쳤다. 논문으로 「訥齋 朴祥의 詩에 나타난 歸去來 意識 硏究」·「思菴 朴淳의 卽興詩 硏究」 등이 있으며, 조선 초기 시풍을 중심으로 박사학위 논문을 준비 중에 있다.

**윤재환** 한국고전문학텍스트연구소장. 단국대학교 국어국문학과 교수로 동양학연구원 번역실장을 겸하고 있다. 星湖와 順菴, 茶山 등을 중심으로 한 조선 중·후기 근기남인들의 문학세계 연구에 주력하고 있으며, 저서로 『매산 이하진의 삶과 문학 그리고 성호학의 형성』·『조선 후기 근기 남인 시맥의 형성과 전개』·『옥동 이서의 삶과 시세계 그리고 성호학』 등과 다수의 역서가 있다.

**이승용** 한국고전문학텍스트연구소 상임연구원으로 단국대학교 동양학연구원 연구교수이다. 성균관대학교에서 「조선후기 江華學派 漢詩 硏究 : 全州李氏 德泉君派 八匡을 중심으로」로 박사학위를 취득했으며, 논문으로 「〈贈參議公謫所詩歌〉를 통해 본 李匡明 漢詩의 일고찰」, 「조선후기 別業과 문학 창작의 공간에 대하여 - 北漢山 淸潭을 중심으로 -」, 「謙齋 趙泰億의 「前感君恩」과 「後感君恩」에 관한 일고찰」 등이 있다. 번역서로 『낙전당집(공역)』, 『도암집(공역)』, 『정관정요집론(공역)』, 『완구유집(단독)』 등이 있다.

**이황진** 한국고전문학텍스트연구소 운영위원으로 단국대학교 국어국문학과 교수이다. 중국 廣西師範大學에서 박사학위를 취득했으며, 논문으로 「顧雲이 최치원에게 준 송별시 〈고운편〉에 대한 진위 고증」, 「중[僧] 관련 한·중 속담 비교 연구」 등이 있다.

한국고전문학텍스트연구소 기획연구총서 3

# 곤륜 최창대 문학세계에 대한 접근의 일단

2021년 12월 30일 초판 1쇄 발행

기　획 : 한국고전문학텍스트연구소
지은이 : 권진옥 · 김묘정 · 김효정 · 박난아 · 유명석
　　　　유진희 · 윤재환 · 이승용 · 이황진
펴낸이 : 김병환
펴낸곳 : 학자원
주　소 : 서울시 강동구 천호대로 1121
전　화 : 02) 6403-1000
팩　스 : 02) 6338-1001
E-mail : hakjaone@daum.net
등　록 : 2011년 3월 24일 제2011-14호

ISBN 979-11-6247-258-3 94810
　　　979-11-6247-165-4 (세트)

값 23,000원